Let the children
do their best

让孩子做
最好的自己

| 全世界为你让路 |

谈旭◎著

台海出版社

图书在版编目(CIP)数据

让孩子做最好的自己：全世界为你让路 / 谈旭著.--北京：台海出版社，2015.10

ISBN 978-7-5168-0739-2

Ⅰ.①让… Ⅱ.①谈… Ⅲ.①青少年–成功心理–家庭教育 Ⅳ.①B848.4②G78

中国版本图书馆 CIP 数据核字 (2015) 第 239603号

让孩子做最好的自己：全世界为你让路

著　者：谈　旭

责任编辑：戴　晨

装帧设计：虞　佳　　　　　　版式设计：通联图文

责任校对：吕彩云　　　　　　责任印制：蔡　旭

出版发行：台海出版社

地　址：北京市朝阳区劲松南路1号，　邮政编码：100021

电　话：010-64041652(发行，邮购)

传　真：010-84045799(总编室)

网　址：www.taimeng.org.cn/thcbs/default.htm

E-mail：thcbs@126.com

经　销：全国各地新华书店

印　刷：北京柯蓝博泰印务有限公司

本书如有破损、缺页、装订错误，请与本社联系调换

开　本：710mm×1000 mm　　　　1/16

字　数：270千字　　　　　　　印　张：16.5

版　次：2016年1月第1版　　　　印　次：2016年1月第1次印刷

书　号：ISBN 978-7-5168-0739-2

定　价：35.00元

前 言
PREFACE

1

著名教育家叶圣陶曾说过:"学生跟种子一个样,有自己的生命力,老师能做到的,只是供给他们适当的条件和照料,让他们自己成长。"

由此看来,孩子是千差万别的,只有适合的教育才是最好的教育。因此,教育孩子的前提是了解孩子,了解孩子的前提是尊重孩子,取得孩子的信任。

世界上十全十美的人是没有的,何况是正在成长的孩子;而且孩子身上所谓的优点和缺点往往是辩证的,表面是缺点,实质却包含着优点的潜能。今日的缺点,也许就是明日的优点。辩证法告诉父母,一切事物都处于转化之中,在一定的条件下,一个孩子的缺点也能够转变成为优点。

每个孩子的能力都是不同的,他们总会在一些方面有不足甚至是缺陷。这时候,如果连父母都看不起他们,甚至嘲笑他们,那孩子会更加自卑,甚至自暴自弃,从而毁了孩子的一生。

但很多家长都会在教育的过程中否定子女,造成孩子消极的自我定位。其实每个人都有机会成为牛顿或者是爱因斯坦,但我们之所以成为普通人,一个很重要的原因就是我们的父母运用了造就普通人的方法教育了我们。

父母对子女的否定主要表现在以下六个方面：

给孩子否定、消极的暗示。

当孩子提出某些建议的时候，不予考虑。

给孩子设限，想当然地认为孩子不可能达到什么样的程度。

对孩子的兴趣爱好实施打击。

当孩子表现出要做家务劳动或者回报父母的动作时，予以制止。

对孩子的目标表示怀疑。

事实上，日常生活中父母对子女的否定不单表现在这六个方面。父母一切消极的行为和语言都是消极暗示。孩子的年龄越小越容易受到暗示的影响，暗示的时间越长就会越顽固。自我定位一旦形成，就很难改变，会一直指导自己的人生。

2

父母只有具有正确的教育观，才能创造出良好的家庭环境。一个民主、宽松、平等的家庭环境，有利于造就活泼开朗的孩子，而在这种氛围中成长的孩子也愿意、乐于和父母一起合作。

作为家长，我们要完成的首要任务是培养孩子的自尊心、自信心、责任心、主动进取精神、学习兴趣和好习惯。这是孩子成长的核心精神软件。如果这些没处理好，孩子是注定要出问题的。

比如，在成长的过程中，每个人都会遇到这样那样的难题，都会感到彷徨、无助，也同时会取得这样那样的成绩，需要与人共同分享，需要在他人的赞美声中获得自我肯定。这些时候都是应该让孩子记住的最佳时期。父母的一句鼓励，会让孩子获得无穷的力量和勇气；父母的一句赞美也会让孩子体验到成功的喜悦。作为父母，更应该记住孩子的闪光点。

教育孩子必须坚持一个原则：孩子自已能做的事情，就让他自己去做，千万别替他去做。然而，在我们的身边，独生子女居多。对待孩子，家长们总是"含在嘴里怕化了，托在掌上怕摔了"。孩子是家里的小太阳，全家都围着他一个转。殊不知，对孩子过分宠爱、过度保护、过多照顾，生活上包办代替，给孩子穿衣、喂饭、整理玩具等等，是在剥夺孩子独立做事的机会，这将直接导致孩子缺乏独立性，生活能力低下。

教育孩子是父母的天职，对孩子提出适当的要求有利于孩子的成长。然而父母过高的要求、过多的期待，甚至过严的苛求，却会对孩子的身心健康造成伤害。因此，父母应当用平常心看待孩子的成长，不要对孩子说要求过高的话。

……

总之，每个孩子都是优秀的，不要因为错误的一句话，毁了孩子的信心；不要让自以为是的教育方式，误了孩子的一生；不要让无度的溺爱，成为孩子一生的绊脚石。用你的热情触动孩子的心弦，用你的爱感动孩子的内心，这种心领神会的教育，才是使孩子真正优秀的方法。

3

作为父母，也许你不能给孩子富裕的物质生活，不能给孩子英俊或美丽的外貌，但是你能给孩子一个成功的人生。

比如：有的父母留给孩子得体的教养，言行得体、谦和友善、不逞强等，使孩子举手投足间显现出与众不同的风范；有的父母留给孩子良好的习惯，细心、认真、做事有规律等，使孩子变得越来越优秀，并且终身受益……如果你能够从小事做起，给孩子信心、耐心、责任感、自信心以及知觉他人感受的品质，那你就给了孩子一个成功的人生。

　　每个家长都可以是"专家",每个孩子都能成才,只要让他们做最好的自己!

　　没有教不好的孩子,只有不会教的父母!所以,聪明的父母,会和孩子一起去找寻成长的真理,一起去创造生活的快乐和完美。给孩子架起成功的桥梁,这本书,一定能给你一些启迪!

目 录
CONTENTS

第一章 自信——孩子成长的关键 ………………… 1

1.多给一些积极正面的评价 ………………… 1

2.爱与鼓励,驱散孩子的自卑 ………………… 4

3.善于发现孩子的闪光点 ………………… 8

4.肯定孩子,即使他没达到你要求的程度 ……… 12

5.信任孩子是培养自信的基础 ………………… 14

6.尊重孩子是确立自信的前提 ………………… 17

7.自信要适度,有自负心理立刻要纠正 ………… 19

8.坚持保护孩子的自信 ………………… 23

第二章 品德——孩子立身的基础 ………………… 26

1.父母是孩子品德养成的决定性人物 ………… 26

2.教育孩子说真话 ………………… 30

3.爱心教育让孩子受益一生 ………………… 32

4.文明礼貌是孩子的"名片" ………………… 36

5.父母错了,就要勇于承认 ………………… 39

6.为孩子量身定做一个"品行表" ………………… 42

7.把善良的根植于孩子心中 ………………… 46

第三章 智商——孩子的成功利器 …………………… 50

1.给孩子多设计启发性问题 …………………… 50

2.和孩子一起多问几个"为什么" …………… 52

3.通过家务事引导孩子思考 …………………… 55

4.开发孩子的想象力 …………………………… 57

5.为孩子规划合理的短期目标 ……………… 60

6.找个伙伴,激励孩子学习 ………………… 62

7.尊重孩子的兴趣爱好 …………………… 64

8.鼓励孩子多动脑筋多动手 ……………… 67

第四章 情商——决定孩子命运的重要因素 ………… 72

1.教孩子用微笑面对生活 ………………… 72

2.克服自私,让孩子学会分享 …………… 75

3.让孩子知道合作的重要性 ……………… 78

4.鼓励孩子正确交友 …………………… 81

5.让孩子学会管理自己的情绪 ………… 86

6.教孩子学会换位思考 ………………… 90

7.营造和谐的家庭氛围 ………………… 93

第五章 逆商——让孩子的一生更从容 …………… 97

1.让孩子自己的事情自己解决 ………… 97

2.创造机会,鼓励孩子自强自立 ……… 101

3.激发孩子的应变能力 ………………… 104

4.让孩子拥有选择的权利 ……………… 107

5.引导孩子在失败中成长 ……………… 112

6.培养孩子的勇敢精神 ………………… 114

7.挫折教育,孩子成才的捷径 ………… 117

第六章　财商——孩子一辈子的保障 …………… 121

1. 测试孩子的财商 ………………………… 121

2. 理财宜早不宜迟 ………………………… 124

3. 循序渐进,才能培养好财商 …………… 128

4. 教孩子管理零用钱 ……………………… 130

5. 淡化孩子的贫富意识 …………………… 134

6. 因材施教,才能培养高财商 …………… 138

7. 给孩子留财富不如留知识 ……………… 141

第七章　习惯——孩子有了好习惯才有好未来 ……… 146

1. 习惯决定行为,行为产生结果 ………… 146

2. 纠正孩子身上懒惰的恶习 ……………… 150

3. 不拖延,尽早培养孩子时间观念 ……… 152

4. 自觉遵守和维护公共秩序 ……………… 156

5. 养成倾听的好习惯 ……………………… 158

6. 让孩子放弃攀比的恶习 ………………… 162

7. 帮孩子去除挑食偏食的坏习惯 ………… 164

第八章　女孩——气质是一生的魅力砝码 …………… 168

1. 多方面加强女儿气质的培养 …………… 168

2. 女孩更要培养意志力 …………………… 171

3. 培养正确的审美观 ……………………… 175

4. 做优雅的小淑女 ………………………… 181

5. 处变不惊,淡定从容 …………………… 184

6. 做落落大方的女孩 ……………………… 187

7. 提高女孩对艺术的感受力 ……………… 191

第九章 **男孩——意志力是一生的财富** ·············· 195

1.责任是男孩成长的第一步 ·············· 195

2.勤奋是男孩成才的保障 ·············· 200

3.培养男孩解决冲突的能力 ·············· 204

4.世上没有什么"不可能" ·············· 207

5.每个男孩都具有领导者的潜能 ·············· 211

6.不要忽视男孩的情绪 ·············· 214

7.让男孩注意语言文明 ·············· 217

第十章 **误区——这些错误,父母千万别犯** ·············· 221

1.嘲笑讽刺,打击孩子自尊 ·············· 221

2.期望太高,引起孩子逆反 ·············· 225

3.以暴制暴,造成矛盾激化 ·············· 229

4.过度溺爱,毁了孩子的前程 ·············· 233

5.禁止给孩子贴上"笨"的标签 ·············· 236

6.滥施表扬,当心"捧杀"孩子 ·············· 241

7.唠唠叨叨,不如把话说到点子上 ·············· 246

第一章

自信——孩子成长的关键

1.多给一些积极正面的评价

作为父母,从孩子很小的时候起,就会对他(她)的脾性、行为、习惯甚至相貌等等,做出这样那样的评价,可以说孩子是在父母的评价声中长大的。其实,不管是正面的评价,或是负面的评价,都会对孩子的心理造成影响,有的甚至可能妨碍孩子的人格发展。

评价分为积极评价和消极评价,积极评价对孩子的成长起正面作用,消极评价对孩子的成长起负面作用。父母对孩子的成长多给一些积极正面的评价,可以让孩子享受到心理阳光的照耀。

心理学家曾经做过一个调查:孩子最怕什么?研究结果表明:孩子不是怕苦,也不是怕物质生活条件差,而是怕丢面子、失面子。

美国有一个家庭,母亲是俄罗斯人,她不懂英语,根本看不懂儿子的作业。可是每次儿子把作业拿回来让她看,她都说:"棒极了!"然后,仔细地挂在客厅的墙壁上。

客人来了,她总要很自豪地炫耀:"瞧,我儿子写得多棒!"其实,儿子写得并不好,可客人见主人这么说,便连连点头附和:"不错,不错,真是不错!"

儿子受到鼓励,心想:"我明天还要比今天写得更好!"于是,他的作业一天比一天写得好,学习成绩一天比一天提高,后来终于成为一名优秀学生。

我国著名的教育家、赏识教育的创始人周弘先生用自己的实践证明:赏识教育能使一位先天耳聋的孩子成为一名对社会有用的人才。

这就是爱的真谛,爱能给人勇气,给人信心。你说他行,他就行;你说他不行,他就不行。你为他喝彩,他会给你一个又一个惊喜,你说他不如别人,他会用行动证明他真的很笨。大人就是这样用语言来塑造孩子的。

有一个小女孩叫兰兰,她三四岁时,妈妈总对她说:"兰兰就是懂礼貌,来客人还会给人家倒水呢!"妈妈越这么讲,女儿越发懂事,一来人就忙乎。

一个大热天,一位老爷爷来家里串门。女儿见了,立刻找来一个大芭蕉扇给爷爷。老爷爷高兴极了,摸着孩子的头说:"这孩子可真懂事,这么小就会照顾人!"

设想一下,如果换一种做法,来了客人,孩子出来"接待",大人不耐烦地说:"去,去,去,写作业去!""大人说话你凑什么热闹?""别找机会出来玩!"在这种挑剔责怪声中长大的孩子能不变得压抑、冷漠、不合群吗?

有的父母并不避讳在孩子面前说什么,认为孩子反正未必听得到或听得懂,但事实上,孩子听得懂的远远超过他(她)用语言所能表达的。所以，不能用孩子的语言发展来衡量孩子的理解能力。有时候，即使孩子不能完全听懂你的话，也能从你的声调、表情中略窥一二。

私下里，父母都很爱自己的孩子，但是，在公众场合中，往往会在不自觉中谈及子女的缺点，不是说孩子懒惰，就是说孩子散漫。如果父母经常这么说，就会给孩子一种心理暗示，他们会只接受你的评价，而不积极地改善自己，最后变"预言"为事实。

故意轻视、贬低孩子的能力，对孩子来说，就是一种"精神惩罚"。有的父母为了防止孩子产生骄傲情绪，经常会贬低孩子的进步，即使孩子有了进步，他们也会盲目地拿别的孩子的长处和自己孩子的短处相比。

一味地责骂训斥、讽刺挖苦，不但会使孩子看不到自己的长处，而且还容易让他们在很小的时候就萌生自卑意识。所以，一定要少对孩子说消极词语。

那么，怎样才能做到这一点呢？

强强活泼聪明，刚刚5岁，就会背唐诗、数数、画画，在幼儿园里经常得到老师的表扬。可是强强却总得不到爸爸的肯定，相反，爸爸却常常批评他。

有一次，强强画的画得了三等奖。当他兴冲冲地跑回家拿给爸爸看时，爸爸却说："别忘乎所以，你只得了三等奖。"儿子觉得没意思，便去了洗手间。

当时，姑姑正好来家里玩，姑姑说："你怎么不表扬一下孩子？"

爸爸说："得个三等奖，就要表扬，太不像话了吧！不就是第三名嘛，给我考个第一名看看！"

洗手间中的儿子，听到了姑姑和爸爸的对话，心里难过极了。

一个自尊心从小就受过挫折的人，会出现很多心理行为的障碍，比如自我否定、缺乏爱心、焦虑等,长大也难以适应社会,甚至会走上犯罪道路。

在日常生活中,爸爸妈妈要避免自己对孩子的消极评价,应该注意以下几个问题:

(1)家长要注意场合,不要在大庭广众下粗暴地讽刺、挖苦和训斥孩子,要多采取一些正面引导、个别谈心的方法,以情动人,以理服人。

(2)当孩子做错了事的时候,不要训斥和责怪,要先弄清楚孩子的动机和缘由,再加以引导,帮助孩子找出其中的问题所在。

(3)在教育孩子时,要有针对性,就事论事,不要把从前的"历史问题"和"陈年旧账"抖出来,唠叨个不停,使孩子灰心丧气,以致自暴自弃。

(4)对孩子要求适度,不要过分严格。在过分严格的背景下长大的孩子,往往缺乏自尊心,过分依赖父母。在不损伤孩子自尊心的情况下,应采取循循善诱的方法,使孩子克服自己的缺点。

(5)当孩子取得成绩和进步时,对成人而言哪怕是多么微不足道,也应该给予及时的表扬和肯定。

总之,正面评价孩子,然后让孩子在无意中听到你对他(她)的正面评价,效果会更好。

2.爱与鼓励,驱散孩子的自卑

自卑是一种心理缺陷,是父母在教育孩子的时候最常见的问题之一。虽然有个别孩子的自卑心理随着年龄增长可以逐渐减轻或消失,但是如果父母不在适当时候加以调控,自卑心理就会对孩子造成很大的危害。因此作为家长应该注意孩子的心理发育，及早发现孩子自卑的苗头，及早调整孩子的心理，帮孩子建立自信。

幼儿园老师告诉妈妈，在图画课上因为害怕画不好，甜甜不敢落笔；舞蹈课时甜甜跳得很好，老师常让她给小朋友示范，可每当老师教完一个动作，问小朋友谁会，她从不敢举手……

甜甜4岁生日的时候，那天妈妈特意提前下班为她买了一件小大衣，作为送给她的生日礼物。当妈妈兴冲冲地到幼儿园接甜甜回家时，透过教室的窗户，却看见她一个人窝在一角，坐在小凳上，眼睛直直地盯着一群正在嬉闹的小姑娘，眼神怯怯的，充满羡慕。妈妈鼻子一酸，赶紧从接孩子的家长中间挤进教室，把她搂进怀里。

"甜甜，你怎么不跟她们一起玩？"

甜甜把怯怯的眼光转向妈妈："妈妈，我是班上最笨的小朋友吗？"

"当然不是，你和其他小朋友一样聪明可爱。"妈妈一本正经地回答她。

甜甜疑惑地看着妈妈，一连抛出了几个问题："那我为什么画不好画？""为什么其他小朋友不跟我玩？"

经过观察和分析，妈妈终于发现原来是甜甜画画不好，这才导致她的自卑情绪。幼儿园常把小朋友分成好多个小组，每个小组的小朋友合作完成一组画后交给老师，完成得好的小组就能获得小礼物。甜甜画画不好，经常连累她的小组得不到礼物，因此，别的小朋友不愿跟她在一起玩。

第二天开始，妈妈开始有意识地培养甜甜的画画能力，每天挑选一幅好玩又易画的画儿，开始和甜甜比赛。每次画完，妈妈都有意识地表扬甜甜，还经常奖励甜甜一些小礼物。一段时间后，甜甜开始热爱画画了。后来，妈妈又给甜甜请来老师专门教甜甜画画。经过练习，甜甜画的画已经成为幼儿园里最漂亮的画了。从此，甜甜摆脱了自卑心理，变得开朗快乐。

产生自卑心理的孩子一般有如下表现:

(1)轻易否定自己。

自卑的孩子做事常常没有主见,会很轻易地否定自己。自卑的孩子总是喜欢说"我不懂""我不会""我不行",面对选择的时候更是不知如何是好,看到孩子出现这种情况,家长就要小心了。

(2)回避竞争,不敢表现自己。

自卑的孩子常常会感到害羞,会在别人面前感到自己很无能,觉得自己比不上他人。因此,他们往往会回避竞争,害怕在别人面前表现自己,因为他们对自己很没有信心,怕自己所认为的短处被别人发现,而被别人嘲笑。

(3)不敢与人交流。

产生自卑心理的孩子,常常不敢与他人交流,对交朋结友或兴趣索然,或视为"洪水猛兽"。这些孩子的交际能力十分缺乏,在学校、家庭、社会中交往的面十分狭小,对别人的内心世界、人际关系也知之甚少。此外,他们还不太愿意主动参加集体活动。

(4)经常疑神疑鬼。

自卑的孩子对家长、教师、小伙伴对自己的评论往往十分敏感,特别是别人对自己的批评,更是感到难以接受,甚至无中生有地怀疑他人是否讨厌自己。

(5)自暴自弃。

在所有自卑的孩子当中,占相当比例的孩子往往会表现为自暴自弃,更有甚者,还可能表现出自虐行为,如故意在大街上乱窜、深夜独自外出、生病拒绝求医服药等,似乎刻意让自己处在险境或困境之中。

当孩子出现上面这些状况的时候,家长就要注意是不是自己的孩子产生自卑心理了。如果孩子确实有这方面的心理问题,父母就一定要采取措施加以改进。

对于帮助孩子克服自卑心理,父母要注意以下几点:

(1)找出孩子自卑的根源。

孩子产生自卑心理,一定有其深层次的心理原因。对于改正孩子的自卑心理,父母一定要从发掘孩子深层次的心理根源着手解决。比如,孩子可能由于对自己能力的不自信而产生自卑,这就需要父母从加强改进孩子的能力入手,消灭孩子的自卑情结。

(2)不要经常拿孩子做无谓的比较。

家长最爱拿自己的孩子与别的孩子进行比较,成绩、才艺、行为等等都成为父母比较的内容,有的父母甚至会对孩子说:"好好学学人家,走路昂首挺胸,多带劲!"家长以为,这样的比较可以激发孩子的上进心,殊不知,这却是对孩子心理的极大伤害,这有可能成为孩子自卑心理产生的一个诱发原因。

(3)善于发现孩子的优点。

在帮助孩子克服自卑心理的时候,父母不能心急,可以先找出孩子的优点,慢慢地引导他认识到自己的优点。首先肯定自己,让孩子明白每个人都有自己的强项和弱项,然后他才会在肯定自己的基础上产生自信。

(4)让孩子融入集体之中。

孩子在集体中可以找到归属感,在同伴的面前也不会感到拘谨。父母可以采取方法让孩子融入集体中去,让孩子在同伴面前有表现的机会。这样孩子的自信心就会得到强化,孩子的自卑感也就会离他越来越远了。

其实,治疗孩子自卑心理的最佳对策就是父母的爱与鼓励。只要父母耐心地对孩子进行引导,多鼓励孩子,让孩子感受到父母的爱,也让孩子在实践中感受到自己是有能力完成力所能及的事情的,就可以帮助孩子及早走出自卑的阴影。

俗话说:"三岁看大,七岁看老。"孩童时期是孩子人格、价值观发展的重要时期。孩子如果此时产生自卑心理，那么孩子今后可能会变得孤僻、寡言、缺乏自信，这对他日后的工作和生活会产生负面影响。父母一定要注意培养孩子的自信心，让孩子远离自卑的困扰。

3.善于发现孩子的闪光点

每个孩子都有各自的闪光点，每个孩子都有各自的优势和劣势，父母要有一双慧眼，善于发现孩子的长处，记住孩子的那些特别时刻。

星期五的下午，幼儿园举办了亲子乐园活动，要求家长一起参加。为了记录下孩子的美好瞬间，有的父母还带了相机。

区域活动时，婷婷、安琪、小宇等几个小朋友都选择了建筑区。经过商量，他们决定要建一个动物园。婷婷是小组长，给其他小朋友分派了任务。

安琪和小宇一组，负责搭建熊猫馆。他们两个人一边商量，一边开始搭建起来。小宇跑来跑去，忙得不亦乐乎。小宇负责运送材料，还时不时地会给安琪提些建议："熊猫长得太胖，门要留得大一些。门外再种些竹子吧，大熊猫最爱吃竹子了。"可是，由于他的身体比较胖，动作不灵活，一不小心碰倒了安琪搭的熊猫馆。

安琪立刻大叫起来："你怎么这么笨呀！净添乱。我不要你了。"小宇听了她的话，眼里含满了泪水，他垂头丧气地穿上鞋子，默默地走到老师身边，问："老师，我真的很笨吗？"

老师立刻向他伸出大拇指，说："你才不笨呢，我刚才都听见了，你给安琪提的那些建议都非常棒。而且你在给小朋友运送积木时，没喊过一声累，一看就是一个真正的小男子汉。只要你做事的时候再小心一点，你肯定能做得更好。"

听了老师的话，小宇的脸上又露出了自信的笑容。安琪红着脸说："小宇，刚才是我不好，我们俩重新搭吧！"小宇充满信心地点点头。

小宇的妈妈可没闲着，她一直都在场外观察。看到小宇搬积木，她拍一张；看到小宇在给同伴提建议，她拍一张；看到儿子将人家的房子碰倒了，她也咔嚓来了一张……

三天之后，当妈妈将这些照片递给儿子的时候，小宇开心地乐了。

作为父母，要学会用赏识的眼光仔细观察，再平凡的孩子，我们也能发现他（她）的魅力。事例中提到的小宇，虽然动作不灵活，但他敢想肯干，爱动脑筋，老师就是用他的这个长处来表扬他、鼓励他的。

在成长的过程中，每个人都会遇到这样那样的难题，都会感到彷徨、无助，也同时会取得这样那样的成绩，需要与人共同分享，需要在他人的赞美声中获得自我肯定。这些时候都是应该让孩子记住的最佳时期。

父母的一句鼓励，会让孩子获得无穷的力量和勇气；父母的一句赞美，也会让孩子体验到成功的喜悦。作为父母，更应该记住孩子的闪光点！

尊重和爱是孩子的基本心理需要，由衷地欣赏、赞美孩子，需要父母学会从多个角度发现孩子的闪光点，用发自内心的喜悦感染、打动孩子，使其保持健康积极的心理状态。

用相机，拍下孩子的良好行为

用相机将孩子的良好行为拍下来，会对孩子起到一定的鼓励作用。

今年6岁的果果环保意识很强，她经常把小区里的果皮、纸屑捡起来放进垃圾箱，年前还被小区管理处评为"环保小卫士"。

可是，最近果果保护环境没有以往积极了，因为爸爸妈妈觉得果果环保方面的表现已经受到了肯定,便不再表扬她的这种行为。果果拿回"环保小卫士"的奖状时,他们只是随意看了一眼,就再也没有提起。果果的积极性受到了打击,慢慢失去了保护环境的兴趣。

为了鼓励女儿,果果的妈妈决定用相机将女儿的良好行为拍下来。从那以后,看到女儿扫地,就拍一张;看到女儿把路边的垃圾捡起,就拍一张;看到女儿帮助了老人,就拍一张……在这些相片的鼓励下,果果的积极性又提高了。

孩子在表现优秀的时候,最期望听到爸爸、妈妈的鼓励与肯定。积极的正面肯定,才能使孩子感受到父母发自内心的爱和喜悦,给孩子带来愉快的心理感受,强化他(她)正面的表现,促使他(她)努力做得更加完美。用相机将孩子的闪光时刻拍下来,可以对孩子起到积极的鼓励作用。

用录音机,全面肯定,赏识孩子小小的优点

用心发现他们身上的优点,细心捕捉他们的每一点进步,及时加以肯定和鼓励,孩子就会在不知不觉中逐步改掉不良习惯,让自己的优秀品质得到强化。

调皮的冬冬经常会给父母招惹一些小麻烦,但有时也会主动做一些好事,比如:把摔倒的小朋友从地上扶起来、帮粗心的阿姨找到丢在角落里的钥匙……

看到冬冬帮助人的时候,爸爸、妈妈总会充满喜悦地赞扬孩子:"冬冬真懂事,这么小就知道帮助别人,将来长大了一定会了不起!"

为了鼓励儿子,他们还将对儿子的鼓励话语做了录音。儿子只要一听到,就会信心十足。在父母的赞扬声中,冬冬一天天懂事了,不再沉湎于捉弄别人带来的小乐趣,而把精力转移到帮助别人上。

发自内心的赞扬是引导孩子一步步走向真、善、美的动力。父母如果总把眼光盯在孩子的过错上不放，就会心生焦虑，对孩子的教育缺乏耐心与信心，会导致孩子往消极的方向发展。为了将孩子的闪光点保留下来，就要学会利用录音机。

用画画，赏识孩子的与众不同

世界上没有两片完全相同的树叶，也不会有两个相同的孩子，每个孩子都有自身的特点，都有自己的与众不同。作为父母，要用画画，赏识孩子的与众不同。

毛毛性格有些内向，经常会被小朋友冷落。因此，她不太喜欢出门，闲下来时就给家里的小狗洗澡、梳理皮毛，把学习和生活中发生的事编成故事说给它听。

毛毛的父母担心孩子将来不能与人和谐相处，但转念一想，光着急也没有用，还不如引导孩子把说给小狗听的故事画下来。然后，毛毛的妈妈便将孩子画下的故事投到了儿童杂志，竟然有几篇发表了，这让毛毛感到了成功与快乐。

小朋友们听说了这件事，也开始要求毛毛讲故事给他们听，时间长了，毛毛的性格逐渐变得开朗起来。

发现孩子具有负面的性格特点时，父母先要反省自己的教育方式，寻找孩子特殊性格中的积极因素，因势利导，帮助孩子一步步走出狭隘的天地，在人际交往和社会生活中找到更多的乐趣，逐渐成为一个优秀的孩子。

4.肯定孩子,即使他没达到你要求的程度

父母总会给孩子提出一些要求。可是,经过自己的努力,当孩子没有达到父母的要求时,我们该怎么办?

鲁鲁上幼儿园中班,由于他生性好动,不是招惹了这个,就是碰撞了那个。因此,小朋友们便给他起了一个绰号"惹祸精"。

爸爸妈妈每天都能收到来自于老师和其他小朋友家长的投诉,比如:"你儿子今天拿了的东西不还!""你儿子今天把我儿子的手打破了!""你儿子今天拽我女儿的头发!"……

刚开始的时候,妈妈还比较耐心,因为她觉得是孩子小、不懂事。但是,当这样的投诉越来越多的时候,妈妈有点沉不住气了。她便跟孩子约法三章:不打人、不骂人、不欺负人。

儿子接受了这样的约定,在行为上也就有了收敛,可是,好景不长,这一天,妈妈又接到老师的电话:"鲁鲁把一个小朋友的胳膊划破了,请你尽快赶到人民医院。"

从医院回来,鲁鲁看到妈妈很生气,主动道歉说:"对不起,妈妈,是我不小心。"

"都打架了,还不小心啊!天天都不小心,别人怎么不打架?"鲁鲁妈非常生气。

鲁鲁开始流泪了,说:"妈妈,我真的是不小心。是我不小心划破的!"

了解到事情的经过之后,妈妈说:"虽然你在行为上,已经有了很大的进步,这是值得肯定的。可是,你还要多加小心,千万不要因为自己的无心,伤害到自己的朋友。"看到妈妈理解了自己,儿子改正错误的决心

更大了。

为人父母者要首先学会肯定孩子,积极肯定孩子的努力结果。千万不要采取讽刺挖苦甚至体罚的方式来刺激孩子,那样很容易让孩子对自己失去自信。

有两个高中生,一个会做饭,一个不会做饭,有人问其中的一个人:"你为什么会做饭?"

他回答说:"上小学的时候,我爸爸妈妈经常出差,有一次进厨房、炒鸡蛋,爸爸妈妈说我炒的鸡蛋很好吃。妈妈还告诉我说,如果能够在鸡蛋里稍微加点盐就更好了。"

有了父母的肯定以后,他的胆子更大了,敢做饭了,不光会做炒鸡蛋了,还会做烙饼、饺子、炸酱面、炖鱼、炖肉等等。这样的孩子将来走入社会,一定能独立。

另外一个不会做饭的孩子说:"我才不愿意做饭,因为有一次做饭时,好不容易把饭做好了,我妈一进门,劈头盖脸地骂了我一顿,说'你这孩子为什么进厨房,烫手怎么办,煤气泄漏怎么办,你应该等妈妈回来做给你吃'。"

本来孩子做饭家长应该肯定,相反第二位家长却埋怨孩子,不肯定孩子,让孩子心理有了问题,觉得做饭不对,不应该做,做饭是可怕、危险的事,是大人的事,在这种认识的支配下,以后孩子就不愿意做饭了。

儿子很喜欢玩水,陈女士便积极鼓励他和好朋友一起去学游泳。儿子的游泳课上得非常开心。

当儿子学会游泳后,听从了爸爸的建议,不再学习了。可是,一个月之后,儿子就不干了,坚决要求去上课。

由于一个月的缺席,儿子的游泳速度从原来的中等偏上落到了现在的最后一名。一个月之后,儿子要求报银牌考试,因为他的朋友都报了名。看着那张报名表格,陈女士的心里有点儿迟疑,她觉得儿子过关的可能性不大。可看见儿子满脸兴奋的表情,便给儿子报了名。

结果,儿子的银牌考试顺利通过了。陈女士真没想到儿子进步这么快,为了奖励儿子,她决定给儿子买一套儿子喜欢的连环画。

兴趣是孩子最好的老师,它不仅可以充分地调动起孩子自我学习的潜能,还可以让孩子学会坚持。当儿子做出了成绩的时候,陈女士给予了积极的肯定。这是对儿子努力的一种肯定,相信,也会使孩子对自己充满信心。

当孩子经过自己的努力已经取得了进步时,即使还没有达到我们的要求,也应该给孩子以鼓励。不要打击孩子的积极性,因为一旦让孩子失望了,再试图去弥补,就收效甚微了。

5.信任孩子是培养自信的基础

一个人之所以自信是因为他首先获得了他人的信任;而失去了他人的信任,其信心也必将受挫。孩子的自信很大程度上来自于父母的信任,这是一个逐步累加的过程。相信孩子,就是对孩子独立行为的信任和肯定,是对孩子自我价值的认同。信任,才能培养出自信的孩子。

几年前,某一所中学里发生了这样一件事:一次考试后,老师将班里成绩最差的十几名学生及家长叫到学校,让孩子和家长一对一,面对面站成两行,然后把孩子的缺点逐一训斥,最后对家长们说:"我遇到了这样差劲的学生,你们看怎么处理?"在老师的训斥下,家长的脸由红变紫,由紫变青,心中的愤怒一触即发。老师最后一句话,犹如点燃了"炸药"的导火线,家长冲上去对着自己孩子劈头盖脸一顿毒打,把内心的耻辱向孩子身上尽情地倾泻。

可就在这种情形下,成绩倒数第一的那位学生的母亲,不但没有像其他家长那样做,反而把双手搭在孩子的肩上,用无限慈爱的目光久久地凝视着自己的儿子,不久母子两人眼里都含满了泪花。

当别人不解地问这位母亲时,她回答:"你们任何人都可以看不起我的儿子,但作为母亲,我没有理由不为儿子自豪,我相信他是天下最好的孩子,要我打儿子,永远办不到!"几年后的今天,也就是这个当年被老师认为是最差的学生却考入了北京一所艺术院校,而其他的孩子则大都成了平庸之辈。

很多家长都在抱怨自己的孩子不自信、不争气、懦弱,其实,他们不知道,孩子没有自信、没有"成才素质"很有可能就是因为父母在孩子成长路上的"行为不当",这其中可能就包括:爱孩子,却没有信任他。

在日常生活中,家长出于对孩子的关怀和疼爱,很容易出现一种"事必躬亲"的情况,认为孩子还小,不具备独立的行动能力,不能自己处理问题,所以要事事代劳。事实上,这种心理的实质是对孩子能力的怀疑,是对孩子的不信任。而这一点,往往是孩子所厌烦和不愿接受的。长此下去,孩子会给自己一个潜意识的心理定位:我什么都做不好——这就是自卑。

一位事业有成的父亲，才干出众，他总觉得自己的儿子这也不行，那也不行，在他的眼里，儿子几乎一无是处。儿子的心灵因此受到了极大的压抑，精神近乎崩溃了。

就在这时，这位父亲接受了赏识教育的理念，一下子开窍了。经过精心安排，他特意请几位朋友在家里闲聊，故意让在房里做作业的儿子能听到谈话的声音。他对朋友们说："别看我整天忙于事业，对孩子太不关心，其实内心很崇拜他，为能有这样一个孩子而感到无限自豪。没想到儿子身上蕴藏着很多闪光点，连我都非常佩服。"

当天晚上，奇迹发生了，泪水涟涟的儿子出现在父亲的卧室里，向父亲道出了长久压在他心里的委屈，并请求父亲原谅他的过去。发誓一定要如父亲所赞赏的那样，做一个值得让自己父母骄傲的男子汉。从此，孩子觉醒了，经过努力奋发很快成了一个优秀的孩子，他和父亲也成了一对"好朋友"。

父母能给予孩子的爱分为很多部分，它不单表现在优越的物质条件上，而更应该体现在对孩子的人格、能力和潜在素质的培养上。相信孩子，就是这诸多部分之一，而且是尤为重要的一部分。

陶行知先生曾说过这样的话："教育孩子的全部秘密在于相信孩子和解放孩子。"应该学会信任孩子，家长不仅要有口头上的信任，还要在行为上做到信任，做到言行一致。多说鼓励，少讲质疑，家长相信孩子，对孩子满怀期待，孩子才会对自己更有信心。

学会相信孩子，对家长来说也是一项考验。

相信孩子能独立面对挑战

很多家长都经常这样做：口头上说信任孩子，然而日常生活中，孩子一旦遇到稍有难度的事情，家长就以"你做不到"为名主动代劳。其实，这样做法并不利于孩子的成长。

孩子都有好奇心,乐于面对挑战,很少会因为一时的失败而一蹶不振。他们成长和进步的速度都非常快,善于学习和模仿,他们渴望独立面对挑战,以向家长证明自己。因此,信任孩子,家长们应该尽量放开自己的顾虑,相信孩子有直面挑战的能力,信任孩子能够承受失败的后果,鼓励他们主动去做。

相信孩子的建议能为家庭决策提供帮助

让孩子参与家庭重要决策的讨论,也是让孩子感到自己是被信任的有效方法。

在作出重要的决定时,家长不要认为小孩子不懂事就觉得没必要让他们参与。其实,孩子对于家里的大事也会有自己的看法,孩子的视角同样有可取之处。孩子渴望自己被信任,渴望能够帮上家长的忙。让孩子像大人一样参与重要家庭决策的讨论,就是对孩子思想、能力信任的直接体现。

在进行讨论时,如果孩子的建议不可取,家长应该认真地解释,而不是随意哄孩子两句就忽略这件事。让孩子感到自己的提议确实是被认真考虑过的,让孩子明白他的确是通过自己的思考为家庭做出了贡献,孩子会从中体会到家长对他的信任,从而更加自信。

6.尊重孩子是确立自信的前提

自信,来自自尊。自尊是一个人对自己的自我价值的肯定,是外部环境无法撼动的自我认知。

自尊最初是来自外界对孩子的尊重。要想孩子自信,首先父母和社会都要尊重他。美国学校一直强调"鼓励教育"、"尊重教育",就是希望学生们建立起正面的自我认识,不因和其他人长处的比较而自卑,意识到每个人都是独特的个体,都拥有自己的闪光点。也许学数学不开窍,但是人缘好,有领导才能;也许作文不行,但是画画好,有艺术细胞;也许不善表达,但是体育好。老师和父母要帮助孩子找到他的长处,并创造机会让他的长处得以发挥,从而确立自信。

施雯从小到大都是学习尖子,考上了北大生物系,后来在普林斯顿大学拿到分子生物学博士,毕业后在赫赫有名的大制药公司里工作。在公司里,施雯常常感到窝火,因为那些美国同事技术知识都远不如她,却个个自我感觉极好,张口就是:"我对这个问题的理解是最深刻的……""我使这个课题有了突破性的进展……"而她却总是在找自己的不足,开会时从来没有勇气说出自己做得多么好。等到她自己的孩子上学了,她参与了学校的活动,感慨地说,美国父母和老师对孩子多尊重啊,孩子班上有个脑子明显有毛病的孩子,老师都一直在鼓励,十道题做对了一道,老师马上让他到前面将那一道题算给大家看,大家一起鼓掌鼓励他继续努力,没有丝毫的讽刺挖苦。这种环境中长大的孩子能没有自信吗?

美国的成年人把小孩当做大人一样尊重:父母进入子女房间要敲门;移动或用孩子的东西要得到他的允许;任何牵涉到子女的决定应该先和子女商谈;不随意翻看子女的日记或其他隐私……因为他们知道,一个不被尊重的孩子不仅没有自信,他以后也不知道尊重别人。

每一个人在心理上都有获得肯定与赞赏的需要,如果一个孩子感到自己是被别人赏识的,那么他就会自然而然地产生愉悦、自我肯定的感觉,他的心里就会充满自豪和自信,觉得自己很优秀很特别。相反,如果孩子平时听到的都是训斥、挑剔、责备甚至挖苦,一个小小的过错就被父母抓住不放、没完没了地进行批评,他就会觉得自己很失败,就会否定自己的能力,产生自卑心理,进而失去对学习和生活的热情。

做父母的常常会有意无意地否定孩子的感觉,说出不信任孩子的话语,比如孩子说太热了,不想穿外衣,我们会斥责孩子:"热什么热?妈妈一点都不热!"孩子想帮忙端盘子,妈妈马上说:"你端不稳的,别把盘子给打了!"甚至孩子成人了要找对象,父母依旧不放心孩子的眼光。连父母都不相信孩子的判断能力,他的自信从何而来?父母在孩子小时候一再否定孩子的想法做法,把孩子的自信心和独立性一点一点地扼杀掉了。

作为父母,要信任孩子的感觉和判断。如果孩子说热不肯穿外衣,摸摸孩子的小手是不是很热,可以替他拿着外衣,等到他需要的时候再给他穿上。他觉得课程太难,和他一起分析难在什么地方,找到症结,帮孩子解开。他想尝试任何事情,都给他机会让他去试,给他充分的信任和学习的机会。

7.自信要适度,有自负心理立刻要纠正

虽然说自信十分重要,可如果过分自信,就会成为自负。自信和自负之间存在一个度,父母需要帮助孩子建立正确的认知,以便他们能够将两者区别开来。这样,孩子才能完善自己,并取得提高,得到更多应有的自信而非过分膨胀的自负。

自信是孩子成长过程中绝对不可缺少的素质,没有自信的鼓舞,孩子就不可能成功。但是如果自信过了头,孩子就会自我膨胀起来,当初鼓励孩子成功的自信心也会转而变为导致孩子失败的自负。

悦悦今年刚上二年级,她在各方面都显得很优秀,干什么都很拔尖儿。小小年纪,悦悦就过了钢琴二级,学习成绩也在班上很靠前,并且她还一直担任班干部,各方面的优势使悦悦形成了强烈的自信心。

孩子有自信心,这本没有什么坏处。但是由于太过自信,悦悦形成了非常要强的个性,处处都要比别人强,干什么都要胜过别人她才开心。平常生活中,悦悦做什么事情都自以为是,对父母的话置若罔闻,甚至屡屡和父母发生争执,什么事情稍有不顺心,她就会大发脾气。

可是,在学校就不行了。悦悦平时做作业、考试不可能保证一点错不出,偶尔还会因为马虎、不认真而被老师批评,这是她万万接受不了的。每次遇到这种情况,她都会不管不顾地在同学和老师面前大哭一场,再回家发一通脾气,弄得悦悦的父母一点办法也没有。和同学一起,悦悦也总是认为只有自己的观点最对、方法最好,对同学们说的话不以为然,也看不起别人。而一旦事实证明她错了,或是在游戏、比赛时输给了别人,她就会不依不饶地和大家矫情,或找各种借口为自己的错误和失败做解释,或是干脆就说是别人耍赖,而永远不承认自己输了。当然,她自己心里也不舒服,就回家去和爸爸妈妈找茬儿、吵架,再在爸爸妈妈故意的谦让和顺从中找到心理平衡。这样时间一长,孩子们都不和她在一起玩了。

孩子自以为了不起的自负心理,是自我认知缺陷的一种表现。处处瞧不起别人,对大人也常常傲慢无礼,是一种缺乏自知之明的心理缺陷。一般来说,自负多表现在独生子女身上,或是表现在家庭条件较优越、具有某种先天优势的孩子身上。就像悦悦一样,自身过于优越的条件让孩子拥有了充分的自信,但由于在小范围内缺少竞争对手,孩子的自信常常演变为自负。

孩子自负心理的产生,其原因是多方面的。从家庭这方面来讲,多是由于家长对孩子过分宠爱,不能正确客观地评价孩子所导致的。孩子的聪明可爱使亲戚朋友们赞不绝口,更使许多同龄人对他刮目相看。这些过分的夸奖客观上使孩子自视过高,不能正确评价自己,因而得意忘形、目空一切。由于孩子缺乏全面客观评价自己的能力,如果周围的人对孩子评价过高,就会给孩子带来一种错觉,以为自己真的像人家评价的那样毫无瑕疵,从而导致孩子自负心理的产生。

孩子自负的表现是各种各样的,有的孩子因自负而不能和同伴友好地相处,常常有高高在上、盛气凌人之感;有的孩子对大人傲慢无礼,不尊敬长辈,瞧不起成年人在某些知识方面的缺陷;也有的孩子因自负而不爱与人说话,不爱回答别人的提问,甚至变得爱挖苦人、讽刺人。可以说,自负是在孩子中间普遍存在的一种不健康的心理,很多在小时候表现很优秀的孩子更容易产生这种心理。

自负绝对不利于孩子自信心的发展,自负往往会导致自满,使孩子丧失进取心、增长虚荣心。自负心理还容易使儿童意志脆弱,经不起挫折和打击。例如,有一个少年歌手去国外演出,因为过于紧张,不小心唱跑了调而受到观众的嘲笑。这位少年歌手初露头角时一帆风顺,习惯于掌声、鲜花、奖牌,对挫折的心理承受力太弱,结果因为在国外的演出失败而失去心理平衡,最后以自杀告终。自负心理是他自杀的重要因素之一。

自信过度就会成为自负,为了培养孩子适度的自信心,纠正孩子的自负心理,家长可以从以下方面努力:

(1)教会孩子正确评价自己。

孩子出现的自负情绪往往是过高地估计了自己,认为自己比谁都强,只看到自己的长处,看不到自己的短处,拿自己的长处比别人的短处。因此,他们往往狂妄自大,大都以"自我为中心",想干什么就干什么,不会设身处地地为别人着想。如果孩子出现这种情况,父母应该耐心地进行教导,让孩子学会正确地评价自己,既认识到自己的优点,也看到自己的不足。此外,父母还应该规范孩子的行为,督促他们改正自负的情绪,告诉孩子在交友过程中应该怎样做和不应该怎样做,并加以训练和指导,使其养成良好的行为习惯,这样孩子才能形成正确的自信。

(2)适当对孩子进行批评教育。

家长对孩子的表扬要适当,对孩子的批评也要恰如其分,既不能以偏概全,也不能掩耳盗铃、视而不见,而是应该客观地指出孩子的缺点和不足。适当地对孩子的缺点进行批评教育,能让孩子意识到自己并不是完美无缺的,教会孩子正确面对自己的缺点和不足。

(3)让孩子养成独立生活的习惯。

给孩子创造一点儿遭遇挫折的机会,经历适当的挫折可使孩子心理机制健全,不至于过分自负,经受不住任何打击。

(4)开阔孩子的视野。

给孩子多一些接触社会的机会,开阔孩子的视野,让孩子意识到天外有天、人外有人,使孩子多接触一些比自己更加优秀、更具专长的人。这样,孩子就会树立正确的自信,也不会为自己的一点小小成绩而坐井观天、夜郎自大了。

(5)以精神奖励代替物质奖励。

孩子只要能得到口头赞扬,心理上就会得到满足,过多的物质奖励会使孩子产生沾沾自喜、自傲自大、忘乎所以甚至于不思进取的心态。所以父母千万不能给孩子过多的物质奖励,让他们明白好条件是父母创造的,他其实和其他同学一样,没有什么特别的地方。

总之,父母要采取各种方法帮助孩子从自负的泥潭中挣脱出来,建立正确的自信心。

8.坚持保护孩子的自信

随着孩子的成长,他们会遭受越来越多的挫折,当孩子遭遇到自己难以解决的问题时,内心就会产生焦虑与恐惧。如果孩子长期处于这种心态中,自然自尊心和自信心就会严重受挫。尽管有的妈妈一开始会给予孩子一些鼓励,可是如若不能够坚持,那么孩子依然会因突如其来的打击而变得不知所措,从而产生胆怯心理。

尤其是学龄期的孩子,在这一阶段,他们已经完全被各种各样的失败包围。有的孩子因为在学校受到挫折而不喜欢上学,有的孩子因此变得郁郁寡欢,一蹶不振。而长期处于这种状态中的孩子会更加焦虑,并表现为退缩、对抗和抑郁。

很多时候,孩子需要的不仅仅是爸爸妈妈的肯定,更需要爸爸妈妈的关心和重视。妈妈要培养孩子的自信心,不只是单单的几句赞扬就可以了,重要的是妈妈要把这种赞扬和肯定在第一时间传达给孩子,让孩子随时可以感受到父母的关怀和关爱,从而使孩子有信心去面对学习和生活。

帮助孩子巩固自信心的关键,需要父母随时地发现孩子的闪光点,给予孩子适时的肯定和鼓励。这样才可以使孩子的自信心稳定下来,从而形成乐观自信的性格。

维维在做数学题的时候,妈妈在一旁辅导。前面三道题维维都做对了,最后一道是思考题,妈妈说:"这道题有一定的难度,你可以做,也可以不做,随便你吧。"妈妈刚把这句话说完,维维就苦着脸怯怯地说:"妈妈,我不做了,这么难,我肯定不会的。"

"你认真地看了吗?还没有看题目呢,怎么就说不会做呢?"妈妈说道。突然，妈妈想到了一件事情，接着对维维说："对了，维维，你还记得昨天你做英语题时，最后一题不也是思考题吗？可是呢，其他同学不是一读就会了吗？数学题也是一样的，刚才妈妈说错了，你再看看题，妈妈觉得你一定会做的。"

维维听了妈妈的话，又很认真地读了一遍题。经过一段时间的思考，她很快便眉开眼笑地对妈妈说道："妈妈，我会做了，真的是很简单的。"

最后，妈妈笑了，因为那道数学思考题不是一般的难。

很多父母喜欢和孩子开玩笑。当孩子的成绩不好的时候，父母千万要注意自己的言语，不能因为无心的玩笑，而伤害到了孩子。比如，当孩子考试没有及格的时候，父母千万不要这样开玩笑："又没及格是吧，没事，和你老爸我小的时候一样，没什么出息。"这样的玩笑是会打击到孩子的。

小米喜滋滋地告诉妈妈数学测验考了98分，妈妈立刻问有多少同学得了100。当她知道有5名学生得了满分后，脸就沉了下来："你还有没有自尊心，考了98还洋洋得意？你怎么不跟好同学比，我看你是不求上进！"

孩子的成长在日复一日的进程中常常显得进展缓慢，并时时受挫，父母难免会急躁。父母应该提醒自己，学习的过程总是艰辛的。你不妨用业余时间从事一项新的业余活动，重新体会一下掌握一门新技能的艰难。对于认知、运动能力已经成熟的成年人来说，学习的过程尚且错误不断，对身体和头脑仍在发育之中的孩子而言，艰辛更可想而知了。孩子的身边似乎总是围绕着一群比他们学得快的同龄人，在这样的压力下，孩子们仍能保持高昂的情绪和耐心，岂不反映出孩子天性的执着可爱？

上初二的小飞写作文时通篇不打一个标点符号。小飞的妈妈知道了他的恶作剧行为很生气,但她克制住自己的情绪,问小飞:"我知道了你写作文故意不打标点的事,我很惊讶,也很生气。你为什么要这样做?你不是很喜欢作文吗?"

"我以前喜欢作文,现在不喜欢了。"

"那是什么原因?"

"以前的语文老师有水平,现在的老师差远了。"

"是吗?"妈妈想起小飞对上学期教语文的王老师非常崇拜,王老师也经常夸小飞作文好。"现在的郭老师怎么不好?"

"……"小飞一下子语塞,"她写字都歪歪扭扭的……反正不怎么样。"

"我倒不这么认为。"妈妈说,"起码她非常有耐心,也很宽容。你看,她把你漏掉的标点符号全都补上了。要是换成我,早罚你重写了。而且她没有告你的状,是我今天正好去学校问起,她才说的。这样的老师很难得。"

小飞不吭声了。

妈妈接着建议:"我认为你应该向老师道歉。是当面跟老师认错还是在作文本上留个条,你自己决定。"

两天以后,郭老师打电话告诉小飞妈妈,他在最近一次作文后面附了一张道歉条。而且这次作文他写得非常好。

因为消除了对郭老师的偏见,小飞对语文课的兴趣逐渐恢复了。他对郭老师也越来越尊敬。在妈妈的启发下,小飞从这次经历中明白了:每个人有不同的特点,要善于发现别人的优点。

带着宽容去管束孩子,带着欣赏去鼓励孩子,让孩子感到安全,让孩子充满自信,让孩子勇于负责,让孩子善于同情,让孩子学会自制。这样才能营造出愉快的家庭氛围,形成牢固的亲子纽带,培养出健康、快乐、能干的孩子。

第二章

品德——孩子立身的基础

1.父母是孩子品德养成的决定性人物

家庭教育对一个人的成长和发展起着决定性的作用,而父母的教育是家庭教育中最重要的一部分,在一定程度上甚至可说是家庭教育的全部。一个人是否有良好的家教,很大程度上由他有什么样的父母来决定。而接受什么样的父母教育,又由父母的素质所决定。

如果父母是庸俗的、粗暴的,孩子也可能是粗暴的、蛮横的;父母是友善的、豁达的,孩子也可能是友善的、开朗的;父母是一个邋遢、慵懒、颓丧的人,孩子整天生活在一个杂乱无章、起居无序的家庭里,也可能因袭父母一些不良的生活习惯。因此,作为第一教育者的父母,其文化素质、道德修养以及言行举止、待人接物等,对纯洁幼稚且善于模仿的孩子无不产生重要的影响。

星期天,8岁的徐冰和妈妈一起到麦当劳吃饭。妈妈在一旁买东西时，突然发现徐冰和一个小女孩打起来了，女儿一巴掌就打在了小女孩脸上，嘴里还大喊着："小混蛋，谁叫你占我的位子！"徐冰妈妈刚要阻止，突然发现那个小女孩也不示弱，反过来揪着女儿的胳膊又掐又咬。

徐冰妈妈先是吓了一跳，心想小女孩子怎么能这么打人呢？仔细一想明白了：一定是对方的父母经常用这样的方法教训她，孩子都跟父母学嘛。转念又一想，女儿生气发脾气时的行为，不也和自己一模一样吗？

所以，如果我们发现孩子身上有了某些错误，先不要急于责备孩子，而要先检查自身的言行，也许孩子犯的错误正照射出我们自身的很多缺点。

一天吃饭时，4岁的静雅面对桌上的饭菜提不起丝毫兴趣。爸爸妈妈见女儿不吃饭，就问她怎么，静雅吞吞吐吐地说就是不想吃。摸摸静雅的头，也没有发烧，妈妈心里忽然就起了无名火，突然就打了孩子一巴掌。静雅大哭起来，爸爸也被这突发事件搞得没什么心情吃饭了。

等冷静下来后，静雅的爸爸就想，老婆也没弄清楚理由就打女儿是不对的，还是应该问问孩子为什么不想吃饭。于是，爸爸就用缓和的口气安慰静雅，并问："你是不喜欢妈妈今天做的饭吗？"

静雅摇摇头，说："喜欢。""那你为什么不想吃呢？""妈妈说，一个人长大了烦恼太多，活着太没有意思。我不吃饭，就不会长大了。"

静雅的话让妈妈很震惊。她想不到，自己因为对生活的不满而引发的牢骚竟会如此深刻地影响着女儿。

在现实生活中，这样的例子可谓数不胜数。作为父母，也许不经意的一句话就会影响到孩子对生活的判断；同样，父母的不良情绪，也会影响孩子的情绪发展及控制能力。如果父母经常以这样的情绪和态度对待孩子,那么缺乏判断能力和自我控制能力的孩子,也会常常陷入到各种不良情绪当中。

那些比较优秀的父母,通常都不会抱怨生活中遇到的苦难,至少不会在孩子面前抱怨;也不会随便在孩子面前表现出不良的情绪、行为等。她们认为,做母亲要承担身心的劳累是天经地义的事。很多优秀的父母,还会将教育孩子看作是人生中非常快乐的事,并时刻以一种自信、乐观、洒脱的状态展现在孩子面前。

要想做一个高素质的父母,首先就要具备正确的教育理念,这样才能很好地处理孩子在成长过程中不断出现的问题,满足孩子的探索欲望。

那么,高素质是不是就意味着学历高、文化水平高呢?并非如此。一个人的学历、文化水平与素质的确有一定的关联,但并非完全成正比。学历高、文化水平高,并不意味着就有正确的教育观念。

父母要知道正确的教子观念是什么,这样才能更好地在教育孩子过程中不断纠正自己,给孩子创造一个轻松、快乐、自主的生活氛围,从而让孩子具备良好的品德、规范的行为、健康的人格和心理等等。

鼓励孩子多学习、多思考

品德的修炼,最好的方法就是不断学习。只有学习,才能明白为何要提高品德,才能辨明善良与邪恶,才能清楚品德在社会交往中的作用,才能懂得自己需要加强哪些品德修养。相反,如果父母不能引导孩子多学习、多思考,孩子的勇敢也可能变成鲁莽,谦虚也可能变成懦弱。

父母可以给孩子买一些这方面的书籍,或讲些品德故事,并鼓励孩子就故事做出思考,让孩子逐渐将道德情感转化为道德行为。

培养孩子对身边亲人的爱

苏联教育家苏霍姆林斯基说过:"如果一个孩子连他父母也不爱,他还会爱别人、爱家乡、爱祖国吗?爱自己的父母,爱自己身边的亲人,容易懂,容易做,而且还会为日后进行爱国主义教育打下基础,乃至慢慢地将爱的范围扩大。

所以,父母应在平时教育孩子要多给父母及自己身边的亲人带来欢乐;关心、体贴、照顾生病的家人;有好东西要给大家分享。还可通过讲故事启发诱导孩子对爱的理解。总之,父母要从身边的点滴小事随时地对孩子进行爱的教育,让孩子拥有一颗充满爱的心。

培养孩子有错就改的好品质

父母要教育孩子不隐瞒自己的过错,不说谎,有错误就要勇于改正错误。要使孩子切实做到这些,最主要的是父母教育的态度。如果对孩子的过错只是一味指责,会很难培养孩子这一品质的。在父母发现孩子说谎时,应先分析说谎的原因,然后再有针对性地解决。

比如,孩子要买一支好看的钢笔,遭到父母拒绝,结果孩子背着父母私拿了同学的。如果父母发现孩子拿了同学的东西时,不分青红皂白批评孩子,是解决不了问题的。

有时孩子待人不真诚,有说谎、私拿别人的东西等不良行为,也可能是受了某种环境影响,这种潜移默化的影响会使孩子形成根深蒂固的恶习。为此,父母不要掉以轻心,明智的做法是处处以身作则,当好孩子的榜样。

人无高低贵贱之分,只有品德好坏之别。作为为人处世的根本,良好的道德品质是一个孩子首先应具备的。作为孩子人生的第一个指导者,父母是孩子品德养成的决定性人物,因此需要在日常生活中加强对孩子的品德教育,让孩子具备优秀的品德修养,为未来顺利走向社会打下基础。

2.教育孩子说真话

伟大的平民教育家陶行知先生说过，"千教万教教人求真，千学万学学做真人"。"真"，应该是一个人格健全的人，是一个人的立身之本。教育孩子说真话，应该从小的时候开始。要是孩子说假话成习惯，孩子的行为就会变成当面一套，背后一套，很容易走上犯错误、做坏事甚至违法犯罪的道路。所以，为人父母者，一定要教育孩子不撒谎，说真话。

一个双休日的上午，文文的妈妈领着文文去早市买菜。回家后，文文兴奋地对妈妈说："妈妈，你看这是什么？"说完，他像变戏法似的，从裤兜里掏出一个土豆。妈妈很是惊奇，就问他这是怎么回事。文文说：在路上捡的。妈妈并没有相信他，反而觉得这事有些蹊跷，就追问了起来。最后，文文说出了真相。就是在他们买土豆付钱的时候，有很多人在挑土豆。由于人多，卖土豆的摊主也没有看见，他就偷偷地拿了一个。

文文本以为他妈妈会表扬他，没想到他妈妈会很生气。就在这个时候，文文的爸爸回来了，看到这个情景，得知详情后，爸爸也很是生气。看着他们，文文害怕地低下了头。

文文的爸爸看着他那副可怜相，是又气又恨，打算厉声训斥一番，但突然想这是教育孩子讲真话的好时机。于是对儿子说："农民伯伯挣钱很辛苦，你怎么能偷东西呢？我们做个诚实的好孩子，把土豆还给爷爷。"儿子撅着小嘴不高兴地说："妈妈，我可不去，反正他也不知道。"看儿子不依不饶的样子，爸爸就给他讲起那个家喻户晓的《狼来了》的故事。听完故事后，儿子若有所思地对他妈妈说："妈妈，我们走吧！我要做一个诚实的孩子，但这件事情你千万别告诉小朋友。"见到摊主后，儿子像个害羞的姑娘似的拿着土豆对摊主说："爷爷,对不起,刚才趁你不注意多拿了一个土豆,还给你。"摊主却一脸的茫然,待文文的妈妈说出事情的原委后,摊主对文文伸出了大拇指,文文乐得又蹦又跳。

可以说,文文父母的教育,不仅仅是归还了一个土豆,而是杜绝了孩子说假话,办糊涂事的行为,引导孩子走向了正道,文文也受到了深刻教育和启发。

从文文父母教育的方式中,不仅要善于发现孩子说假话,更重要的是还要积极引导。

首先,打骂并不能很好地解决孩子说谎的问题。当发现孩子说谎的时候,父母应该检查自己的教育方式:一是如果发现孩子说谎,父母采取了严厉的惩罚措施,为了避免惩罚,大多数孩子以后还是会采用撒谎的方法;二是如果父母对孩子说谎的反应从一个极端转向另一个极端时,也容易导致孩子说谎;三是如果孩子感觉自己在父母眼里是个不诚实孩子,这时候孩子也会说谎。

其次,要鼓励和保护孩子说真话。父母是孩子最信得过的人,孩子听到什么事情或是想到什么东西,都会统统告诉爸爸妈妈。这时,不要管孩子说的是什么,父母都要认真、耐心地听完,就是孩子有些地方说错了,甚至使父母不愉快,父母也不要吹胡子瞪眼发脾气,而要亲切地跟孩子交谈讨论,说出自己的心里话,而不要应付、糊弄孩子。如果孩子因为说真话在外面吃了亏,父母应想办法帮助孩子做思想工作,明确表示支持孩子讲真话,鼓励孩子做一个真诚的人。

第三,教孩子做一个真诚正直的人。父母应根据不同的情况客观分析,对孩子进行正确的教育引导,应奖励孩子的真话,即使孩子有了错误,只要说了真话,就应肯定他的做人之道,并引导他不断地完善自己;不用打骂、惩罚、斥责等消极、粗暴的方式对待孩子,避免孩子为保护自己而以谎言应付大人。要与孩子成为朋友，建立相互信任关系。要让孩子懂得，向大人讲明自己的错误，是诚实的举动，诚实地讲了出来就是好孩子，就能得到原谅甚至表扬，以此来诱导。

一般情况下，孩子知道做错了事，在没有压力的情况下，往往都会主动地讲出来，在表扬他诚实的同时，告诉他以后怎样才能不再做错这样的事。

3.爱心教育让孩子受益一生

爱心教育是让孩子受益一生的教育。一个充满爱心的人，会更加自信、更加快乐。现在的孩子，都是在爱的呵护下长大的。孩子在爱的环境中获得安全感、满足感，获得激励和信任，能促进身体的健全发展。但遗憾的是，这些饱受爱意滋润的孩子往往缺乏爱心，少数孩子甚至缺乏情感，没有同情心，心中根本没有其他的人，这对孩子将来的人际交往，社会适应性，个性的发展都是极为不利的。

要给孩子爱心教育，首先自己的内心要充满爱，这样才有多余的爱给别人，才能培养引发孩子内心的爱。

有一位父亲，带着10岁的女儿走在路上。在路旁，有一个带着孩子的女乞丐。女乞丐30多岁，披头散发、满脸污垢，身上破衣烂衫，孩子也是脏兮兮的，好像刚从泥潭里爬出来。她们正在给过往行人磕头，面前放着一个小碗，希望能够得到别人的施舍。

那女孩看见了，不假思索，快步迎上去，掏出自己的零用钱，要丢到乞丐碗里。可父亲阻止了，并且问那女乞丐，为什么好好地不出去干活，却要接受别人的施舍？女乞丐很干脆地说，因为没人带孩子，反正乞丐挣的钱比在外面劳动赚得多。说完马上又磕起头来，生怕影响她的"生意"。

于是，女孩子对爸爸说："我真的很想帮助那个小妹妹，我觉得她好可怜，你这样阻止我实在太不应该了，你说，我该不该帮助他们呢？"望着孩子脸上的疑惑，孩子的父亲一边走，一边给她讲《小蜜蜂》的故事，听完后，女孩高兴地对他说："爸爸，我知道了，幸福要靠劳动创造，不能靠别人的施舍。"回到家，女孩的父亲还特意到网上搜索了一些儿童失学的图片，女孩子问："中国真有这么多贫穷的孩子吗？他们真的上不起学吗？"当她听到，有些地方的家庭一年可能还赚不到一千元时，更是惊讶，怎么可能？爸爸一天抽烟都要抽掉几十元呢。

孩子的爱心是纯洁的，当她看到这一切，表示要节省自己的零花钱来帮助他们。还将自己的学习用品，以及她的零用钱，捐给了贫困的孩子。女孩还说自己生活在优越的环境里，一定要珍惜美好的学习机会，长大成才，可以帮助更多需要帮助的人。

在平时的生活中，应注意对孩子一点一滴的培养，一言一行的引导。关注孩子，培养孩子的爱心，保护孩子的爱心，那仁慈博大的爱心，就会在孩子心头扎下根，并会随着孩子的成长而不断扩展和升腾。

有一次，一位父亲带孩子去公园玩，坐下来休息的时候，他给孩子买了一些果冻。这时，他注意到旁边有一个小女孩，也坐在那里休息，她妈妈可能是有点事，暂时离开了。他看到小女孩用渴望的眼神看着他的孩子吃果冻。于是，他就对他的孩子说："豆豆，给这位小妹妹吃点果冻好不好啊？"

"不，我自己要吃。"豆豆不同意。

于是，他继续耐心地对她说："豆豆，要是爸爸有事情不在你身旁，而这位小妹妹在吃果冻，你想不想吃啊？"

"想。"豆豆毫不犹豫地说道。

"这就对了，现在你把果冻给小妹妹吃，等到下次爸爸不在你身旁的时候，那位小妹妹也会把东西给你吃的。"

豆豆看看他，又看看那位小妹妹，终于拿了一些果冻给那个小女孩吃。

在此情景中，这位父亲很好地对孩子进行了爱心教育，使孩子学会了体贴别人，关心他人。有了这种爱心，并延续下去，孩子将来肯定能成为一个受人喜欢的人。

给孩子一颗爱心，一个快乐的人生。以下几种方法，可以提供给家长们参考：

第一，抓住时机，悄悄地教育

每个孩子都会偶尔有一些缺乏爱心的表现，这是因为在成长阶段，孩子身心发育不完善的原因。因此，当出现不友好行为的时候，父母要当机立断地制止孩子，可以把孩子抱走、转移注意力、或者与孩子讲道理，商量解决办法等方式制止这种不适宜的行为。然后找一个没人的地方，悄悄地告诉孩子在哪些地方错了，应该怎么做。这个时候，孩子虽然小，有不懂的地方，但孩子也有自尊心，在批评孩子的同时，要注意维护孩子的自尊心。

第二，强化友好行为

在日常生活中，要注意观察孩子的表现。如果发现孩子的友善行为，就要及时地拥抱或赞扬孩子，或给予一些小礼物鼓励他。受到鼓励的孩子下次会比较容易再次出现类似的行为，让孩子这种友善的行为形成一种习惯。

第三，利用节日对孩子进行爱的教育

如，当教师节的时候，教孩子参与自制贺卡的活动，让孩子亲自把贺卡交给老师；当"三八妇女节"的时候，教育孩子帮妈妈做一件小事，让孩子知道妈妈工作的辛苦；当重阳节的时候，和孩子带着礼物看望老人，让孩子明白今天的幸福生活是长辈用血汗换来的，平时要学会体谅父辈的艰辛，要尊敬长辈的艰辛，使孩子从小养成尊老、敬老的良好品德。

第四，让孩子热爱生物、关爱生命

让孩子与大自然的花草、植物、动物和谐相处，让孩子学会爱护花草，爱护小动物。作为父亲，可以多带孩子到植物园、郊外走走，一起领略大自然的美感，让孩子在轻松愉快中培养爱心。

曾经有人说："孩子的爱心是稚嫩的，你在乎它，它就会长大；你忽视它，它就会枯萎；你打击它，它就会死去。"如果你想拥有一个富有爱心的孩子，那就必须在平常的生活中培养他、呵护他。

有时候，父母由于工作忙或其他原因，对孩子表现出来的爱心视而不见，或训斥一番，把孩子的爱心扼杀在萌芽之中。我们常常会碰到这样的情况，大家都会不自觉地说出这样的话。

比如，孩子为刚下班的爸爸倒了一杯茶，爸爸却着急地说："去去去，快去写作业，谁用你倒茶。"再如，有个小孩蹲在地上帮一只受伤的小鸡包扎，小孩的妈妈生气地说："谁让你摸它了，小鸡多脏呀！"

就是这样的情形下，孩子的爱心慢慢地被父母剥夺了。事实上，在很多情况下，父母并不知道自己的行为会在不经意间伤害或剥夺孩子的爱心。

4.文明礼貌是孩子的"名片"

"礼"作为一种具体的行为来讲,就是指人们在待人接物时的文明举止,也就是现在所说的礼貌。

礼貌是社会交往中的行为规范,也是人们个人修养的体现。如果缺少了礼貌,一个人会被别人视为缺少教养而被排斥,甚至惹出不愉快的事情来。"有礼走遍天下,无理寸步难行"。从这个意义上讲,没有礼貌的人是举步维艰的。

礼貌是人们的道德准则,是人与人相处的规矩。心理学家认为,礼貌归根到底是习惯的问题。一个不懂礼貌的孩子很可能会成长为一个不懂礼貌的大人,而不懂礼貌会使他在社会竞争中处于劣势,在工作中很难获得同事的尊重和友好协作,在生活中也不易获得友谊和自信。所以说,要使孩子成长为有所作为的人,父母就应该教孩子从小懂礼貌、讲文明。

但遗憾的是,礼貌常常被不少父母视为小节而忽视。在现实生活中,有些父母却认为,现代社会是个自由的社会,懂不懂文明礼仪没关系,只要学习好、有真本事就行了;也有些父母认为,小孩子天真无邪,长大了就会懂得文明礼仪的。其实,这些都是误解。

文明礼貌是孩子做人的"身份证",是孩子随身携带的"教养名片"。一个有教养的孩子必然有良好的文明礼仪,这样的孩子比较受人欢迎,也就是心理学上所说的"被众人接纳的程度高"。礼貌要从小培养,否则就会形成坏习惯,一旦形成坏习惯,再改就很难了。只要父母们从思想上认识到这个问题的重要性,并在生活中给孩子以正确的引导,就一定能够培养出讲文明、懂礼貌的孩子。

　　高妙是一个小学五年级的学生，性格比较内向，不爱说话。有一天放学，高妙的父母去学校接他。在校门口，与某位老师模样的人迎面相遇，老师略微一怔，走了过去。高妙告诉父母，刚才走过的是自己的数学老师。父母问道，"为什么不和老师打招呼呢？"

　　高妙回答说："数学老师是另一个班的班主任，只给他们代课，说不定不认识我呢。"

　　父母听后，耐心地开导孩子："见了老师应该有礼貌，要主动打招呼。老师即使还认不准你，你也记住尊重老师啊！"

　　从这以后，每当再次遇到老师的时候，高妙都会主动打招呼，老师也夸他是个懂礼貌的好学生。

　　可见，培养孩子礼貌的行为，做父母的责无旁贷。只要从日常生活的点点滴滴入手，耐心地加以指导，自然会形成礼貌的行为习惯。

　　礼貌既是一种礼仪规范，也是社交技巧，更是人与人之间沟通的基础。培养孩子讲文明懂礼貌就是要使他们学会亲切、和气、文雅、谦逊地说话和做事，正确有礼貌地称呼人，热情地招呼客人，正确地运用礼貌语言，能有礼貌地处理生活中的一些事……相对来说，懂礼貌的孩子更容易被大家接受，成为一个有教养、受欢迎的人。所以，父母要从小培养孩子懂得礼貌的好习惯。

　　培养孩子文明礼貌的习惯，要从一点一滴做起，可以从以下几个方面入手：

给孩子树立文明的榜样

　　古语说，己正而后能正人。作为父母若要求孩子礼貌待人，首先自己要作表率，父母对孩子的影响最直接、最深刻。父母的身教是对孩子最生动、最实际的教育。父母应充分利用家里来客的有利时机提醒孩子，给孩子作示范，使孩子在亲身体验和实践中理解文明、礼貌、热情的含义，潜移默化地影响孩子,使孩子在耳濡目染中,逐步形成礼貌待人的品德。父母决定孩子90%以上的素质。

训练孩子的礼貌言行

如果孩子和长辈说话时没有使用敬语"您",言语恳切地教导孩子,并教孩子练习说上几遍,直到孩子说正确了为止。这样做的目的是为了让孩子意识到和长辈说话应该讲礼貌、有礼节。当家中来了客人,父母应该要求孩子主动和客人打招呼,客人告辞时,要求孩子把客人送到门口或电梯口。

鼓励孩子直接参与接待

每个家庭都会有客人来,父母要给孩子讲解待客的规矩,使孩子懂得一定的行为规范。比如亲友来访时,听到敲门要说"请进";见了亲友按称谓主动亲切的问好,然后帮客人拿拖鞋、倒水、让座;如果大人之间有事要谈,孩子就主动回避,不能在一旁插话、缠着父母;有小客人来,应主动拿出玩具给小客人玩;进餐时,客人未能完全入席时不得动餐具自己先吃;客人离开时要说"再见",并欢迎客人再来。

当客人来时,让孩子直接参与接待,可以让孩子参与一些力所能及的待客活动,通过直接参与,不仅能满足孩子想要与客人接触的心理,还能使孩子待客的动作和技巧得到练习并逐步养成行为习惯。

帮孩子掌握必要的礼貌常识

帮孩子掌握必要的礼貌常识包括两方面的内容:语言和行为。文明礼貌语言要求不说粗俗的话,日常用语包括"你好"、"早上好"、"见到你非常高兴"、"欢迎光临"、"晚安"、"再见"、"欢迎再来"、"对不起"、"没关系"、"谢谢"、"请"等。

文明行为包括见面或分手时打招呼、握手,与人交谈时眼神、体态和表情要体现出对对方的尊重。与别人说话的时候要用眼睛看着对方,这也是一种礼仪,如果与别人说话眼睛却看着旁边,则是一种不礼貌的行为。

5.父母错了,就要勇于承认

在孩子面前,父母是高大的,但并不是完美的。世上毕竟没有完人,父母也不可能做每件事都对。有些父母为了维护在孩子面前的面子,故意摆出架子不向孩子认错,或者找个借口为自己的错误开脱,让孩子觉得自己并没有错。其实,这并不是明智之举。

当父母在孩子面前犯错后,也要勇于承认,并适时地向孩子道歉。这样不仅不会在孩子面前丢了面子,反而能赢得孩子的尊重和信任。相反,如果不向孩子承认自己的错误,那么孩子就会在潜意识中认为"父母虽然看起来是对的,但其实老犯错误"。久而久之,孩子对父母提出的观点和要求也会产生质疑,甚至不再重视。那么以后父母对孩子的教育,也就变得难上加难了。

周末,方小雨和爸爸一起去书店买书。书店的墙上"禁止吸烟"几个大字很醒目。但是在小雨选书时,爸爸却在小雨的身边吸烟。小雨就对爸爸说:"爸爸,这里的墙上写着不让吸烟的,我刚才进来的时候都看见了。"

爸爸说:"没事,现在这里没有工作人员,没人管。我就抽一根。"

小雨又问:"那是不是只要没人管,我们都可以不用遵守规则?"

爸爸听了小雨的话,觉得自己的做法可能会给小雨带来不好的影响,于是赶紧掐灭烟,主动对小雨说:"是爸爸不对,应该遵守这里的规定。爸爸错了,希望你以后监督爸爸。"

做错事后向孩子道歉,并不是什么丢脸的事。事实上,父母和孩子之间是平等的。如果孩子犯了错,父母肯定是希望孩子能认错的;同样,父母错了，也应该主动选择认错。这样，孩子也会更加尊重和信任父母。同时，父母的道歉，其实也是对孩子尊重和爱的体现。

所以，父母们如果想在孩子面前保持"威信"，犯错后最好能向孩子主动说"抱歉"，此时孩子也会很真诚地谅解父母。相反，父母为了面子死不认错，反而更容易丢掉自己的面子，让孩子轻视父母的言行。

作为父母，都希望自己的孩子是一个诚实的人，不会说谎。所以，几乎所有的父母都会教育孩子，犯了错误，要勇于承认，敢于承认，不要为自己找各种借口。可是，有一个通病现象，就是很多父母自己错了，却不愿意在孩子面前承认，尤其是在曲解、误解了孩子的时候，或错误地批评了孩子时，不愿意直接、正面地向孩子承认错误，向孩子道歉，害怕向孩子道歉承认了自己错误，就会在孩子面前没了尊严，没了威信。

事实上，当事情结束之后，再来思考这个问题时，很多父母都是自己在心里暗暗后悔或自责。有的父母会通过给孩子买好吃的来弥补，或答应孩子一个本来不太合理的要求表示歉意。但是，这种道歉的方式，只能说是一种变相的方式，或者说是一种弥补，并没有对孩子明确表示什么。经常如此，孩子也就抓住了父母的弱点。其实，在心灵上，孩子与大人是平等的，孩子更需要抚慰，需要激励，这种精神关爱的价值远远大于物质的！

请看下面这个案例：

一天，乔乔的爸爸看到书橱被翻得乱糟糟的，地上满是书，乔乔正坐在地上翻书，他很生气，就想当然地认为是女儿乔乔翻乱的。于是，对着乔乔就批评一通。乔乔也生气了，她不承认是她翻的，她说一进来时就这样，听到这，乔乔的爸爸就更火了，对乔乔说："错了还不肯承认。"于是，就命令乔乔半小时内把地上的书整理好。

乔乔很委屈的样子，气呼呼地开始收拾书。乔乔的爸爸这时离开了房间，想给乔乔独处的时间，冷静一下，好好反省自己。一小时后，乔乔的妈妈从外面回来,把事情一说才知道,原来是乔乔的妈妈弄乱了书橱。乔乔的爸爸误会了女儿。这时,乔乔的爸爸为自己的言行不妥有些后悔,他赶紧跑去看女儿。但乔乔已经整理好了书,就是不肯理他。他说:"宝贝,爸爸错怪你了,书是你妈妈弄乱的。"可他马上又为自己找借口:"我进来时妈妈不在,就你在房间,所以我会认为是你。"女儿显然对这样的话不满意,他心理很矛盾。

经过一番思考后,乔乔的爸爸还是鼓足勇气对乔乔说:"宝贝,对不起,爸爸不了解清楚,就批评你是不对的,现在向你道歉。"这时,乔乔的脸开始由阴转晴,乔乔的爸爸继续说:"我和妈妈还要谢谢你整理好了书,妈妈搞乱了书,还害得我俩误会,你来想个办法惩罚她一小下,好不好?"这时乔乔终于笑了。

过了一段时间,乔乔的爸爸再问乔乔:"如果爸爸不道歉,你会怎么办?"乔乔说:"爸爸错了可以不道歉,我错了以后也不道歉。"

经常是这样,父母在孩子心目中是主导地位,孩子总是把父母当成榜样,并且时时处处仿照父母的样子去做。父母做错了事,敢于向孩子认错,其实,不仅不会伤害父母的"尊严",反而会使孩子感到父母更加可亲,更有利于维护父母的"长者形象",也给孩子做出了榜样,知错能改。

父母凡是要求孩子做到的,首先自己也应该带头去做,认真做好。当父母违背了自己说过的事,敢于向孩子承认错误,做检讨,孩子就会感到父母的说教真实可信,不是居高临下的骗人把戏,而是使孩子自觉自愿地按父母的要求去做,同时也激励孩子勇于承认错误,改正缺点。

我们回想一下,有时可以听到孩子这样的反问:"你不是说应该怎么的吗?""你不是说不能这样吗?"每当这个时候,当父母的就要主动反思,错了就赶快向孩子认错,千万别遮遮盖盖。

如果孩子看父母向自己认错,就会产生一种"平等"的心理,感到父母把自己当成大人看待而激发一种"自我约束，自我限制"的自觉性，就会觉得父母不仅可敬，而且可爱可亲。这样，孩子的心里话自然愿意和父母说，有事自然愿意跟父母讲。

6.为孩子量身定做一个"品行表"

美国社会学教授马丁·哈斯克尔和路易斯·雅布隆斯基在《青少年犯罪》一书中指出："影响人们生活的社会团体中，家庭的影响最直接最永久。家庭是决定一个儿童是否成为犯罪者的重要因素，是青少年适应社会的基本媒介。"对每一个孩子来说，家庭是其社会化的重要场所，家庭里父母角色对未成年人的人格形成、行为模式的养成有着极其重要的影响。

我们每一位父母，谁都希望自己的孩子健康成才、出类拔萃。然而当父母付出了许多艰辛，甚至以自我牺牲为代价，其结果并没有达到理想的目标，有的孩子还成为社会的罪人这一无情的现实，令相当多的父母百思不得其解，其根源就在于他们有意无意地轻视或忽略了父母自身的素质问题。

有这样一个故事：

一个死刑犯，临上刑场的时候，法官问他，还有什么要求？死刑犯说："我没别的要求，只想见母亲最后一面。"

法官知道这个死囚犯从小就失去了父亲，和母亲相依为命。这个时候提出这样的要求也在情理之中，于是答应了他的要求。

人们都认为这个死囚犯,肯定是因为没有报答母亲的养育之恩而感到遗憾,临行前跟母亲道别以尽自己的孝心。但是接下来发生的一幕让所有的人都震惊了。当法官把他的母亲请到了现场。他向自己的母亲提出了一个让很多人都意想不到的要求。

他说:"娘啊,儿子马上就不在人世了,你能答应我最后一个要求吗?"此时的母亲已经哭成了泪人,哽咽着说:"儿子,你说吧!娘啥要求都会答应你的。"

"让我最后再吃一口你的奶吧!"

死囚犯的母亲毫不犹豫地在众目睽睽之下,急切解开自己的上衣,把自己的乳头送到了儿子的嘴里。儿子低下头,冲着母亲的乳头狠狠地咬了下去,用力一拽,扭过头把母亲的乳头吐在了地上。摆过头冲着近乎昏厥的母亲说道:"娘,我恨你!是你的不管和纵容让我走上了这条不归路!"

原来儿子在死之前,不是为了报恩,而是为了报复。从人们的纷纷议论中才知道,他跟母亲相依为命地生活,小时候的他没有什么道德观念,不管做什么母亲都会默许。把他视为掌上明珠,对儿子总是百依百顺,成年后他养成了偷鸡摸狗,打架斗殴的恶习。当他偷了别人的东西的时,母亲还夸奖他说:"好孩子,真会过日子,知道东西是好的,这样就不用我们家花钱买了。"当他和别人的孩子打架时,如果占了便宜时,母亲就又夸赞一番,甚至还要以"美食"作为奖励。如果吃了亏,母亲就会带上他找到人家不依不饶。

就这样日积月累在他的心理形成了一个概念:"天下就是他的。"他的母亲在他的行为过程中,只有夸奖,没有反对,更没有指责,总是让他按着自己的意愿办事。日复一日,年复一年。他随着年龄的增长,恶习也在不断地加深。终于有一天他犯了重罪。当法官指责他的罪过、宣判他死刑时,他才恍然大悟,明白了是母亲的纵容把自己领上了死路,于是就发生上面令人震惊的一幕。

这个故事很让人痛心。虽然人犯被推上了刑场,但犯错的只是他一个人的吗?不!养育他的母亲也有责任。

苏联的大教育家马卡连柯曾说:一切都让给孩子,为他牺牲一切,甚至牺牲自己的幸福,恰恰是送给儿童的最可怕的"礼物"。我们每一个体从出生便沐浴于人性中最伟大的母爱光辉下,理智、温馨的母爱,是孩子健康成长的重要条件。有调查表明,2/3未成年人认为具备良好素质的父母是自己成长的第一道德榜样。

未成年人有着不同于成年人的心理、生理状况,因正值身体发育时期,体力充沛,精力旺盛,有自然的性欲望和性冲动。与身体发育相比,其心理发育相对滞后,思想幼稚,辨别是非能力差,好模仿,易冲动,自我约束控制能力差,容易走上犯罪的道路。因此,父母正确的引导是预防孩子走向犯罪的途径之一。

在未成年孩子的世界中,父母要重视自己的德行,因为父母在生活中所表现出来的思想品德、行为习惯,对于可塑性、模仿性很强的未成年孩子起着直接影响和感染作用,是孩子直观和活生生的榜样。马卡连柯说过,"不要以为只有在你们同儿童谈话,教训他,命令他的时候,才是进行教育。你们在生活的每时每刻,甚至你们不在场的时候,也在教育儿童。你们怎样穿戴,怎样同别人讲话,怎样谈论别人,怎样欢乐或发愁,怎样对待朋友和敌人,怎样笑,怎样读报,这一切对儿童都有着重要的意义"。

儿童教育家孙敬修也说过:"孩子的眼睛是录像机,孩子的耳朵是录音机,孩子的头脑是电子计算机。父母个人的范例,对于未成年人的心灵,是任何东西都不可能替代的最有用的阳光。"这就需要父母以良好的形象发挥其独特的榜样作用。给予孩子正确思想,优秀品德,必须注意从自身做起，从家庭做起，说到做到，言传身教相结合。比如，"明礼诚信，团结友善，勤俭自强……"这些思想并不是让孩子背下来就是给孩子了，而是要落到实践中，要通过实际行动把它变成孩子的美德。

在对孩子进行品行教育的时候，有属于自己的方式。

教育专家斯托夫人认为，让孩子懂得自己良好的德行会换来相应的回报。她就是按着这一原则教育自己的孩子维尼夫雷特的：例如，如果孩子做了好事，第二天早起时，她就能在枕头旁边发现放着好吃的点心之类。斯托夫人会告诉她，这是由于你昨天做了好事，仙女奖赏给你的。假若她做了坏事，第二天早上起来这些东西就不见了。这时斯托夫人就告诉她，因为你昨天做了不好的事情，仙女没有来。

有一天，维尼夫雷特把一个珍贵的娃娃丢在了草坪上，被小狗给咬坏了。因此，她哭叫着把它拿到妈妈那里。妈妈抱起她，并说真可怜。但是，妈妈决不说给她买新的，还教训她说："把那么好的娃娃放到草坪上，这是多么残忍啊，假若我把你放到野外，被老虎和狮子吃掉的话，做妈妈的会该有多么心痛呀！"

还有一次，小维尼要到朋友家去，问妈妈可以不可以。妈妈说可以，并且要她必须在12点半以前回来。但是，那天不知为什么，她12点半没有准点回来，而是过了10分钟才回来。妈妈什么也没说，只是指了指手上的表让她看。孩子知道迟到不对了，道歉说："是我不对！"吃完饭，她就赶紧换衣服，准备去看她们每到星期二就去看的好看的戏剧、电影等。妈妈让她再看看表，并说："今天因时间太紧迫来不及了，戏是看不成了。"于是她流了眼泪。妈妈只对她说了句："这真遗憾！"但并未采取别的手段。妈妈这样做是为了让她知道，妈妈说话是算数的，并且都是为她好。

教育孩子不是一件很容易的事情，这是一件需要费点心思来思考的事情。斯托夫人专门为孩子量身订制的品行表，也是值得妈妈们借鉴的。

斯托夫人为了使维尼夫雷特养成良好的品行,她还给女儿绘制了品行表,一周一张,内容有13项:服从、礼节、宽大、亲切、勇敢、忍耐、真实、快活、清洁、勤奋、克己、好学、善行。

如果女儿做了与这些项目相符的行为,就在那天的一栏中贴上一颗金星,反之,则贴上一颗黑星。每星期六数一下,若金星多的话,下周就可得到和金星数相等的书、发带、鲜果等,如果是黑星多,就不能得到这些物品了。

这个品行表,在星期六统计之后也不准她将其扔掉,这样做是为了使女儿下决心,在下周消灭黑星。这样做也有利于培养孩子积极的心态,因为如果长期保留黑星,会使孩子感到沮丧。

宽大、亲切、勇敢、忍耐、真实、快活、清洁、勤奋……这些美德是学习成绩、家庭背景、交际关系所无法替代的,是孩子今后成就一切大事的根本素质。家长们,不妨仿照斯托夫人的方法,为自己的孩子量身定做一个"品行表"。

7.把善良的根植于孩子心中

古人云:"人之初,性本善。"善良是人的真性的表现。可惜,孩子最纯真的善良之心可能在不知不觉中被渐渐"抹杀"。

在现实生活中,许多父母在不经意中误导了孩子:不给街角的乞丐一点施舍,是嫌他们肮脏,没有自尊;当买东西时别人多找了钱,你拖着孩子快速离开,以为占到了便宜;当家里炒菜、做饭少了根大葱,你不去找邻居借，却让孩子到走廊去"拿"几根。你在不经意间一点一点砍去孩子身上善良的本性，又一点一点地在孩子身上播种着恶行的种子。试想，这样怎么能让孩子从小培养博爱、同情、宽容等品德呢？

　　马宇歌是中央电视台"大风车"节目小记者，她和许多同龄孩子一样，每天背着书包去上学，课间和同学一块玩自己喜欢的游戏，放学后一样回家做家庭作业，有时还会帮妈妈做些家务……她并不比别的孩子聪慧早熟，也不比别的孩子多学多少技能，她的业余时间也不比别的同学更多，但她却比同龄孩子走了更多的路，见了更多的人，做了更多的事，也有更多的锻炼机会。

　　马宇歌的父亲马弘毅，是一位普通的公务员，他在空余时间常给马宇歌讲历史与名人故事。小宇歌至今仍然保存着两块珍爱的徽章，一块上面写着"博爱"，一块上面写着"天下为公"。这是她小时候爸爸送的，上学后她常常将它们别在胸前，爸爸更希望她长大后成为一个有爱心、有责任感的人。爸爸时常告诉宇歌，人不能光为自己活着，要像那些名人志士一样，以天下为己任，天下兴亡，匹夫有责。

　　上学后的马宇歌，在学校里也乐于助人。只要班上有请病假的同学，不管有没有班主任的指示，也不管放学有多晚，天气多恶劣，马宇歌都会给生病的同学把落下的功课补上。可是有一次，宇歌自己病了，却没有一个同学来主动帮她，这使善良的马宇歌非常伤心，父亲最懂女儿的心思，他温和而又坚决地告诉女儿：我们不能光计较别人对自己的回报，我们不是为了得到回报而付出，而是为了让善良的心得到依托。

　　不管父母出于什么样的目的，本着什么样的结果去教育，都需要培养孩子的善良品质。有关专家说，一个没有善良心的孩子是无法很好地保护自己的。

专家表示,善良教育的内容包括以下四个方面:保护自然环境和动物;同情并帮助弱者,创造机会让孩子帮助有困难并需要帮助的人;能容纳别人,具有宽容心;唾弃暴力,不给孩子提供暴力玩具,让孩子远离暴力镜头,拒绝孩子的暴力行为。

那么,怎样才能让孩子成为一个人见人爱的、具有仁爱和同情心的人呢?

(1)从小加强孩子的善良教育

"勿以恶小而为之,勿以善小而不为。"善是我们这个社会不可或缺的重要一课,善,承载着孩子人生美好的未来。让孩子以善良之心去对待人生,对待他人,这应该是我们家长最明智的做法。但是,生活中的许多父母往往给孩子进行这样一些特殊的教育,比如"别人打你,你也打他,打不过就咬。""咱们宁可赔钱,也不能吃亏。"言语之中,虽然充满了对孩子的关爱,但是,这种教育方法实在让人难以苟同。

因此,作为爱孩子的父母们,绝不能放弃对孩子进行善良的教育。

(2)言传身教

对于孩子的个性发展,没有什么能比爱和善良更重要的了,孩子的爱心不是靠强行灌输就能在一夜之间培养出来的,它是通过自然而然的模仿、潜移默化的渗透而逐渐形成的,而父母就是最直接的爱心播种者。要使孩子富有爱心,父母必须从自身做起,从孩子一生下来就开始培养、熏陶。

(3)赏识孩子善意的举动

如果孩子所做的事情得到了父母的肯定和表扬,那么,他肯定还会乐于继续这样做。因此,当自己的孩子偶尔帮了别人一个小忙,或者替别人着想时,父母要明确地告诉孩子你赞成他的这一善意举动,让孩子知道你希望他这样做,逐渐强化孩子的善意举动意识。

当然,如果孩子对他人一时表现不友好,家长也不用大惊小怪,要让她认识到这样不好,相信她下次会做得好一些。

(4)及时制止孩子的不善良行为

当孩子作出不善良,甚至残忍的举动时,父母一定不能漠视。父母要立即叫孩子停下来,并要花点时间向孩子说明她的哪些行为做得不善良。父母要注意的是,对孩子进行教育时,应该指向孩子的行为而不是孩子本身。比如:"你那样称呼别人是不对的,这是骂人的话,也是侮辱人格的话,这样的事情是不善良的行为,是我不允许的。""一起看电视时,不问问其他小朋友要看什么节目而直接转台是不礼貌的,善良的人应该征求一下他人的意见,然后再决定怎么做。"

当孩子明白了自己的不善良行为给他人造成伤害后,父母应该让孩子采取弥补措施对自己的行为负责。

(5)教孩子爱护小动物,帮助弱者

据报道,德国非常重视对孩子进行善良教育,而爱护小动物是德国儿童接受"善良教育"的第一课。在孩子刚刚学会走路时,许多德国父母就特意买来小狗、小猫、小兔等小动物。在父母的引导下,让孩子亲自照料,从中学会照顾弱小生命。德国的孩子们认为帮助盲人、老人过马路是自己分内的事,为身有残疾的同学排忧解难也是顺理成章的事情。

德国对孩子善良教育的做法,很值得我们借鉴,可以更好地培养孩子的优良品质,有利于孩子的健康成长和成才。

第三章

智商——孩子的成功利器

1.给孩子多设计启发性问题

苏联著名教育家苏霍姆林斯基说过:"在人的心灵深处,都有一种根深蒂固的需要,就是希望感到自己是一个发现者、研究者、探究者,而在儿童的精神世界中,这种需要特别强烈。"这种需要就是所谓的问题意识,也就是说人们在认识活动中产生的一种焦虑、怀疑、困惑、探索的心理状态。在孩子学习方面,巧妙设计问题,能够激发孩子探究学习的兴趣。

小文天性贪玩,特别爱看电视,因而耽误了学习。父母一时间一筹莫展,但是一个偶然的机会,父亲从一本书上学到一种"提问激发兴趣"的办法。于是,利用小文看电视的契机,妈妈巧妙地提问题,激发了小文看古典名著的兴趣。

每当播放《水浒传》时,妈妈就坐在孩子跟前和他一起看,看过之后,妈妈故意讨论剧情,并且有意谈到电视中没有的内容。

一次妈妈故意问小文,"《水浒传》里面有多少好汉?""一百零八将!""那你知道智多星是谁吗?"小文不好意思地摇摇头,于是爸爸"兴奋"地说:"这个我知道!智多星吴用!这个人在梁山泊屡出奇谋,屡建战功:为晁盖献计,用药酒麻倒了青面兽杨志,智取生辰纲;用计劫法场救宋江、戴宗;利用双掌连环计攻克祝家庄,对不对?"妈妈笑笑说:"还有,宋江闹华州时,吴用又出计借用宿太尉金铃吊挂,救出了九纹龙史进、花和尚鲁智深。"

听到爸爸妈妈的讨论,小文一头雾水,问:"你们怎么知道这么多?"妈妈"不屑"地说:"这你都不知道?这不都是书上的内容吗?"小文被问得满脸通红。

几次之后,爸爸妈妈发现小文不像以前那么热衷看电视了,而是经常到书房去看书。就这样,在爸爸妈妈的引导下,小文看完《水浒传》之后又看起了其他古典名著,而且小文对电视的兴趣越来越小了。

案例中的家长发现孩子在兴趣上有失偏颇,于是以看电视为契机,利用孩子好奇心强、爱提问以及爱面子的特点,巧妙设计问题,成功地将孩子的注意力转移到了书上。

古今中外,兴趣成就人生的名人轶事数不胜数,日本教育家木村久一也这样认为:"天才就是强烈的兴趣与强烈的痴迷。"作为家长,我们应该通过设计问题的方法,及时发现、挖掘、引导孩子的兴趣。只要孩子对学习产生了浓烈的兴趣,提高成绩就指日可待。

巧妙设计提问要因材施教,根据孩子自身的喜好、性格、特点等来培养其兴趣。不要看到其他孩子喜欢画画就让自己的孩子也去画画,有时候其他孩子喜欢的,自己的孩子未必喜欢。

还要学会利用契机,抓住孩子的心理,设计启发性问题,将孩子的兴趣转变成学习求知欲。如果时机不对,往往很难达到理想的效果。

2.和孩子一起多问几个"为什么"

中国幸福学认为,人的本性是不满足,即充满好奇。孩子天生具有好奇心,他们总是会时不时的冒出"为什么"。家长们会随着阅历增加和压力增大,磨灭了本应具有的好奇心,这对于了解孩子、亲子沟通是十分不利的。好奇心是创造人才的重要特征,智慧的家长能够不断提升自己的好奇心,更全面透彻地去了解孩子的内心世界。

心理学专家认为,好奇心主要是指在一个人遇到新奇事情发生或者是处在新的外部环境下所产生的一种引起注意、操作、提问的心理倾向。好奇心是人类进行学习、前进的内在动机之一,也是人类寻求知识的动力,是创造性人才的重要特征之一。对于家长们来讲,也需要对周围的一切充满好奇。

作为家长,自然听说过《十万个为什么》这套青少年读物,在实际生活中,很多家长也会给孩子购买这本书,让孩子适时地去阅读。家长们让孩子阅读这套书的目的无非是希望孩子明白更多的事情。对好奇的事情,找到适合的答案。这种想法本没有错误,可家长们是否看过这本书呢?

一个具有开创性的家长,通常是具有好奇心的。随着阅历增加,人们的好奇心往往会逐渐减退,在日常生活中,家长们经常不会有那么多的困惑,即便是有困惑产生,也往往会忘记问几个"为什么"。日积月累,家长们似乎已经忘记问"为什么"了。随着生活压力的增大,家长们的内心可能会变得麻木,失去了好奇的本性。

"我的孩子经常问我为什么,为什么树叶会是绿色的,为什么花朵会散发出芬芳……面对孩子诸多为什么,我也不知道怎么回答。为了应付孩子,我只能乱说一气。"有的家长可能会这样描述被孩子问及"为什么"

时的感受和做法，但是这种做法不仅不利于孩子去了解事物的本质，更不利于自身的发展。作为家长不应该只让孩子了解十万个为什么，更重要的是多问自己几个为什么。"为什么"型的家长总是比别人懂得更多，也最能得到孩子的信任。

家长们可能会问，怎么样才能培养自己的好奇心，怎么样才能成为孩子心目中智慧的家长，要做到这一点并不难，不妨从以下几点做起。

第一，小孩子的书家长们不一定都能读懂。随着社会的发展，对于青少年的读物，家长们也要适当地去阅读。比如家长们应该读一读《十万个为什么》，这样做不仅能够了解孩子们的思想，也能够在短暂的时间内回答孩子更多的为题，成为孩子内心敬佩的智慧家长。

第二，对于不懂的问题，不妨帮孩子找到答案。孩子是古灵精怪的，对于他们提出的问题，家长们不可能都知道答案，如果遇到孩子提出的问题自己也不明白为什么，不妨和孩子一起努力，帮助孩子找到答案，这样做不仅能够拉近父母与孩子之间的距离，更能够培养家长们的好奇心。

第三，多问为什么。古话说得好：学问学问，一学二问。孔老夫子也曾经说过"不耻下问"，要知道我们每个家长的阅历都是有限的，有许多不了解的东西。要想达到了解的境界，必须通过学、问的过程。不问不得，有问必得！家长们不妨在生活小事上多问自己几个为什么，即便是在工作中，也不妨多问自己几个为什么。

周末，王丽雅去朋友家玩儿，一进家门发现朋友的沙发上摆着好几本《十万个为什么》。开始的时候王丽雅以为是朋友的孩子在看，后来在交谈中，才发现是朋友在读这些书，她很好奇，便问朋友为什么要读这些青少年读物，朋友的回答更让王丽雅感到十分吃惊。

"是我儿子逼着我看的。"朋友看到王丽雅好奇的目光，继续说道，"我儿子上初中了，一次他从学校回来，突然问我'为什么树叶长得都不一样,为什么世界上没有两片完全相同的树叶呢?'听完儿子的问题,我哑口无言,因为我也不知道答案。没办法,我直接告诉儿子,我也不知道。当时看到儿子的眼光很失望,这件事情没过多大一会儿,儿子兴奋地跑来对我说'妈妈,我知道答案了,不同的植物,叶子都会是千差万别的,这是植物具有不同的遗传特点,长针状叶子的树是不可能生出圆形的叶子来。另外,植物受到其生长环境的不同,长出来的叶子形状和脉络也不同。比如在干燥寒冷环境下,植物叶子就会小一些,通常是毛茸茸的;炎热湿润的地区,树叶就会是比较宽大的,还十分的光滑。'他说完之后高兴的回到了自己的房间,晚饭的时候我问他从哪儿找到的答案,他告诉我说是在书上看到的,当时我没在意。"

好朋友继续讲述道:"这件事情过去有两三天的时间吧,他放学又问了我一个问题,当时我还是一样的表情,一样的回答。他问我植物为什么要开花。过了会儿,他又跑到厨房告诉我他在书本上看到的答案。听完儿子念的答案,他说了一句话'妈妈,你要是闲着没事别看电视了,看看我的《十万个为什么》,这样就不会一问三不知了。'听完孩子的话,我深感惭愧,从那天开始我便开始陪孩子一起看这本书,目的是能够帮助孩子解答更多的问题,这样也能丰富自己的知识。"

听了朋友的讲述,王丽雅开始思考,为什么家长们不主动去读一些有助于扩展知识面,解决生活中不明白问题的书籍呢?主要是家长们根本没有意识到好奇的存在,没有对外界产生应有的好奇心。

孩子都有打破砂锅问到底的"毛病",即便书本上给出了答案,他们也很可能会继续问为什么,这个时候需要家长们根据自己的阅历和经验,给孩子做详细的分析和解释,这个过程自然就离不开家长们对自身好奇心的培养了。

好奇心让家长充满童心。孩子喜欢跟同等年龄的孩子玩耍,原因无非是他们在一起玩耍有共同的语言和爱好,都具有一样的童心。当家长们充满了好奇心,自然会跟孩子似的对外界充满了激情,这在一定程度上就会促使家长们变得更加具有魅力,成为孩子心目中"最年轻"的家长。

3.通过家务事引导孩子思考

在许多家长看来,孩子的学习成绩、智力发育是最重要的,因此他们总是把大把财力、物力放在学习上。殊不知这种做法,只会在无形之中增加了孩子的学习负担,不利于孩子健康成长。

高尔基曾经说过:"天才就是劳动,人的天赋像火花,它可以燃烧起来,而逼它燃烧成熊熊大火的办法只有一个,就是劳动,再劳动。"劳动不仅能促进孩子智力的发展,而且对孩子的意志、情感、兴趣、性格、品德的培养,也起着至关重要的作用。因此,家长巧妙地引导孩子做一些简单的家务活,也可以达到益智的效果。

例如,妈妈洗衣服前,让孩子把所有的黑色衣服塞进洗衣机里。对于孩子来说,这样做不仅可以认识颜色,更重要的是他可以学到按照某种秩序给家里的事物分类的知识,有利于开发孩子的智力。与此同时,孩子也会意识到,既然我能够帮妈妈做一些"大人的事儿",证明我已经长大了,自豪感和自信心也会随之增加。

一天,家里来客人,妈妈就让丽丽帮着拿碗筷,丽丽非常高兴地拿了。这时候,客人夸奖丽丽道:"丽丽真是长大了,都能帮妈妈做家务了。"丽丽一听很高兴,于是又在每个座位上放了一个碗,然后在每个碗边放了一根筷子。放完之后,丽丽手中还有很多筷子,妈妈说:"你是用一根筷子吃饭吗?"丽丽不好意思地笑了,然后又在每个碗边加了一根筷子。

可是当大家都坐下来吃饭的时候,丽丽发现没有妈妈的碗筷。妈妈说:"怎么没有给妈妈拿碗筷啊?"丽丽感到很奇怪,因为自己当时分明算了妈妈的,于是她又挨个数了一次,发现原来没算自己。妈妈玩笑着说:"你没算自己,就不要用碗和筷了吧!"丽丽不好意思地又去拿了一套碗筷。

晚上,丽丽对妈妈说:"妈妈,我长大了,可以帮妈妈做家务了,现在我能帮妈妈做些什么吗?"妈妈顺水推舟说:"那你每天晚上睡觉前要完成两件事,怎么样?"丽丽高兴地说:"好!"后来妈妈就叫丽丽睡前把自己玩过的洋娃娃收拾起来,然后换上自己的睡衣。

案例中,妈妈是很善于通过家务事来引导孩子动脑筋的。当孩子出现错误时,妈妈总是在提示,而没有直接去拿来碗筷。

因此,家长一定要学会精心"设计",从而使孩子得到充分的智能训练。这里可以举一个比较常见的例子——洗碗。第一次把洗碗的工作交给孩子之前,家长可以给予适当的引导,如对孩子说:"好好想一想,这些碗筷,大小不一,应该先洗哪只,再洗哪只,才能既快又好?"孩子可能会想一想,然后回答:"应该先洗大碗,再洗小碗,因为洗好的碗要从大到小往上叠整齐。"这样做,就可以让孩子在开发智力的同时,将事情做得井井有条。

家长指导孩子进行家务的几个技巧如下:

(1)让孩子明白家务是义务而不是帮忙。家长们在让孩子进行家务劳动前,要明确地告诉孩子,家务劳动是每个家庭成员应尽的义务,孩子是在为自己的义务进行劳动,而不是在帮别人做事。

(2)家务要与孩子的能力相符。家长们为孩子安排家务劳动时,要根据孩子的身体发育情况和劳动技能掌握程度,尽量找一些孩子力所能及,不太复杂、繁重的工作。以免孩子进行"力不能及"的家务劳动,影响到身体健康或是使孩子对家务劳动产生厌烦感。

(3)让孩子积极地去做,而不是家长积极地去指挥。在孩子刚开始进行家务劳动时,由于缺乏经验,难免需要家长的指导。当孩子经过一段时间的家务劳动锻炼后,家长就不需要再指挥孩子,而应该引导孩子自发积极地去做家务。

(4)增强劳动的趣味性。要想调动孩子劳动的积极性,就必须增强劳动的趣味性。比如采用竞赛的方式,既可以满足孩子争强好胜的心理,又可以使劳动变得更有趣,而且还可以使孩子的观察力、表现力以及思维能力得到锻炼。

4.开发孩子的想象力

优秀和负责任的家长都希望孩子将来能成为精英,希望孩子在各自的领域创造性地做出一番事业,那么孩子想象力的培养是不可或缺的,只有这样孩子才能有创新的想法,在竞争中独占鳌头。

在这方面歌德的母亲做得很出色。

歌德是德国文坛上的泰斗,他的创作涉及诗歌、散文、戏曲等各种体裁。他的《少年维特的烦恼》一出版,就让他闻名远扬,代表作《浮士德》堪与《荷马史诗》和莎士比亚的戏剧媲美。这位伟大的作家之所以能奏响壮丽的人生乐章,和父母对他进行有计划的多方面的早期教育,尤其是他母亲对他早期想象力的开发,有着密切的关系。

歌德曾在一篇散文中写道："我继承了父亲的身材和认真的生活态度。从母亲那里，我得到的是幸福和讲故事的快乐。"歌德的成就当然还有很多其他方面的原因，如丰富的学识才艺（父母还培养他学习外语，学习文理科知识、美术、音乐、舞蹈等等）。可我们知道博学者未必就是大文学家。黑格尔说："想象是最杰出的艺术本领。"成功的文学创作离不开特殊的想象力，而未成年时期又是这种特殊想象力形成的关键时期。

歌德有一位优秀的母亲，她是当时法兰克福市长特克斯托尔的女儿，从小受过文学的熏陶，她的文学素养很高。平时喜欢给儿子讲有趣的故事。她为了使歌德养成勤于动脑的好习惯，她从不一次性把故事讲完，每讲到故事情节的关键处，她就会停下来问歌德："你说以后会发生什么呀？"母亲像老师给学生留作业那样，让歌德自己回去好好想想后面的情节，到底应该怎样发展才合乎情理。歌德对母亲留的作业，非常认真地去完成。晚上，他躺在床上，回想着母亲讲的故事，按照故事发展的脉络想象下去，设想故事发展的多种可能性。有时还同奶奶商量，直到想出一个自己认为满意的答案为止。第二天，母亲让孩子自己先说，然后再继续讲。有时歌德说得不尽合理，母亲就让他想想以后再说。

有时候歌德会在听故事中途插话："妈妈，公主不应该嫁给那个肮脏的裁缝，即使是他帮她杀了那个巨人。"听到歌德这样说，妈妈心里很高兴，因为歌德已经学会动脑子了。

歌德丰富的想象力和构思能力就是这样被母亲培养出来的。歌德7岁时能编出饶有诗趣的《新帕利斯》童话，与此不无关系。这也为他后来写剧本和小说打下了良好的基础。

想象力是一种很必要的创新能力，对孩子以后参与工作都会有很大的帮助。开发想象力要趁早，也要讲究科学的方式，其实开发孩子想象力的方式是多种多样的。

斯托夫人认为，电影对孩子还是很有教育价值的。好的电影会开发孩子的智力和想象力。为此，她经常带女儿去看好的儿童剧和电影。她们不光看，回去以后二人还模仿电影中的情景进行表演。角色不够时，就用玩偶和其他物品顶替。不仅对电影情节如此，对于读过的书中的故事，她们差不多也都表演过。

在开发孩子想象力上家长带领孩子做孩子喜欢的游戏，也十分必要，也容易开展，因为这是孩子的本能。比如家长和女儿常常做蒙眼睛的游戏。事实上，几乎所有孩子都喜好这一游戏。具体的玩法是把孩子的眼睛蒙上，给他各种物品让他猜是什么东西。另一种玩法是蒙上眼睛，在屋子里摸索，碰到一件东西让他猜是什么。这类游戏能有效地发展孩子的想象力，但是要注意安全。

用纸、布等材料制作物品等也会开发孩子的想象力，对发展孩子的能力十分有效。只要肯动脑筋，可做的东西种类是很多的，孩子们在任何时候都可以高兴地玩。家长还可以和孩子做蝴蝶、船等，用剪好的布做娃娃，用卷烟盒做小马车和火车，用厚纸建造房屋和城市，建造桥梁和宝塔等。还用花生做娃娃，用香蕉做马，这些游戏，不仅使孩子高兴，而且能发展他们的创造能力。

斯托夫人在她女儿很小的时候就教她做玩偶的衣服和简单的刺绣。在她4岁时，就已能把首次做成的刺绣成品赠送给婶母了。这是一个在白布上用各种颜色的丝线绣成的头戴遮阳帽的少女。此外，斯托夫人还教女儿各种针织方法。女儿的手工艺品种类很多，都是从小逐渐积累的。下雨天不能在室外玩时，她总是十分高兴地把这些物品拿出来欣赏。

爱因斯坦曾说过："想象力比知识更重要，因为知识是有限的，而想象力概括着世界的一切，推动着进步，并且是知识进化的源泉。"有创新意识的家长，必然会注重对孩子想象力的开发和培养。

5.为孩子规划合理的短期目标

不论做什么事情都应该有一个目标，没有目标的努力毫无意义。要激发孩子的学习兴趣，挖掘孩子的学习潜力，就有必要帮助孩子确立切实可行的学习目标。但是由于孩子意志力比较薄弱，自制力相对较差，注意力难以长时间集中，因此要想让孩子养成良好的学习习惯，就要根据孩子的思想、习惯、特点等具体状况，来确定短期的小目标。

制定切实可行的小目标，可以让孩子在其实现过程中获得自信，并且体会成功的喜悦，从而养成积极的心态。同时，在目标的实现过程中，孩子还可以学会反思，学会总结，一步一个脚印地走向成功的康庄大道。

小威和小小是同班同学，自从入学以来，小威的学习成绩在班上名列前茅，是父母的骄傲，而小小成绩一般。

在小威的学习上，父母没有太多的管教，他们会偶尔给小威一些指导，比如：新学期开学第一天，应该学会制定各门功课的学习目标；同时，经过一个月或者一个星期以后，要试着总结各门功课取得了哪些进步，进步的原因是什么，然后根据这段时间的学习情况，安排下一阶段的学习任务。

就这样，小威试着每天都给自己制定一个小学习计划。刚开始，他不知如何下手,就限定自己在一定的时间内完成几门功课。后来,家长教他分级别列计划,把计划分成两级,第一级是必须要完成的,像每天的作业,即使开夜车也要认真完成;第二级是一周内要完成的,每门功课,每天要温习多少,一周温习多少。按照家长的方法,小威根据每天的学习情况分级别列好计划。在执行过程中,尽管会有一些小失误,但是却让小威学习起来非常轻松,不但作业能够保质保量地完成,而且他还可以做一些其他有意义的事情。

而小小却相反,父母为了指导她学习,帮她制定了远大的目标——成为钢琴家。爸爸经常告诫小小:"你必须好好练才行,只有刻苦地练,才能考上音乐学院,成为钢琴家。许多成就大事业的人都是从小就立下远大志向,通过刻苦用功实现的。所以你现在就必须树立远大的志向——一定要考上中央音乐学院,成为真正的钢琴家,像理查德那样。因此每天放学回家要赶快写作业,然后练琴,争取每天练2个小时。"

在这样的教育方式下,小小一直毫无兴趣地练习钢琴,学习成绩也一直不理想。

案例中的小小在家长替自己制定的"远大理想"面前,逐渐失去了学习的兴趣,最终影响了学习成绩。太过遥远或不切实际的目标只会给孩子带来巨大的心理压力,使他们逐渐丧失学习的自信心。久而久之,孩子就会产生一些不良的学习情绪,甚至一蹶不振。

家长当然有义务引导孩子学习,但是这种引导应切合实际,不能操之过急,"拔苗助长"或者"杀鸡取卵"的方法是绝对不可取的。站在指导协助的立场,帮助孩子制定小目标,才是最佳的选择。

帮助孩子制定小目标的方法如下:

(1)在引导孩子制定目标时,家长不要强行加入自己的想法和希望,也不要以成人的标准来判断孩子行事的成败。忽略孩子本身的意愿,只会在无形中使孩子养成叛逆、反抗的心理。

(2)家长引导孩子制定目标,需要有个合理的标准。不能太高,也不能太低,应在一个个合理小目标完成的基础上,循序渐进地进行。

(3)家长要在孩子面前做表率,并且自始至终地执行,并随时注意孩子的执行进度,给孩子适当的鼓励。

(4)引导孩子列出清单。让孩子根据班级课表、课堂学习情况规划自己每天的学习任务,明确自己每天所学的内容,让自己的收获看得见。当孩子把每天要学的知识列成目标清单,学习目标就明确了,也就更有成就感,更容易激发孩子的学习动力。

6.找个伙伴,激励孩子学习

有些家长为了孩子的未来,不惜重金想尽一切办法,让孩子上好学校,可是却往往忽略了帮孩子选择一种能有效激励学习的方法。比如给孩子找一个学习伙伴,让他们一起学习,一起游戏,这样可以在学习上取他人之长,补自己之短,共同探讨,形成良好的学习氛围,促进双方的学习进步。

现在很多孩子都是独生子女,让孩子一个人埋头学习,难免会产生倦怠感和孤独感。如果家长能给孩子找一个学习伙伴,尤其对于那些缺乏自制力、不能坐下来安心读书的孩子,找伙伴一起学习,无形中能对他形成一种约束力,当他学不下去时,伙伴的执著会成为他自觉坚持的催化剂。

　　肖咏是一个活泼好动的孩子,他很有礼貌,很讨人喜欢,只是学习成绩一般。每次他学习不到十分钟就坐不住了,东看看,西瞧瞧,妈妈为此感到很发愁。一次,妈妈无奈地问肖咏:"小咏,你怎么总是坐不住呢?"肖咏说:"我一个人学习太无聊了!"谁知肖咏的这句话却提醒了妈妈:"是不是给孩子找一个学习伙伴会好一点呢?"

　　周末的时候,妈妈特意带肖咏到楼上邻居家玩。因为这位邻居的女儿小惠正好和肖咏是同年级同学。小惠学习非常优秀,妈妈想让肖咏和她一起学习,希望儿子能看到自己身上的不足,并激起主动学习的兴趣。

　　两个孩子在书房中学习,肖咏凳子还没坐热,心里就痒痒了。小惠见肖咏想起来活动活动,于是就说:"小咏,你作业做了多少了? 看,我已经差不多快要做完了,你写快点,写完咱们出去玩。"肖咏刚走出去的神被拉了回来,他看着小惠认真做作业的样子,心里有些惭愧,赶紧低下头又写起来。

　　一会儿肖咏只剩下最差的英语作业,抬头看看小惠,眉头紧锁,好像也遇到困难了,肖咏说:"怎么了? 有什么问题?"小惠说:"数学题总是算不出正确答案。"肖咏说:"我也不知道这些语法题在讲什么,要不然我们俩换着看看?"正好英语是小惠的强项,数学是肖咏的强项。小惠看了一会说:"我先给你讲这个语法吧。"肖咏听完小惠的讲解,思路清晰了很多。"你的英语真厉害!"肖咏一边夸小惠,一边说:"这个数学题你这里算错了。"于是肖咏又和小惠重新算了一遍,小惠笑着说:"没想到你学习也很认真啊。"

　　经过几次一起学习,肖咏的成绩有了很大飞跃,小惠的数学成绩也有了明显的进步。肖咏觉得学习很有趣,再也不像以前那么累了。

　　上述案例中两个孩子互相学习、互相帮助,最终共同进步。这不能不说明给孩子找一个学习伙伴是一种帮助孩子学习进步的有效方法。

学习是一件苦差事,难免枯燥乏味。在孩子周围,比学习有趣的活动有很多,无不对他们充满了诱惑。要想让孩子学习变"被动"为"主动",让孩子有计划地坚持学习下去,家长可以考虑给孩子找一个学习的伙伴,与伙伴一起学习,相互督促,相互学习,让孩子们之间形成良好的学习氛围,相互帮助,共同进步。

家长要了解孩子在学校有哪几个比较要好的伙伴,他们的学习、性格、为人怎样,并且与这些孩子的家长联系一下,以便更好地了解彼此的孩子。了解孩子的朋友比孩子做得好的地方,让孩子学习的同时认识到自己的不足。

孩子们在学习中各自擅长的科目不同,当家长要给孩子寻找学习伙伴时,最好找和孩子优势互补的人,这样他们在一起可以相互学习,相互补充,共同进步。

家长还要适当引导孩子思考,"为什么自己这门课比较差,而对方学习就比较好?"一步步找到问题的根源和学习的方法。教育孩子学习对方在掌握知识方面的窍门,和孩子一起探讨适合他的学习方式。

7.尊重孩子的兴趣爱好

美国教育家斯宾塞曾经说过:"身为父母,千万不能太看重孩子的考试分数,而应该注重孩子思维能力、学习方法的培养,尽量留住孩子最宝贵的兴趣与好奇心。绝对不能用考试分数去判断一个孩子的优劣,更不能让孩子有以此为荣辱的意识。"

"人各有志",每个孩子都有各自的兴趣与喜爱,家长不能勉强,也不应勉强。人们常说的"萝卜白菜,各有所爱",强调的就是个人的兴趣爱好是不同的。

大多数父母明白这个道理,但一旦牵扯到孩子,有的父母就会忽视这一点。很多人不愿承认孩子也有自己独特的兴趣与爱好。生活中总有许多父母无视孩子自己的兴趣和爱好,却把自己想要孩子具备的"兴趣"强加在孩子身上,其结果必然会束缚孩子的发展。作为父母,其望子成龙、望女成凤的心理无可厚非,但是为了孩子能有一个好的前途,而给孩子过大的压力,结果让孩子不堪重负而走向极端,就太让人遗憾了。

孩子的发展应当是全面的。父母培养孩子首先要发现孩子的特长与爱好,不能使每一个孩子都变成一个学习的机器,而应当使他得到全面的发展。只要孩子的兴趣爱好不是有害的或是不良的,我们就要加以鼓励和保护,并且尊重孩子的兴趣爱好。因为孩子的兴趣爱好是引导孩子获取知识、培养能力、开发智力的有利条件。

西晋时,左思的父亲左熹一心想让儿子学书法,还花了重金聘请名家指导。可左思不感兴趣,学无所成。左熹又让儿子学琴,结果学了很长时间竟弹不出一支像样的曲子。这时左熹才明白尊重孩子特点的重要性,根据儿子性格内向、记忆力好,对文学的特殊偏好的特点,因材施教,让儿子学赋诗。左思如鱼得水,进步神速,不出几年,写得一手漂亮文章,最终成为西晋著名的文学家。

明代大医学家李时珍的父亲李言考科举屡次失败,于是将入仕的希望寄托在李时珍的身上,而李时珍对八股文不感兴趣,但对医学特别酷爱。可是在"父权"时代,儿子只好从命,攻读八股文,结果三次科考都不中。李时珍感到再也不能虚度光阴,便说服父亲同意他弃文从医,他后来终于成为举世闻名的医学家。

有的父母也想尊重孩子的个人兴趣,但往往不知道该如何去做。那么,下面的方法可供参考。

(1)承认孩子有爱好的权利

做父母的就是要承认孩子可以有个人的喜爱和兴趣。虽然是孩子,但他们也有选择自己爱好和兴趣的权利,家长不应该随便干涉。

(2)尊重孩子的喜爱和兴趣

当今社会,人类的个性和兴趣得到了自由和充分的发展,在服饰等各方面更是五彩缤纷。那么家长对于孩子的爱好,只要不是太脱离实际,自己还能接受的话,就应该允许孩子自己选择。当然,在承认与尊重的前提下,父母还可以进行适当的引导,培养孩子高尚的趣味和情操。

(3)不要随便干涉孩子的爱好

父母在准备干涉孩子的兴趣爱好之前,可以先听听孩子怎么说,尊重他们的选择。现在的父母都希望自己的孩子多才多艺,成为一个全能的孩子。那么,如果家长想让孩子学,一定要在征求孩子同意的前提下,仔细观察,再选择一种比较适合孩子性情及兴趣的才艺。千万不要让孩子一下子接触太多,或强迫孩子学习没有兴趣的东西,破坏了孩子以后学习的信心和欲望。

除了爱好之外,一个孩子的普通想法和意愿,应该得到父母的尊重,而孩子的理想和追求,更应得到父母的尊重。

父母在培养孩子时,必须征求孩子的意见,尊重孩子的理想和追求,进而理解孩子的理想、知道孩子真正的需要。即使孩子的理想与父母的期望有一些差距,也要平静地与孩子沟通,在尊重孩子理想和追求的基础上,通过家庭会议,让孩子充分理解父母的想法,然后把选择权交给孩子。对孩子的理想,父母如果觉得是合理的,就应给予支持。但支持是讲究方法的,应该充分考虑孩子的心理准备和接受能力为前提。

　　父母在尊重孩子理想和追求的时候,还要注意一个问题:不要在孩子建立理想的初期给孩子太多的压力和警示,这样很容易打击孩子的积极性,使孩子被迫放弃自己的理想。正确的做法是鼓励孩子树立理想,并为理想而努力。

　　每个孩子都有自己的理想,但理想都有一个渐渐成型的过程,即从有一个初步设想到牢固树立的过程。在它的萌发之初,需要精心呵护,对孩子的理想,家长不理不睬的态度是错误的,但急于求成、拔苗助长的做法更不对。对孩子刚刚萌发的理想之芽,父母若灌入太多理想的营养液,那么,孩子永远也不可能树立稳固的理想。

　　父母真正的支持应该建立在对孩子的充分理解和尊重的基础之上,必须以孩子的现实准备为前提,然后进行适当的启发和诱导,这里所说的启发和诱导不是命令和要求。比如,当孩子提出以后想当演员时,家长可以这样说:"当演员也不错。孩子,你觉得演员能得到人们的欢迎,他需要付出多少努力呢?"让孩子自己去思索,这样孩子才能对自己的理想有一个更深的认识。

　　总之,对孩子的理想之苗,父母要一点点地培养扶持,要细心浇灌培育,才能长成参天大树。

8.鼓励孩子多动脑筋多动手

　　在人类的文明史上,无论是科学、技术等任何一个领域中卓有成就的名家,都是有所发明、有所创造的人。所以教育家匡亚明说:"凡是人才总是有突出的创造力,敢于不断创新,人云亦云的,不是人才。"

创造力是一种思考能力,也就是扩散性思维能力。它是与生俱来的,同时也可经过教育训练将天赋的创造力引导启发出来。无论从哪一方面来说,创造能力对孩子的智力发育都非常重要。它是一个人成功的基础,也是开发智力潜能的关键。教育学家苏霍姆林斯基说:"儿童的智力在他的手指尖上。"

由此可见,要开发孩子的智力,父母要一定不能忽略了孩子创造能力的培养。而培养孩子的创造力,与其动手动脑的实践活动又是密切相关的。

最近这段时间,12岁的郑爽特别喜欢自己动手做实验。每天爸爸下班回到家,都会看到客厅满地都是儿子以前的旧玩具。他会把旧玩具上的零件进行再利用,重新赋予这些玩具新的生命。爸爸对儿子的这种行为并不反对,相反,还经常鼓励儿子多动脑筋,多动手,多搞一些小发明、小创造。

有一天,爸爸加班很晚回家后,发现楼梯上的感应灯坏了,漆黑一片。正巧,那天儿子郑爽在做电灯泡如何通电的实验。这下他的发明可派上了用场。一根电线,两节电池,一只手电筒里取下的小灯泡,正负极一连接,哗,还别说,漆黑的楼梯顿时就亮了起来。

爸爸禁不住夸儿子说:"哈,你快赶上爱迪生了!"儿子听到家长如此夸奖,甭提多高兴了。

著名心理学家皮亚杰说的一句话:"教育的主要目标,在于造就能够创新、能够创造、能够发明和发现的人,而不是简单重复前人已做过的事情。"不可否认,中国的教育模式培养出了许多高分低能的人。普遍认为,中国学生研究学问很刻苦,理论思维能力也强,但动手能力却比较差。在学习中一旦仪器出现故障,往往就束手无策了。美国学生就不同,他们遇到同样问题时会自己动手去摆弄,七动八动,就把故障清除了。

家长平时在与孩子的交谈中,应引导和鼓励孩子多观察、多思考、多动手。对于孩子拆卸物品或玩具的行为,也要给予理解和支持,并在方法上给予指导。孩子这些看似破坏的行为,其实都是一种求知欲的表现,也是孩子创造性思维的萌芽。

你知道太阳的真面目吗?现在我们已经能够轻易地从各种图书或者纪录片中看到有关太阳表面状态的描述和各种有关太阳的图片。但直到19世纪末,人类还从未真正地认识太阳,一个人的出现——伟大的天文学家海尔,改变了人们的认识。

1891年,海尔用自己发明制作的特殊仪器,成功地拍下了人类关于太阳的第一张照片,揭开了人类认识宇宙新的一页。

海尔生长在美国芝加哥,从小就有着广泛的兴趣,喜欢思考,善于动手尝试。

小时候,海尔的父亲给他讲了许多关于太阳的神话传说。有一次,他听说用涂黑了的玻璃将望远镜的镜筒前后遮住,这样看太阳就不会刺眼了,他立即跟父亲商量,看能不能用这种方法观察太阳。父亲非常支持他的想法,让他自己尝试制作了一台望远镜。透过望远镜,一幅壮丽的景象展现在他的眼前:巨大火球的边缘,就像无边无际的草原上燃起了漫天大火,非常漂亮。这次观察使他对研究太阳产生了极大的兴趣,从而引领他逐步走向科学的殿堂。

一次,海尔跟家长出去旅行,在火车上,海尔看到一个小女孩用红色透明糖纸挡在眼前,对她爸爸说:“咦,爸爸变红了,叔叔也变红了!”这句话触动了小海尔,使他重新开始思考,为什么隔着红玻璃纸看到的物体颜色是红的呢?海尔最终琢磨出是红玻璃纸把其他色光滤掉了,只让红光通过。能不能制作出一种设备,把其他光都滤掉而只让一种光通过呢?

海尔开始尝试并进行各种实验，最终研制出一种特殊的镜头——过滤器，从而发明制造出观察太阳的新仪器，拍下了有史以来关于太阳的第一张照片。

创造首先源于一种想法，但单有创意还是远远不够的。海尔的成功，让我们看到了童年时代的实验和探索，对一个人今后的人生历程产生了重要影响。

在现代家庭教育中，家长应多鼓励孩子动手创造，让孩子树立一种创新的意识。不要用成人的思维限制孩子的探索，这会阻碍孩子智慧潜能的开发和思维的发展。同时，还应为孩子创设条件，给孩子提供创新的机会，并指导孩子安全创新，对孩子的创新给予肯定和鼓励，促进孩子创造能力的健康发展。

启示一：家长要指导孩子正确尝试

孩子与成人不同，表现在其成长过程中，有诸多的第一次。比如第一次自己喝水，第一次自己写字，第一次拆卸玩具，等等。在好奇心的作用下，他们有着强烈的尝试欲望和不成熟的尝试行为。其目的，就是为了了解事物的本质，体验尝试的过程。

对此，家长应该积极鼓励，尽管孩子的行为可能不合理，有时还可能存在安全问题，但也不要简单地制止，而应有针对性地对他们进行指导。对于一些有危险性的玩具或物品，如电器等，尽量不让孩子接触。而对于一些结构性能较复杂、容易损坏的玩具，家长可亲自动手拆装给孩子看。鼓励孩子进行有益的尝试活动，可以满足他们的求知欲望，锻炼创造性思维。

启示二：鼓励孩子进行"修旧利废"的操作

这是一种略带创造性的活动，如修理旧家具、玩具等，巧妙地利用废牙膏管、废圆珠笔芯、空罐头盒、纸盒、塑料瓶等来制作新东西，变废为宝。

家长可以鼓励孩子多进行此种操作。例如,炊壶盖上的镝子脱落丢失了,可把牙膏管肩部以上剪下,拧下牙膏盖,将牙膏嘴插进壶盖孔,然后拧紧牙膏盖,这样代用的壶盖镝子就制成了。又比如用金属空罐头盒制作花和装饰品,用大塑料瓶制花篮,用玻璃片做万花筒,等等。

此外,还可以鼓励孩子修理门铃、自行车,拆装破闹钟、废手表、破电动玩具等,都能养成孩子改造、创新、利废的思维品质和动手能力。

启示三:指导孩子进行科学小实验

家长可以帮孩子建立一个小小的实验室,让孩子在这里自由地做各种实验,比如做空气实验、水的三态实验、水中沉浮的规律实验,以及各种趣味实验等。每个小实验都蕴含着自然科学的奥秘,有利于培养孩子对科学的热爱,激发求知欲望,发展探索思考能力和动手创造能力。

同时,家长还要鼓励孩子利用假日参加有老师指导的科技制作小组、小发明兴趣班等,让孩子的生活多多闪耀创造发明的火花。

第四章

情商——决定孩子命运的重要因素

1.教孩子用微笑面对生活

微笑也是一种教养。微笑的实质是亲切，是鼓励，是温馨。真正懂得微笑的人，总是容易获得比别人更好的机会，总是容易取得成功。对孩子来说，也是如此。

美国加州一位6岁的小女孩，在一次偶然的机会中，遇到一个陌生的路人，陌生人一下子给了她4万美元的现款。

一个女孩突然得到这么大金额的馈赠，消息一传出，整个加州都为之疯狂骚动起来。

记者纷纷找上门，访问这个小女孩："小妹妹，你在路上遇到的那位陌生人，你真不认识他么？他是你的一位远房亲戚吗？他为什么给你那么多钱？4万美元，那是一笔很大的数目啊！那位给钱给你的先生，他是不是脑子有问题……"

小女孩露出甜美的微笑,回答说:"不,我不认识他,他也不是我的什么远房亲戚,我想……他脑子应该也没有问题!为什么给我这么多钱,我也不知道啊……"尽管记者用尽一切方法追问,仍然无法探个究竟。

这位小女孩努力地想了又想,约摸过了十分钟,她若有所悟地告诉父亲:"就在那一天,我刚好在外面玩,在路上碰到那个人,当时我对他笑了笑,就只是这样啊!"

父亲接着问:"那么,对方有没有说什么话呢?"

小女孩想了想,答道:"他好像说了句'你天使般的微笑,化解了我多年的苦闷!'爸爸,什么是苦闷啊?"

原来那个路人是一个富豪,一个不是很快乐的有钱人。他脸上的表情一直是非常冷酷而严肃的,整个小镇根本没有人敢对他笑。他偶然遇到这个小女孩,对他露出了真诚的微笑,使他心中不自觉地温暖了起来,让他尘封了不知多少年的心扉打开了。

于是,富豪决定给予小女孩4万美元,这是他对那时候他所拥有的那种感觉定出的价格。

古希腊哲学家苏格拉底曾说:除了阳光、空气、水分和微笑,我们还需要什么呢?显然,在这位大师的眼里,微笑同生活中阳光、空气、水分一样重要。同样,微笑对孩子来说,也是十分重要的。从小善于微笑的孩子,长大以后,必然会用微笑的态度对待生活,成为在社会上倍受欢迎的人。

生活是一面镜子,你对着它笑,它也对着你笑。一个微笑面对生活的孩子,总是乐观自信,积极进取的。国外教育学家多罗茜·洛·诺尔特曾说:"如果一个孩子生活在批评之中,他就学会了谴责;如果一个孩子生活在敌意之中,他就学会了争斗;如果一个孩子生活在鼓励之中,他就学会了自信……"由此可知,如果一个孩子生活在微笑之中,他自然也就学会了微笑。当孩子学会了微笑,也就懂得了生活的意义。

微笑来自于爱心、来自于真诚。我们的生活中不能没有微笑。当家长们懂得了微笑的重要性后，还必须认真学习微笑，正确使用微笑，把微笑作为一种能力来培养孩子。所以，家长从现在开始要多微笑，用微笑对待孩子，并且教孩子学会微笑，以此来培养孩子健康的心理和健全的人格。

有这样一个小故事：

百货店里，有个穷苦的妇人带着一个约4岁的男孩在转悠。她们走到一架快速照相机旁，孩子拉着妈妈的手说："妈妈，让我照一张相吧。"妈妈弯下腰，把孩子额前的头发拢在一边，很慈祥地说："不要照了，你的衣服太旧了。"孩子沉默了片刻，抬起头来说："可是，妈妈，我仍然会面带微笑的。"

相信每个读过这个故事的人，都会被小男孩所感动。生活需要微笑，不要抱怨生活中太多的磨难，不必抱怨生命中太多的挫折，教会孩子微笑面对生活，用微笑寻找一个坚韧的支点，我们的孩子也能像故事中的小男孩一样，在生活的照相机前，穿着旧的衣服，一无所有，坦然并从容地微笑。

不要让孩子吝啬他们的微笑，让孩子用微笑去面对生活赋予的一切。如果你的孩子会微笑，那么很好；如果你的孩子不会微笑，那么你只需告诉孩子发自内心地扬起嘴角，这便是微笑。

在生活中，我们时时都在面对陌生人，对陌生人微笑是最动人的语言，最真诚的问候。当我们对陌生人微笑的时候，不仅把温暖给了别人，也将快乐留给了自己。所以家长们要教会孩子对陌生人微笑，让其感受到真诚和善意。因为大家毕竟共同生活在这个世界上！

2.克服自私,让孩子学会分享

现实生活中,自私的孩子并不少见。自私虽然不是什么大毛病,但是一个什么都不愿与他人分享的人,一个独占意识很强的人,是很难与他人形成良好的人际关系的。所以,从小克服孩子的自私,培养孩子与他人分享的意识很重要。

果果长得聪明可爱,可是大家都不太喜欢他。

有一次,爸爸从北京出差回来,带回了好吃的北京烤鸭。妈妈把鸭子切好后,盛到了盘里,喊大家来品尝,果果第一个了跑出来。妈妈笑着对他说:"这可是北京有名的烤鸭,很好吃哦!"果果看着桌上的鸭肉,突然用两只胳膊盖住了盘子,大声说:"不许你们吃!"

又有一次,一个小哥哥来串门,妈妈把他领到果果的房间,让果果拿出玩具跟哥哥一起玩。看到有这么多好玩的玩具,小哥哥喜上眉梢,禁不住随手拿起一辆小汽车。谁知,果果看见了,立刻跑过来,一把夺过小汽车,大声嚷嚷着:"这是我的!"小哥哥见状,伸手去拿小飞机。果果又一把夺了回来,理直气壮地说:"这也是我的!"最后,哥哥索性不玩玩具了。

生活中,像果果这样的孩子很多。自私是一种不成熟的行为,自私的孩子往往只关心自己,只注意自己的欢乐,只关心自己的幸福,很少会考虑到他人。他们所做的一切都是为了满足自己,更别说替别人着想了。

孩子为什么会自私呢?孩子们本来就有一种天生的利己倾向。在心理发展没有达到成熟阶段的时期,孩子们往往会单纯地确定"我即世界"。这种自我中心虽然会随着时间和经历的推移逐渐转向接纳他人和减少利己行为,但是,孩子们仍然会固执己见,不能接受公正、正确的意见。于是,孩子们衡量外界的标准便是是否有利于自己,表现在行动上也是这样。

孩子之所以会自私,有时候是家长的错误教育所造成的。当孩子的思想反复无常的时候,当孩子的行为表里不一的时候,父母对孩子的嘲讽、对孩子的鄙视,会让孩子产生一种畏惧心理,孩子便会缩回到自己的小圈子里,这样就导致了自私的产生。有的家长过分宠爱孩子,总担心孩子受一点苦、受一点委屈,对孩子过分的要求总是有求必应,容忍孩子的不合理要求、迁就孩子的错误。这样,就使孩子变得越来越自大,越来越不关心他人利益,越来越一切为了自己。

随着年龄的增长,孩子们虽然会认识到,除了自己以外,还有别人的存在。在想到自己的同时,也要想到别人。但是,这是一个长期的过程。在这个过程中,父母的责任就是要训练孩子们逐渐摆脱自我中心的束缚,逐步养成利他的行为习惯。

俄国著名作家西比利亚克说过:"如果一个人仅仅想到自己,那么他一生里,伤心的事情一定比快乐的事情来得多。"人类社会是群体生活,它要求人们彼此之间必须相互协调、必须相互关心、必须相互帮助。如果一个人看到好处,只是想到自己,长此以往,这个人很可能会发展成为一个自私、吝啬、冷酷、残暴的人。

现在的孩子大都是独生子女,在家里,没有兄长跟他们一起玩耍,没有弟妹要他们照顾,好吃的食物,家长都让着他,图书、玩具,也是他一个人全部占有。在这种家庭环境下,如果家长不想办法补救,正确引导,只能让孩子们的独占意识膨胀。当今,很多孩子都没有集体生活的体验,不会处理自己和他人的关系,因而,就会表现出自私的一面。

姗姗最爱吃大虾。每当家里做虾的时候,爷爷总是习惯性地把一盘

大虾放在她跟前。时间久了，姗姗就自认为那盘菜是为她一个人准备的，竟然把菜盘放到了自己眼前，并且不让别人动。

妈妈将这一切看在眼里，就假装对女儿说："那个菜肯定很难吃，是吧？"姗姗一听，着急了，"不是的，很好吃。"

妈妈摇摇头说："我们都不相信啊。我们又没有吃，肯定是很难吃的。"

姗姗连忙把盘子推到大家面前，说："你们都尝尝看，很好吃的。"

看到全家人都吃了后，姗姗就问："是不是很好吃？"

这时候，妈妈就告诉女儿："好东西要大家一起分享，才能知道好吃还是不好吃，是不是？"

姗姗点了点头，主动把盘子端到每个人面前，让大家一起吃。

全家人都纷纷竖起拇指说："姗姗真是个懂事的孩子！"

后来，姗姗吃饭的时候，再也没有发生过把菜盘抢走的事情。

家长对孩子的爱无可厚非，但这种爱如果不予以正确的引导，会导致孩子认为好的东西都理所当然的属于自己，同时容易产生自私的心理。因此，家长要让孩子体验分享的快乐，让孩子学会把好吃、好玩的东西与大家一起分享。如：家中的食物、用品全家人一起享用，避免孩子独占。

同时，父母可让孩子自己做他力所能及的事，帮忙分担一些家务，从中他会体会父母的艰辛，这样也可以让孩子养成体谅他人的好习惯。

需要注意的是，平常生活中，父母不舍得与人分享，孩子耳濡目染就理所当然地认为：自己的东西，干嘛要与别人分享！因此，想要改变孩子的自私心理，单纯的口头教育是没有效果的。只有以身作则，学会快乐分享，做孩子的好榜样，孩子才能懂得分享的道理。例如，当自己得了奖金时，不妨请同事们"搓一顿"，最好还能带上孩子，让他看到自己的大方；有了一副名贵字画也不要藏着掖着，可以邀请好朋友一起到家里欣赏。

如此,孩子自然会模仿父母的行为,也会与他人分享自己喜欢的东西。

分享是孩子获取快乐的途径。一个乐于分享的孩子,很自然能够交到更多的朋友,更加受欢迎。孩子可以从分享中真切感受到分享带来的快乐,这对他们正确理解分享以及将来形成健全人格都具有十分重要的意义。

3.让孩子知道合作的重要性

现代社会对人才的要求越来越高,不仅要求有较高的素质、能力,更要求具有良好合作性,能善于与人合作。

交往合作是现代人必备的性格特点,对孩子加强合作性的训练,是形成一个健康向上的集体的必要条件,也为孩子良好人格形成打下了坚实的基础。

而在当今社会,随着独生子女家庭的增多,孩子愈来愈成为家庭的核心,因此孩子们养成了唯我独尊、自私等不良的行为习惯。不管是在学校里与同学相处,还是在和小朋友玩耍的过程中,我们经常可以看到,孩子们之间不会合作,看到自己喜欢的玩具,就会你争我抢。有些孩子只会一个人玩游戏,不愿意与同伴交流。

这都是现在孩子心理品质上的弱点,而通过人际交往和孩子间的必要合作,则能够改变和矫治这种不良的心理品质。

13岁的岳磊以优异的成绩升入重点中学的初中部,开始了寄宿生活。可是开学不到一个月,他便向妈妈提出转学的想法。妈妈再三追问,可是他一脸不耐烦的表情,闭口不答。

于是,细心的妈妈悄悄地去学校做了一场"调研"。老师和妈妈反映,岳磊的学习成绩很好,但是凡事都太争强好胜,太以自我为中心。一次,岳磊和同学一起参加演讲比赛,获得了团体第二名,可是奖状只有一张,两人互相争夺。最后,岳磊一怒之下竟然把奖状撕了,说谁也别想要。平时,他和宿舍其他5个人相处也有很多小矛盾。久而久之,他不受同学欢迎,变成了"独行侠"。

了解儿子的这些情况后,妈妈开展了一连串的行动,让他认识到合作的重要性。

周末,一家三口参加拓展训练营,完成一些只有靠大家共同努力才能完成的任务,活动也都很有意思,岳磊玩得很兴奋。当教练讲评每一次活动胜利的根源都在于彼此信任、支持、互助时,有了切身体验的岳磊频频点头。在回家的路上,爸爸还趁热打铁地聊起了篮球,说一个再棒的球员,如果没有人传球给他,也不能取胜。如果每个人都想当英雄,没有团队意识,那就绝没有球队的胜利……岳磊听了,也若有所思地点了点头。

回到家,妈妈婉转地告诉他:"刚开始住宿生活,一定有很多不适应的地方,但大家只要互相友爱、谦让,多替别人想想,就一定能和谐相处。下周你生日,请同学们来家里做客,怎么样?"岳磊小声问:"他们会来吗?"妈妈笑着说:"只要你有诚意,大家一定不会拒绝的。"岳磊的生日聚会开得很顺利。那天,他还以可乐代酒,发表了致词:"希望这次聚会以后,我能和大家成为好朋友,以后如果有做得不对的地方还请大家当面指正。"

在日常的生活中,合作的机会和事例屡见不鲜,而且人们也开始重视和强调通过教育促使人们合作的必要性。在共同学习、集体活动中,孩子们不断地学习并体验怎样才能有效地达到共同目标。所以，父母从小就要强化孩子的合作意识，培养孩子的团队精神，这样才能在将来更好地融入社会。

一位外国的教育家邀请中国的几个小学生做了一个小实验。一个小口瓶里，放着七个穿线的彩球，线的一端露出瓶子。这只瓶子代表一幢房子，彩球代表屋里的人。房子突然起火了，只有在规定的时间内逃出来的人才有可能生存。他请学生各拉一根线，听到哨声便以最快的速度将球从瓶中提出。实验即将开始，所有的目光都集中在瓶口上。哨声响了，七个孩子一个接着一个，依次从瓶子里取出了自己的彩球，总共才用了3秒钟！在场的人情不自禁地鼓起掌来。这位外国专家连声说："真了不起！真了不起！我在许多地方做过这个实验，从未成功，至多逃出一两个人，多数情况是几个彩球同时卡在了瓶口。我从你们身上看到了一种可贵的合作精神。"

欧洲著名的心理分析家阿德勒认为：假使一个儿童未曾学会合作之道，他必定会走向孤僻之途，并产生牢固的自卑情绪，严重影响他一生的发展。所以说，合作能力是孩子未来发展、适应社会、立足社会的不可缺少的重要素质。

人的合作意识不是天生就有的，而是在合作的过程中逐渐萌发并得到强化的，而合作技能的高低直接影响合作的进展和结果。孩子与同伴之间有矛盾发生是因为缺乏一定的合作技能。比如两个孩子都在玩过家家，而小锅子只有一个，谁都想要，就很容易发生纠纷。此时，如果父母能进行及时引导，教孩子掌握一些协商的技能，比如两个人可以轮流玩，或者分配角色，一个烧饭另一个出去买菜等，孩子就会从中体验到合作成功的快乐和满足，从而激发孩子进一步合作的兴趣和动机。怎样运用适当的语言与人沟通,怎样进行条件交换,怎样对别人表达愿望和好感,怎样推荐自己,怎样拒绝别人不合理的要求等,这些技能都需要父母在日常生活中结合情境教给孩子。

家长必须在潜移默化中帮助孩子确立正确的合作意识,使他们懂得,大家都是群体中的一员,是平等的,遇到矛盾或困难,只要我们齐心协力就一定要能解决它、战胜它。

4.鼓励孩子正确交友

在人生的旅途中,每个人都会遇到不同的困境,在这个时候朋友会给你带来很大帮助。有时候朋友的一句话或一个建议可以让你胜读十年书,少走很多弯路。

对许多人来说,一生中最温暖、最持久的友谊是在童年时代建立的。许多孩子都会找到一个或几个与自己同悲同乐、共度童年的伙伴。有些孩子不善于交友,只要给予适当的指点和帮助,就会改变状况。虽然父母不能控制孩子的全部社交活动,但有一些方法还是可以鼓励和帮助孩子交友的。

燕燕妈妈曾不止一次对周围的人们夸奖自己的女儿,她说:"我们家燕燕从小就是我们小区的孩子王。她最喜欢的事情就是带着她手下的那一帮孩子玩,她是他们的主心骨,孩子们有了什么矛盾和纠纷总是要先找她来解决。甚至比燕燕大的孩子闹意见也需要请求燕燕的帮助。而燕燕竟然也能摆平比她年纪大几岁的孩子。很明显,燕燕具有很强的交际天赋。"

在发现了这个事情之后，燕燕妈妈总是刻意地引导和鼓励女儿发挥这样的天赋，带她接触更多的人、让她招待来家里的客人，帮她去组织一些活动，让她融入更大的圈子里……

如今，燕燕已经成为一家大型企业的老总，手下几百名员工都以她为荣；燕燕的老公也是个事业强人，难得的是，他们俩相处得都很好，彼此的忙碌一点也没有损害他们之间的感情。

应该说，燕燕的成长和事业、家庭的双丰收，同她从小就具备的交往能力是密不可分的，而这也得益于妈妈给予的良好教育和培养。

然而，并不是所有父母都能做到燕燕妈妈这样，他们不仅不去鼓励孩子积极地参与人际交往，而且还会阻碍孩子和外界的往来。他们的理由是，孩子要得到周密的保护，要时时刻刻不离父母左右。

岂不知，这种圈养的结果只能是孩子缺乏与人交往的能力，长大后难以融入到集体环境中去。实际上，这对孩子的成长是有百害而无一利的。心理学家托马斯·伯恩特指出："一个孩子只有经常和朋友们在一起，才能增进友谊。因此，父母要为孩子交友牵线搭桥。"父母可以邀请孩子的朋友来家里玩，帮助孩子培养他们的友情。要知道，在孩子的成长历程中，朋友扮演着非常重要的角色，孩子与朋友之间纯真的友情甚至会影响他的一生。

在孩子遇到困难与挫折的时候，朋友及时为他分担忧愁，出主意，鼓励他，支持他，帮助他走出逆境，在孩子快乐时，朋友分享他的快乐，使他的快乐加倍。孩子与朋友既欣赏彼此的优点，赞美对方，以对方为骄傲，又彼此相助，改善各自的缺点与不足。

通过和朋友相处，孩子会产生更多的生活体验，从中他可以学会如何与人相处，如何关心和帮助他人，如何解决与他人的矛盾，如何向别人学习。

（1）鼓励孩子和陌生人说话

当今社会，流行这样一句话："不要和陌生人说话。"在家里，有的父母用这句话教育孩子："陌生人是坏人，会把你骗走的。"正是这样的教育误导了不少孩子，导致有的孩子没有勇气和陌生人说话。有的孩子在外面迷路了，宁可自己糊里糊涂地走，也不敢向陌生人问路。

陌生人并非坏人的代名词。鼓励孩子和陌生人交流，对培养孩子和家人以外的人进行正常沟通的能力很有帮助，可以辐射到孩子成长的各个环节，提高孩子的自信心、社交能力、胆量、待人接物的能力、辨别是非善恶的能力。所以，父母要鼓励孩子和陌生人说话，并鼓励孩子和陌生人交朋友，让孩子拓展自己的人脉。

如果你的孩子走到哪里都能与陌生人轻松地攀谈，完全不是那种缩手缩脚，面露胆怯的样子，而是轻松、大方、自然，那是一种多么让人兴奋的感觉！想让孩子做到这一点，就要从小鼓励孩子和陌生人说话。

（2）鼓励孩子和优秀的同学交朋友

"近朱者赤，近墨者黑。"环境对孩子的成长和成才有着重要的作用。让孩子多和优秀的同学接触，和他们交朋友，孩子就能从他们身上学到更多优秀的品质和能力，这对提高孩子说话办事的能力有帮助。相反，如果孩子不慎交上了不好的朋友，那么他就容易出问题。

李强和陶峰是同班同学，因为有相同的兴趣——踢球，所以接触较多。李强原本成绩不错，但是在贪玩的陶峰的影响下，他慢慢地变得经常迟到、早退，有时候甚至逃课。起初，李强只是和陶峰交往，但慢慢地，李强认识了陶峰的很多朋友，而那些人基本上都是流里流气、喜欢抽烟、不爱学习的人。

就这样，李强的学习开始退步，他还学会了上网打游戏，学会了抽烟，学会了很多不良的习惯。原本李强在班里的人际关系不错，但是现在大家见他厌倦学习、不思进取,就相继远离了他,李强就这样慢慢地孤单起来。

如果孩子和品德不好的孩子交朋友,那么对他来说无异于灾难。人们常说,看一个人可以先看他的朋友是什么样的人。如果孩子和品德不好的人交朋友,别人一看他那些朋友,就知道他也不是个好孩子,这样就会影响他的人际关系。

同样的道理,如果孩子和优秀的同学交朋友,那么他首先会给周围的人一个较好的印象,其次他还能从优秀的同伴的身上学到很多优点,有更多的机会提高说话和办事的能力,当他遇到困难时,他还能从那些优秀的朋友那里获得帮助。

(3)鼓励孩子和人缘好的人交朋友

每位家长都希望自己的孩子有很多的朋友,有很好的人缘,生活得开开心心。其实,教孩子交朋友的方式很多,鼓励孩子和人缘好的同学交朋友就是一条捷径。因为与人缘好的同学交朋友,孩子可以学到为人处世的技巧,也能接触到更多的朋友,这都有利于孩子拓展自己的人脉,在学习和做事的时候得到帮助的机会就多。

当你发现自己的孩子人缘不好的时候,首先要引导孩子从自身找原因,还要向人缘好的同伴学习,要多接触他们,与他们打成一片。在与人缘好的同伴交往的过程中,你的孩子就会受到他们的感染,从他们身上学到受人欢迎的东西。

陈丽丽身材矮胖,有一张大圆脸,她虽然是一个女生,但是有男孩般的性格。她文静不足、活泼有余,特别喜欢开玩笑,总是冷不丁地给人幽默,让人捧腹大笑。她用活泼和豪爽的性格吸引了班里的男生,用热情和幽默吸引了班里的女生,人际交往可谓顺风顺水,大家对她感觉很好。

有一个特孤僻的男生叫陈贵钢,陈丽丽的一件事让他深受感动,他因此变得不再那么孤僻。

那次陈贵钢感冒了，全身无力，当天正巧是他打扫卫生。陈丽丽看到他身体不舒服，马上过来询问，之后便叫了几个同学帮忙，三下五除二地就把卫生打扫好了。陈丽丽看到陈贵钢连走路都走不稳，马上让几个男生把陈贵钢扶到学校的医务室，经过医生的诊断和治疗，很快地控制了陈贵钢的病情。

这件事让陈贵钢记忆深刻，他说："以前我没有意识到和人缘好的同学在一起有这么多好处。当我遇到困难的时候，她一声吆喝，同学们都愿意在她的带领下来帮助我。"

显然，人缘好的孩子是有影响力的，只要他开口，其他同学大都愿意帮忙。因此，如果你的孩子和人缘好的同学交上了朋友，那么当孩子遇到困难时，人缘好的同学就会尽力地帮忙，即使那位同学本人没有能力帮忙，他也会调动自己的人际关系来帮忙，这样你的孩子还有什么困难克服不了的呢？

人缘好的孩子身上总有他独特的人格魅力，家长应当鼓励自己的孩子和他们交往，去了解他们，向他们学习，锻炼说话和办事的能力。

(4)鼓励孩子和性格开朗的同学交朋友

鼓励孩子与性格开朗的同学交朋友，对培养孩子与人打交道的能力和习惯很有帮助。性格开朗的孩子大多喜欢与人交流，和陌生人打交道的时候也非常自然大方，而一些内向的孩子在性格开朗的朋友的影响下，不但可以提高沟通的能力，还能锻炼办事的能力。

自从和班里性格开朗的张芳成为好朋友，刘岳峰的学习积极性骤增，学习成绩也有了明显的提高。刘岳峰在日记中记录了他们在一起讨论学习方法与争论难题解法的情况，他说张芳很阳光，在她身上学到了如何缓解学习的压力,如何排除烦恼。慢慢地,刘岳峰脸上多了笑容,少了愁容,对待别人也热情了。

有一次,刘岳峰生病在家休息,每天都有同学来看望他,帮助他补课。这一天,张芳来帮刘岳峰补课,他们为了一个题目的解法争论起来。刘岳峰原本生病体弱,在讨论题目的时候却丝毫不示弱。争论完之后,张芳又跟刘岳峰开玩笑,逗得刘岳峰忘记了病痛。几天之后,刘岳峰身体康复了。

性格开朗的孩子常常满脸堆笑,遇事不会消沉,有着乐观的生活态度。家长鼓励自己的孩子和这样的人交朋友,对锻炼孩子的心态和办事的能力是很有帮助的。比如,当孩子遇到困难时,性格开朗的朋友会安慰他、鼓励他、帮助他,这样孩子就不会觉得压力有多么大,就能顺利地把事情办好。

另外,活泼开朗的孩子思维活跃,勇于探索,适应能力强,对周围的事情能够保持一种乐观的态度,对人非常热情,乐于与别人交往和帮助别人,并且能够通过自己的活动不断地获得新知识、新信息,不断地完善自己。让孩子与这种同伴交朋友,不但能使孩子变得更加热情和积极向上,还能学到更多的独立生活的能力。

5.让孩子学会管理自己的情绪

人类都有七情六欲,情绪的控制对成人来说尚且不易,对孩子来说就更难了。在孩子成长的道路上,最大的敌人其实并不是别人,而是自己,他们缺乏对自己情绪的控制。愤怒时,不能遏制怒火,使周围的合作者望而却步；消沉时，放纵自己的萎靡，把许多稍纵即逝的机会白白浪费掉。美国著名心理学教授丹尼尔·戈尔曼说："一个人在社会上要获得成功，起主要作用的不是智力因素而是情绪智能，前者只占20%，而后者却占80%。"一个人的成败深受情绪影响。只有让孩子具备积极的动力情绪，他们才能愉快学习、乐于奉献，从而愿意并且能够为自己所处的团队贡献才智，取得成绩，同时在这个平台上自我成长。

宏明是一名大三的学生，好多年幼时经历的事情已经忘记了，但在他9岁那年发生的一件事情却一直记忆犹新，那一年的一个周末，他和朋友约好去郊外远足，但父母却说什么也不同意他去。宏明感到十分愤怒，他跑回自己的房间，捏紧拳头在墙壁上猛击。他一面哭一面打，双拳血肉模糊都没感觉到，任何人劝说，他都听不下去。最后，他父亲气得揍了他一顿。后来，母亲一声不吭地进来给他涂止血药，并包扎好，但是，母亲始终也没有说一句话安慰他。于是，又恨又怒的宏明又倒在床上大哭了半个多小时。直到他心态平和后，母亲才进来对他说："能控制自己情绪的人就能掌握自己的命运。发怒本身就是一种自我伤害，而且对事情的解决是没有用处的，需要好好克服。"

就这样，母亲对他所说的话就深深地印在了宏明的心中。虽然现在他已经成年了，懂得了许多道理，但只要一回想起那时的事情，他就觉得母亲那次对自己的谈话是这一辈子最值得珍惜的谈话。

情绪控制是一个人人都必须掌握的很重要的能力，孩子随着年龄的增长，应该学会控制自己的情绪，情绪控制不好会影响孩子的注意力、人际交往、适应力和性格，最终影响孩子的生活质量。有研究表明，儿童时期具有的情绪调节能力是他们以后生活中能否成功、是否快乐的最好预示，而不是他们的智力。

教孩子学会管理自己的情绪实在是一件非常重要的事情,学会控制自己情绪的孩子心理将会更加健康,也容易养成开朗自信的个性,容易和人和谐相处。

(1)帮助孩子认知情绪

管理情绪的第一步,就是能识别出自己的各种情绪。我们可以随时指出孩子的各种情绪:激动、失望、自豪、孤独、期待等等,不断丰富孩子的情绪词汇库。

现在很多家长都能有意地去跟孩子共情。其实,共情的一个功能就是帮助孩子认识到自己当时的具体感觉。需要提醒的是,有时当孩子很生气时,他会对这种情绪识别也很反感,完全不听。我们可以先让他自己冷静下来,等孩子平静后,再回过头来跟他聊聊刚才的感受。

孩子能识别出的情绪越多,他就越是能清晰地表达出来,而准确地表达自己的情绪,这就是处理情绪的开端。能表达,他才能沟通,才能想办法。有时,只需表达出来,情绪就解决了。

(2)不做情绪绑架

很多家长会跟孩子说:"你那样做,妈妈很生气"、"那样做,妈妈不喜欢"。家长应该尽量少这样去说。我们大人正常的情绪反应,可以让孩子知道,不必刻意掩饰。我们可以生气。但是如果总是用家长的情绪去管教孩子,这不是好办法。总这样说,孩子会觉得他应该对大人的情绪负责。他会忘记遵守规则的本来的意义,也容易有很多不必要的自责和内疚。

正确的方法是,让孩子看到他的不好的行为会有怎样的不好的结果,让他对自己的行为负责,而不是对家长的情绪负责。

教给孩子,对自己的行为和情绪负责。而我们家长也是,也要对自己的情绪负责。如果我们因为跟孩子无关的事情有消极情绪,那就跟孩子说,妈妈这会心情不好,因为别的事情,所以妈妈先自己待一会,等情绪好了,马上就跟你玩。这样,孩子也可以学会,当他有不好的情绪时,他也会自己冷静一会,练习自己去处理。他也会知道,有不好的情绪不是什么错事。

(3)接受孩子的消极情绪

对于孩子的消极情绪,我们不要去否认、压制、贬低、怀疑,不要说"这有什么可怕的"、"你不应该感到失望"、"你没有理由生气"等等,而是要帮助孩子去接受、识别,然后再教他处理办法。

教给孩子管理消极情绪的前提是,我们家长自己要能从容去对待。首先要认识到,消极情绪对孩子是有益的,是他认识自己、提高情商、学习成长的一个好机会。它是中性的,不是坏事。把它当作一阵风吧,控制好,甚至利用它去发电、放风筝。

其次,要尽量把孩子的行为和情绪跟自己的分开。自己的劳累、抱怨、委屈,自己去解决。别做不合理的挂钩。家长少一些受害者的思路,多想该怎样提高,这也会帮助我们控制情绪,少生气。然后再告诉自己,我当然可以不完美,做不到的,努力提高就是了。

只有当我们自己接受了孩子的消极情绪,我们才能做到不去否认、压制、贬低、怀疑他的情绪,并且教给孩子去接受他的情绪。

(4)给孩子自己处理消极情绪的机会

孩子发脾气,我们本能地想救火。如果认识到消极情绪的意义,我们就知道,不必急于让情绪消失,而是要尽量给孩子机会,让他感受、识别,同时自己锻炼着平复下来。他每自己平复一次,他的情绪控制能力就得到了一次锻炼。当然对于两岁以下的孩子,家长还是应该用转移法先去哄好,然后再讲道理。

有一个有趣的现象,就是对于消极情绪,要多分析多思考,去想办法,这样有利于化解情绪。但是对于积极情绪,则尽量少分析,多去感受,把它作为一个整体去感受。好事,有时分析太多,好的感觉反倒没了。

6.教孩子学会换位思考

　　现在的孩子几乎都是独生子女,习惯以自我为中心,只为自己考虑,很少考虑家人或者他人的需求,自私似乎成了一部分孩子的代名词。孩子的这种自私行为将影响到他的人际交往,因为这些孩子不能善解人意,不爱关心别人,不愿帮助别人,不会与他人合作,很难给人留下好印象,更难受到人们的欢迎。长大以后往往会刚愎自用,无法处理好人际关系,甚至产生社交恐惧症。所以,家长在日常生活中应当帮助孩子摆脱以自我为中心,让孩子学会换位思考,替他人着想,从小养成为他人着想的习惯。

　　期末考试结束了,林蓉取得了全班第一的好成绩,她回家后把这个喜讯告诉了妈妈。偏偏妈妈这天为工作上的事情而烦恼,又在厨房忙碌,所以根本没有心情分享女儿的喜讯,而是说:"去,去,一边待着去,别来烦我!"

　　听了妈妈的话,林蓉的心情糟糕透了,她默默地走进自己的房间。

　　爸爸下班回来后,看到女儿闷闷不乐,就问:"怎么啦,我的小公主?"

　　林蓉将事情的原委告诉了爸爸。爸爸拉着她的小手,说:"你妈妈真是太不像话了,工作不顺心很正常嘛,干吗要对我们的小公主乱发脾气,咱们也不理她……"

　　爸爸还想说什么,这时女儿答话了:"爸爸,我知道妈妈心情不好,她也是在为咱们的生活着想。"

　　爸爸听了这话,开心地笑着说:"女儿真懂事。其实妈妈挺不容易的,咱们是不是该让她三分?"女儿点点头。

爸爸接着说："她是你妈妈，长你一辈，你是不是应该尊重她三分？"女儿再一次点点头。

爸爸又说："她一直为咱们家做饭、洗衣服，可辛苦了，是不是该敬重她三分？"女儿再一次点点头。

说到这里，爸爸看着女儿："如果妈妈向你道歉，你是不是能原谅她呢？"这时在门外站了很久的妈妈进来了，她诚恳地向孩子道了歉。

故事中的爸爸是睿智的，他从女儿的角度出发，考虑到女儿的感受，自然与女儿的沟通就比较顺利，同时也让女儿学会了站在别人的立场考虑问题，理解妈妈的不容易。所以，如果你想让自己的孩子懂得为他人着想，你一定要首先学会站在孩子的角度考虑问题。

心怡从小跟着爷爷奶奶长大，渐渐养成了骄横、任性、自私的个性。爸爸把心怡接来和自己一起住时发现了孩子的这些缺点。

一天，心怡打扮得非常漂亮，打算和爸爸妈妈到游乐场玩去。正要走的时候，邻居家的小妹妹闯了进来，要和心怡玩，还没经过心怡的同意就拿起沙发上的洋娃娃摆弄。心怡非常反感，迫不及待地夺过洋娃娃，把小妹妹推出家门说："你快走吧，我和爸爸妈妈就要去游乐场了！"惹得小妹妹的眼泪一下子掉了下来，委屈地回家了。

在去游乐场的路上，爸爸问心怡："孩子啊，如果你去小妹妹家玩，她不仅不让你玩她的玩具，还要把你赶走，你会高兴吗？"

"当然不高兴！"

"如果小妹妹说，早点去游乐场，早点回来，等回来后再跟你一起玩，你会怎么说？"

"我会说，你一定要早些回来哦。"

"那你再想想，刚才你把小妹妹推了出去，做得对吗？"

"不对。如果我告诉她我会早点回来，下午再和她玩，她就不会哭鼻子了。"心怡懊恼地说。

"那我们就早点回来，你再去找小妹妹，和她一起玩，好不好？"

"好啊，我还会跟她道歉呢。"心怡认真地说。

生活中，当我们面对某一问题时，如果只是从自己的利益得失出发，而置别人于不顾，往往就会失之偏颇，甚至伤害他人。孔子说过："己所不欲勿施于人"，意思就是说不要把自己不喜欢的事情强加于别人，而是要设身处地为别人着想。

小孩子更能善解人意，所以当他知道自己的一句话、一个举动伤害了别人，给别人带来烦恼的时候，他的心里也会不好受。所以家长要做的就是，让孩子充分体验到别人的不快乐，让他知道自己的言行给别人带来了怎样的伤害。这样孩子才能学会换位思考，从而懂得体谅别人、尊重别人，当然，同时也就得到了别人的尊重。

孩子过分的自我中心观和不恰当的教育方式有着很大的关系。自我中心观人人都有，只是程度和发展速度上存在区别。如果自我倾向过于严重，就会出现问题。这样的孩子往往会把所有的注意力集中在自己的利益和需求上，他无法接受别人的意见，无法理解别人和自己不一致的地方，更不能接受别人分享自己的一点点东西。

在生活中，孩子与他人相处，由于年龄、位置、处境、角度不同，常常会有不同的心理反映和感受。如果想让孩子学会理解他人，与别人建立良好的关系，就要教孩子学会换位思考，体谅别人。这样也能得到别人的尊重，否则就会与别人发生误解、冲突甚至对抗。

7.营造和谐的家庭氛围

瑞典教育家爱伦·凯指出："环境对一个人的成长起着非常重要的作用,良好的环境是孩子形成正确思想和优秀人格的基础。"

《三字经》中有"昔孟母,择邻处,子不学,断机杼"的传诵名句,孟母的"三迁择邻"、"断机教子"等脍炙人口的故事,成为千百年来中国妇孺皆知的历史佳话,成为天下母亲教育子女的样板故事。

孟子名孟轲,出生于现在山东省邹城的农村。三岁时父亲逝世,家境贫寒,孟子便与母亲相依为命。

孟家最初的住处靠近一片墓地。由于经常看到出殡送葬的人群从附近经过,孟轲与其他孩子就"为墓间之事,踊跃筑埋"。他们模仿送葬的人群,兴致勃勃地玩抬棺材、掩埋死人的游戏。孟母认为这样的环境会影响孩子,妨碍孩子正常思想的形成,会让孩子走向不健康的道路。

孟母决定搬家,带着孟轲迁居到远离墓地的庙户营村。庙户营村位于现在的邹城市西北部,当时这里是一处繁华的集镇。孟轲置身于这人来人往的闹市之中,逐渐又同集镇上的孩子一起玩起做生意的游戏,与同伴们学习商贩叫卖吆喝,讨价还价,还学邻居屠夫杀猪宰羊。孟母觉得这里仍然不是培养孩子的理想场所,这样下去,孩子很容易受小商贩的影响而不认真读书。

在这个集镇上刚刚居住了半年的孟母,毅然决定再一次搬迁自己的住处。他们搬到了学宫的旁边。这所学宫位于现在邹城南门崇教门外路东,是孔子之孙即子思设宫讲学的地方,后人称它为"子思书院"。

后来子思的孩子在此授徒讲学。孟母想,孩子在学宫的附近居住,必然会受到学宫气氛的影响,长大以后读书也方便。母子搬迁到这儿后,天资聪颖的孟轲果然被书院里的琅琅读书声所吸引,常到书院里跟着学习诗书,演习礼仪。

孟母很高兴自己终于找到了培养孩子的理想场所,从此就在这里定居下来了。后来孟母把孟轲送入学宫,随子思的弟子学习,使孟子从此走上学业之路。

孟母是一位颇有见地、善于教子的贤德女性。孟子能够成为中兴儒学的"亚圣",成为儒家思想体系中地位仅次于孔子的人,都得益于这位母亲的教育,得益于她为孩子提供的良好的成长环境。

孩子绝大部分时间生活在家庭里,家庭环境对他们有耳濡目染、潜移默化的教育作用。

孩子模仿性强,这个特点决定了家庭环境对孩子有着重要影响。为此,父母应当向孟子的母亲学习,努力创设良好的家庭环境,促进孩子健康成长。

一个人的心境如何,将决定其行动力。教育专家认为,如果能刺激孩子的兴趣,就可以充分培养孩子的创造力。

一个人一生学习的大好时光大多在学校里,但学校并不是接受教育的唯一场地,家庭也是教育的好场所。要想让家庭发挥其更大的作用,就在于努力营造家庭氛围。

生活是最好的教材,家庭是除了学校之外的一个特殊的课堂。父母是孩子人生路上的引路人,父母的情操、理智、修养,直接影响着孩子。在每一件具体事情上,父母的所言所行给孩子的教育和影响,往往胜过平日教子时的千言万语。家庭环境可以加强也可以抑制一个孩子创造力的发展。一个对人、地、事物拥有丰富体验的孩子,能呈现多样化的创造力。

所以,作为父母,一定要懂得家庭氛围的重要性,不要把家庭变成死板的学校教室,使孩子整日都是在学校的感觉。

愉快的家庭气氛本身就是一种教育。为了孩子的身心健康,请父母让笑声充满家庭。

做到这一点是不容易的,有位母亲说:"孩子的爸爸在单位与同事相处友好,待人谦和,但对孩子却是另一副面孔,不高兴就大发雷霆。"为什么,因为父母与子女的关系是感情介入和渗透最深刻的人际关系,爱之深,则责之切。爱与恨两种极端情感在人心灵中往往是孪生的,对孩子爱得深,也就容易产生恨。再加上父母与子女间心理上没有障碍,语言上没有阀门,父母一不高兴极易信口开河。

要创造和保持美好和谐的家庭气氛,父母首先要克服情绪上的随心所欲。生活中总会遇到各种各样的烦心事,父母在喜怒之间,应随时调整自己的心理状态,力求保持一种平和、明朗、乐观的心境。千万不要把愤怒、怨恨、沉郁等消极情绪传染给家庭和孩子。

(1)让幽默为家庭添乐趣

人人都希望家庭的港湾宁静而和谐,而宁静的生活也需要笑声做点缀,和谐的日子也需要诙谐来调剂。幽默中有自嘲、有宽慰、有机智、有纯真,虽然幽默的情况不同,方式不同,效果却同样神奇。比如遇到家人生闷气不妨说句"天气预报可是晴天啊,怎么多云转阴啦!"赶上双休日,全家聚在一起,讲讲故事,说说笑话,既有教育孩子的作用,又给家庭平添了不少乐趣。

(2)创造自由的家庭环境

心理学研究表明,有利于孩子创造性发展的前提条件是"心理安全"和"心理自由"。

在进行创造性活动时,孩子都不希望自己受到约束或干扰,而希望能自由自在地专注于自己的活动。因此,给孩子一个自由的家庭环境就显得十分重要。

(3)让笑声充满整个家庭

"笑一笑,十年少","笑一笑,福来到",笑是联络感情的一种妙用无穷的方法,孩子生活在笑脸盈盈、笑声朗朗的家庭之中,必然会心情愉快,必然会产生进取的激情和向上的力量。

(4)打消对子女的过高期望

望子成龙,望女成凤之心可以理解,但当子女由于种种因素,某些方面不能达到父母的期望时,许多亲子之间的矛盾和冲突就不可避免地发生了,打骂仅是一种感情发泄,对改变子女的现状无济于事。与其如此徒劳无效,不如降低期望值,让子女在没有压力的情况下自己选择前进的道路。

(5)不要过多地干涉孩子的行动

无数事例证明,没有一个孩子是在训斥、干涉和棍棒威胁下成才的。棍棒威吓暂时会起作用,但不会持久。父母把孩子当朋友,这是家庭教育中的重要原则,这需要父母有良好的情绪修养,较高的精神境界和摆脱亲子感情纠缠的超脱精神。

充满敌意的家庭气氛,过多地干涉、训斥孩子,都是不恰当的。为了孩子,每一个家庭都应当和睦、愉快、幸福、美满。

第五章

逆商——让孩子的一生更从容

1.让孩子自己的事情自己解决

有这样一个寓言故事:

观音菩萨一心要为凡间的人多做好事,可凡间的事实在太多,她两只手忙不过来,就向如来大佛请求,如来大佛给了她一百只手。

观音菩萨用一百只手为凡间做好事,可凡间的事实在太繁杂了,一百只手还忙不过来,她又向如来大佛恳求。如来大佛给了她一千只手。

观音菩萨用一千只手为凡间做好事,可凡间确实太大了,一千只手还是忙不过来,只得再向如来大佛诉苦。

这一下,如来大佛皱眉了,问:"给了你这么多只手,怎么还嫌不够?"

观音菩萨回答说:"唉,不是我贪多,确实忙得透不过气啊!"

"好,我倒要亲眼看看,究竟为什么忙不过来。"如来大佛说着,跟随观音菩萨进了宝殿。

宝殿前，弥勒佛袒胸挺肚，笑嘻嘻地斜靠着，闲得没事干，正"一五一十"地数着炉中的香火。宝殿内，十八罗汉懒散地分立两旁，有的搔胸挖耳朵孔，有的揉眼睛打呵欠，一个个都是闲得发慌的模样。

如来大佛看了，十分感慨地对观音菩萨说："真不该给了你一千只手。倘若你不改变这一班人的模样，就是给你一万只手，也无济于事啊！"

在生活中，有些家长就像千手观音菩萨一样，孩子自己的事也由大人亲自过问，忽视了对孩子自立自强的培养。他们凡事不放心，对孩子保护太多，不肯放手。这样就破坏了孩子自我意识的良好发展，使孩子缺乏独立性，直接影响了孩子适应社会的能力。

晚饭过后，优优一家三口到院子里打羽毛球。一到楼下，优优看到小球场上有一群同伴在打篮球，就把拍子交给妈妈，兴高采烈地跑去加入孩子们的行列。

只一会儿工夫，爸爸就听到孩子们的争吵声。因为离得远，根本听不清孩子们在争吵什么。爸爸注意到优优很激动地对着一个高他一头的男孩子连说带比划，一个劲儿地指着边线，那个男孩子嘴里也在嚷嚷什么，还抬手推了优优一把，一下子把优优推倒在地。

优优爸爸看到此，把球拍交给妻子，走到球场边，拨拉开人群，先把儿子扶起来，然后一把拉住带头打人的高个男孩，"你怎么动手打人？"见他一脸不屑的不服气，优优爸爸更来气了，"你是不是这个院子的？你的父母呢？得让他们好好管管你！"

因为优优爸爸的干预，孩子们不再争吵了。优优爸爸拉住儿子，"都打架吃亏了，咱不玩儿了，回家！"儿子嘟囔道："我们的事儿，谁要你来管？就是你让我玩儿我也不玩儿了！"

孩子们在一起玩耍时，难免会产生分歧，出现一些矛盾和摩擦，这是很正常的。做父母的有时会因为看到或是怕自己的孩子吃亏，而介入孩子们的矛盾或冲突中，充当调停者，希望通过这样的方式解决孩子的问题。殊不知，这样反而会使问题复杂化。

因为某个孩子父母的介入会使孩子觉得他们的尊严和自主权受到了侵害，对他们的自尊心和自信心是一种伤害。父母介入的孩子会因为在别人面前丢了面子，而对父母反感、不满；其他的孩子还会因此看不起他，使孩子之间的关系变得紧张。并且，总在父母庇护下的孩子，会对父母有依赖心理，在与他人的交往中缺乏主见和独立解决问题的能力，使其和同伴交往出现障碍，这对孩子的心理健康是极为不利的。

张国强的学习成绩一直非常好，从小学到高中，他总是名列前茅。每次考完试，他都会问老师："这次考试谁是第二？"因为他坚信，第一名肯定是属于他的。如此出众的他，深受老师和父母的称赞。

如此出众的学生，自然深得老师的称赞，父母的厚爱。为了张国强能够集中精力学习，父母可谓是操尽了心，除学习之外的任何事情，父母都会代替张国强去干：吃饭时，妈妈会及时地把饭端到张国强的手边；衣服脏了，当然也是妈妈的事；笔记本用没了，也是妈妈为他去买，他习惯了"饭来张口，衣来伸手"的生活，而且有时还为自己的这种生活而沾沾自喜。事实上，到了十七八岁，早应具备洗衣、做饭这些最基本的生活技能，但张国强和别的孩子不一样，他没有学得这些能力。

后来，张国强参加高考，他以全县第一，全省第二的优异成绩，考取了北京某名牌大学，那是他梦寐以求的学校。这一喜讯，给家里带来了前所未有的欢乐，亲朋好友们无不夸张国强聪明。同年的9月，张国强和其他刚入学的学生一样，无比兴奋地来到了首都北京。然而在大学生活开始不久，张国强就表现出了困惑，他不会买饭，不会洗衣，甚至常常找不到上课的教室,不知道该怎样和同学相处。虽然好心的同学也在不断地帮助张国强,但还是难以解决他的适应问题,这令张国强万分苦恼。无奈之际,他只好提出了休学,学校根据他入学以后的表现也同意了。

第二年的7月份,学校及时地寄去了复学通知。收到通知的张国强,没有丝毫的兴奋,反而产生了无比恐惧,他害怕再次离开父母,他担心自己依然不能适应学校的生活,在这种思想的驱使下,他便从6楼阳台跳下,结束了年轻的生命。

进入崭新的21世纪,我们每个人都应有较强的自主决定能力、自我判断能力,以确定在人生的不同阶段自己应该做的事情,这样才能使自己的才能得以充分发挥,并能牢牢掌握自己的命运,这就要求每个家长从小培养孩子独立的判断力及独立解决事情的能力。

对于每个孩子来说,他都有自己的世界,他有时遇到的事情是不需要大人干涉的。比如和朋友闹点矛盾,比如老师给他布置了课外实践的任务。这些事情他们自己能解决,父母就不要替他做了。

不少家长总是认为自己的孩子小,不具备自己解决困难或冲突的能力,实际上孩子是有解决困难的方法及策略的。所以,家长不要总去帮助孩子,应当放手让他们逐步学会自己处理事情,自己解决事情。这样,在他以后的人生路上,他会发现自己走得很轻松,知道如何去应对所遇到的一切。

总之,父母只有放心地撒开自己的双手,让孩子自己的事情自己解决,孩子的独立性才能得到锻炼。

2.创造机会,鼓励孩子自强自立

"百学须先立志"。古往今来,成就伟大事业的人,都是自立自强的人。自立就是要依靠自己的努力做事情;自强就是要能够战胜自己的弱点,克服困难、顽强拼搏。

一个1周岁左右的小男孩,被年轻的妈妈牵着小手来到公园的广场前,要上有十几个阶梯的台阶了。小男孩却挣脱开妈妈的手,他要自己爬上去。他用胖胖的小手向上爬,他的妈妈也没有抱他上去的意思。当爬上两个台阶时,他就感到台阶很高,回头瞅一眼妈妈,妈妈没有伸手去扶他的意思,只是眼睛里充满了慈爱和鼓励。小男孩又抬头向上瞅了瞅,他放弃了让妈妈抱的想法,还是手脚并用小心地向上爬。他爬得很吃力,小屁股抬得老高,小脸蛋也累得通红,那身娃娃服也被弄得都是土,小手也脏乎乎的,但他最终爬上去了。年轻的妈妈这才上前拍拍儿子身上的土,在那通红的小脸蛋上亲了一口。这个小男孩,就是后来成为美国第16届总统的林肯。他的母亲便是南希·汉克斯。

教育孩子必须坚持一个原则:孩子自己能做的事情,就让他自己去做,千万别替他去做。然而,在我们的身边,独生子女居多。对待孩子,家长们总是"含在嘴里怕化了,托在掌上怕摔了"。孩子是家里的小太阳,全家都围着他一个转。殊不知,对孩子过分宠爱,过度保护,过多照顾,生活上包办代替,给孩子穿衣、喂饭、整理玩具等等,是在剥夺孩子独立做事的机会,这将直接导致孩子缺乏独立性,生活能力低下,依赖性强,意志薄弱。如果让自己的孩子在这样的家庭环境下长大,不要说铸就天才了,只会培养出低能儿。

虽然父母为孩子做一切是出于对孩子的爱,但如何爱,一定要有智慧、有方法。孩子年龄较小,独立性是孩子自我发展的动力,是孩子全面发展的基点。一个孩子有了初步的独立性,去做力所能及的事情,爱动脑筋想问题,独立地从事一些活动,往往在身体、智力、情绪、性格、意志等方面发展较快、较好。如果家长过分"关心"、"保护",一切包办代替,孩子就会缺少锻炼的机会,进而影响他们各个方面的发展,日后造成能力低下、性格懦弱,智力发展也会受到阻碍。

婷婷是家里的独生女,妈妈总是把她的生活事无巨细安排得十分周到,但婷婷却对妈妈的劳动不屑一顾。她总是不耐烦地说:"妈妈,你烦不烦?我自己也能独自处理好自己的生活。"

妈妈想,那不妨创造一个机会,看看她到底行不行。于是,在一个周末,爸爸出差之后,妈妈留下了一张字条后也走了。字条上说:"外公病了,我需要去照顾他,所以,也许三天,也许一个星期,我不会在家,希望宝贝能照顾好自己。"妈妈走的时候想,看你怎么生活?离开妈妈,你是无法生活的,我要让你知道这个道理。

妈妈走后的第一天,婷婷尽情地玩耍,把房间搞得天翻地覆。第二天,她醒来一看,房子里乱糟糟的一片,不能再这样疯玩了,要好好安排一下,把房间打扫干净了再玩。

一个上午过去了,婷婷把房间打扫得干干净净,中午还照着菜谱给自己准备了午餐。

三天后,妈妈回来了,当她看到整洁的房间和女儿时,突然间觉得自己很无知,"原来,孩子是具备独立做事的能力的。看来,以后要多给孩子创造独立做事的机会。"

当然，孩子独立自主能力的获得也并不是一帆风顺的。对孩子来说，在他的发展道路上每前进一步都是要付出代价的，家长也要有足够的耐心。

自立与自强总是结合在一起的。自强，意味着自力更生、奋发图强；自立，意味着在困难面前知难而进、顽强拼搏。美国的学生中有句这样的口号："要花钱自己挣！"也是这个意思。

一个人做什么事情都不要想着依靠别人，依靠别人的人长大以后是没有出息的。靠自己的双脚走出人生之路，靠自己的双手创造美好生活的人，不仅会拥有美好的生活，还会受到人们的尊重。

为了让我们的孩子有教养，就要从培养孩子的自立能力做起，让我们的孩子自强起来。爱孩子，是人类共同的情感。为了让孩子在失败面前不退却，在胜利面前更积极进取，在孩子很小的时候父母就应该对他进行培养了。

(1)带孩子参加社交活动的时候，要将孩子介绍给他人。让孩子感受到自己是独立的个体，能够启发他们产生自立的意识。

(2)给孩子安排一定的家务。每个孩子都有自己做事情的欲望，父母可以给孩子安排一些家务，赋予他们一定的责任。

(3)让孩子自己解决问题。例如，孩子有一个自己的书柜，并让他自己管理。

(4)让孩子独立思考。比如，当孩子有了问题的时候，父母可以说出一个不完整的答案，接着再让孩子自己动脑筋，得出圆满的答案。这样，在不知不觉之中，孩子就养成了"独立思考"的能力。

自立就是靠自己劳动来创造生活，不依赖别人；自强就是不安于现状，勤奋进取，依靠自己的努力不断地向上。一个事事依赖别人的人，必然会无所作为。靠自己的劳动创造生活的人，一定会受到人们的尊重。要让孩子学会自己安排自己的学习生活。

3.激发孩子的应变能力

应变能力是一个孩子必不可少的一种潜在能力,人生在世,挫折和突如其来的事件谁都无法预料。孩子在以后的人生中同样也要面对很多措手不及的事情,如果他们不具备较强的应变能力,就可能被未来的社会淘汰。只有一个具有应变能力的孩子才能够坦然地面对生活中的挫折;才能够不畏风雨地打造自己的天空;才能够在未来的人生道路上走得矫健。

司马光是北宋时期非常有名的政治家和史学家,是史学大典《资治通鉴》的主编。司马光自幼聪颖过人,素有机敏好学之美名,七岁能熟诵《左传》,盖为一时之神童。之于孩子们而言,司马光更为著名的是其七岁砸缸救人的故事。

某次,小司马跟小伙伴们在后院里玩耍。院子里有一口大水缸,有个小孩爬到缸沿上玩,一不小心,掉到缸里。缸大水深,眼看那孩子快要没顶了。别的孩子们一见出了事,吓得边哭边喊,跑到外面向大人求救。司马光却急中生智,从地上捡起一块大石头,使劲向水缸砸去,"砰!"水缸破了,缸里的水流了出来,被淹在水里的小孩也得救了。这就是流传至今"司马光砸缸"的故事。

看了这则故事,大多家长会唏嘘感慨。感慨小司马的沉着冷静,感叹小司马的临机应变能力。在家长们的眼里,大约都希望自己的孩子能有小司马之素质。但同时,在一些家长眼里,可能会认为,多数孩子很难具备司马光的沉着冷静,更难具备其良好临机应变能力。

在美国的一个杂志上曾经看在了这样一则报道，一个年仅5岁的小女孩面对窗外凛冽的寒风，面对临产的母亲，她居然用自己的双手为母亲成功地接生了弟弟。面对这样窘迫的环境，在这样紧急的情况下，5岁的小孩子没有慌乱，没有紧张，而是灵活多变，理性地帮助了自己的母亲。

在孩子小的时候，很多父母总是过分地溺爱孩子，什么事情都采取包办的形式。殊不知，总有一天孩子要踏入社会，要独立行走，就像中国有句话说的一样"翅膀硬了，就要飞走了"。作为父母，都希望儿女能够有能力应对未来生活的多变，都希望儿女能够在纷繁复杂的社会中健康成长。那么父母就应该在孩子小的时候培养他们的应急能力。只有这样，他们才能在遇到紧急事件的时候，在最短时间内想出有效的方法。

(1)用"假设"激发孩子的应变能力

孩子小的时候，自然不会遇到多么棘手的问题，即使遇到了，父母为了孩子安全考虑，也会帮孩子去解决。但是，作为父母，要培养孩子的应变能力，那么应该怎么办呢？其实，对于这个问题家长朋友不必太担心，在日常生活中，家长可以通过给孩子假设不同的场景，来教孩子如何应对紧急的情况，以提升孩子的应变能力。

在工作之余或者假期的时候，父母应该多陪陪孩子，在这个过程中，并不是要求家长领着孩子去进行消费，用物质来表达父母对孩子的爱。之所以让家长多陪陪孩子，旨在要家长朋友陪孩子聊聊天，假设一些紧急的场景。

比如，当爸爸妈妈不在家的时候，突然有陌生人来敲门，孩子应该怎么做？当爸爸妈妈都不在，家中的爷爷突然生病了，孩子应该怎么做？当家中的天然气漏气了，孩子应该怎么做？在路上走路的时候，突然有陌生人跟着自己,孩子又应该怎么做?当家里停电的时候,孩子应该怎么做?做饭的时候,锅里着火了,孩子应该怎么办?这些都是日常生活中遇到的紧急情况,父母可以通过这样的假设,加上说教和引导,让孩子知道,无论遇到什么样的情况,首先要让自己冷静,而不能慌了手脚。

(2)教你的孩子学会"反弹琵琶"

应变能力离不开一个"变"字,在培养孩子的时候,同样也要教他们在一定的情况下学会变通。

浩浩是个非常聪明的孩子,老师和爸爸妈妈都非常喜欢他,他不仅学习成绩好,而且还非常懂事。有一次,浩浩再次获得了全校第一名,老师在上课的时候夸奖了他,但是老师的夸奖让班里的小杰看不惯了。

下课后,小杰就叫上自己的哥哥找到了浩浩,小杰的哥哥凶神恶煞一般地说:"你确实很聪明,但我想说的是,小时候聪明,长大后就不一定聪明。"这时候,浩浩很冷静地说了一句:"看来,哥哥你小时候一定非常聪明吧。"这句话让小杰兄弟俩哑口无言。

在这里,浩浩用的就是"反弹琵琶",很巧妙地用别人的问话反制其人,可谓是出奇制胜。每个孩子都可以具备这样的应变能力,只要父母在生活中教孩子善用语言,掌握说话的技巧。

(3)预防孩子成为"小滑头"

父母都希望孩子成为一个应变能力很强的人,所以在孩子小的时候,很多父母就开始对孩子进行"应变"的培养。但是,父母在培养孩子应变能力的时候,一定给孩子明确,应变能力是用来应对生活中一些紧急情况的,不可以让他们运用自身的应变能力去做不道德的事情,也不是让他们成为"小滑头",让人难以捉摸。

在这个时候,最重要的一点就是,父母在培养孩子应变能力的时候,首先要教他们如何做人。只有在懂得做人的前提下培育出的孩子才是最为优秀的,才是每一个父母所期盼的,才是将来社会上的佼佼者,才是未来社会的主宰者。

4.让孩子拥有选择的权利

人的一生,也就是选择的一生。在我们短暂而又漫长的一生中,无时无刻不处于选择或被选择的状态中。

20世纪最伟大的哲学家萨特说过一句富有哲理的话,他说:"人有选择的自由,但是人没有不选择的自由。"这大师的话道出了这样一个真理:人生处处有选择。

选择是一种能力,这种能力应该从小培养。在人生的十字路口,谁能够理性地作出选择,谁就掌握了人生的命运。

名震世界的男高音歌唱家帕瓦罗蒂,就是因正确的人生选择而极大地向人们展示了他歌唱方面的才华。

帕瓦罗蒂1935年出生在意大利的一个面包师家庭。他的父亲是个歌剧爱好者,他常把卡鲁索、吉利、佩尔蒂莱的唱片带回家来听,耳濡目染,帕瓦罗蒂也喜欢上了唱歌。

小时候的帕瓦罗蒂就显示出了唱歌的天赋。

长大后的帕瓦罗蒂依然喜欢唱歌,但是他更喜欢孩子,并希望成为一名教师。于是,他考上了一所师范学校。在师范学习期间,一位名叫阿利戈·波拉的专业歌手收帕瓦罗蒂为学生。

临近毕业的时候，帕瓦罗蒂问父亲："我应该怎么选择？是当教师呢，还是成为一个歌唱家？"他的父亲这样回答："卢西亚诺，如果你想同时坐两把椅子，你只会掉到两个椅子之间的地上。在生活中，你应该选定一把椅子。"

听了父亲的话，帕瓦罗蒂选择了教师这把椅子。不幸的是，初执教鞭的帕瓦罗蒂因为缺乏经验而没有权威。学生们就利用这点捣乱，最终他只好离开了学校。于是，帕瓦罗蒂又选择了另一把椅子——唱歌。

十七岁时，帕瓦罗蒂的父亲介绍他到"罗西尼"合唱团，他开始随合唱团在各地举行音乐会。他经常在免费音乐会上演唱，希望能引起某个经纪人的注意。

可是，近七年的时间过去了，他还是无名小辈。眼看着周围的朋友们都找到了适合自己的位置，也都结了婚，而自己还没有养家糊口的能力，帕瓦罗蒂苦恼极了。偏偏在这个时候，他的声带上长了个小结。在菲拉拉举行的一场音乐会上，他就好像脖子被掐住的男中音，被满场的倒彩声轰下台。

失败让他产生了放弃的念头。

这时冷静下来的帕瓦罗蒂想起了父亲的话，于是他坚持了下来。几个月后，帕瓦罗蒂在一场歌剧比赛中崭露头角，被选中于1961年4月29日在雷焦埃米利亚市剧院演唱著名歌剧《波希米亚人》，这是帕瓦罗蒂首次演唱歌剧。演出结束后，帕瓦罗蒂赢得了观众雷鸣般的掌声。

第二年，帕瓦罗蒂应邀去澳大利亚演出及录制唱片。1967年，他被著名指挥大师卡拉扬挑选为威尔第《安魂曲》的男高音独唱者。

从此，帕瓦罗蒂的声名节节上升，成为活跃于国际歌剧舞台上的最佳男高音。

当一位记者问帕瓦罗蒂成功的秘诀时，他说："我的成功在于我在不断的选择中选对了自己施展才华的方向，我觉得一个人如何去体现他的才华,就在于他要选对人生奋斗的方向。"

孩子的成长过程是一个不断发展变化的过程。在孩子的成长道路上,会遇到许多十字路口,随时都要面临选择。自主选择是一种能力。家长要注意孩子这种能力的培养,它是建立在对自己负责的基础上的。尽管有的孩子年龄尚小,但也有自己独立的人格,孩子们的事应该由他们自己作出决定。如果家长能够把选择的权利交给孩子,尊重孩子的选择,孩子就会对自己负责。

很多父母都习惯于自作主张,即把自己的意识强加给孩子。因此,在父母的意识中,乖孩子就等于顺从父母的孩子。从父母这方面来说,是比较有经验,但是如果父母一味地把自己的想法强加给孩子,那么就是对孩子的一种不尊重,遗憾的是很多父母并没有认识到这一点。

孩子的意见如果一再被父母所否定,那么就会影响孩子的自信心和责任心,所以为了孩子能够健康成长,父母一定要把选择权交给孩子。

2003年北京市高考理科状元高雅考上了北大。但是,她在进入北大之前却经历过一段戏剧化的学习生涯。

高雅从小数学成绩很好,先是考上了奥林匹克学校。进入奥校后,她迷上了武侠小说,因此受到了老师的批评。一气之下她要退学。

在遇到这种重大问题时,妈妈不替女儿做主,而是让女儿自己决定。她对高雅说:"你可想好了,这可是你自己辛辛苦苦考进去的,你想好了不学,可以不学。"高雅就真的自己做主退学了。

退学后,高雅更加迷恋武侠小说,就连上数学课也看,结果成绩退步了。妈妈找高雅谈话:"你打算将来怎么发展呢?"高雅志向坚定地说:"我将来要考北大附中。"妈妈说:"你要上北大附中,这是一个很好的志向选择,但是上北大附中,数学不好是不行的。现在,你只有进了数学奥校,才有可能考上北大附中。"高雅想了想说:"那我就再考进奥校吧。"果然,高雅通过自己的努力又考入了奥校,以后又考上了北大附中,最终考入了北大。

在高雅做这些选择的过程中,妈妈一点都没有干涉过她,所有的决定都是她自己做的。但是,妈妈却在这个过程当中帮助高雅正确认识了自己,认识了自己的优势和劣势,从而使高雅更好地做出了选择。

每个孩子都有自己的梦想,当孩子树立了远大的志向之后,家长应当尊重他们的选择,不应横加干涉,更不要把自己的意愿强加给他们。相反,应鼓励、帮助、引导他们为实现自己的理想而努力奋斗。

在孩子自主选择的问题上,父母要懂得倾听孩子的心声,并尊重孩子的想法,让孩子做出选择,但要给孩子提出合理的建议并加以指导。父母可以试着了解孩子作出选择的依据和动机,可以把自己的经验和想法告诉他们,如果孩子的选择确实存在问题,也可以和他们一起来商讨解决。

卡茨是德国著名的生理医学家。1970年,因在神经和肌肉研究领域,特别是神经肌肉传递的物理——化学机制方面所取得的成就,获得诺贝尔生理学及医学奖。

卡茨小时候很聪明,也很好奇,对很多事物都感兴趣。一旦感兴趣了,就全身心地投入进去,不争个高低决不罢休。他还善于动脑,会找窍门。比如,在做游戏时,伙伴们往往按部就班地忙碌,而他却总是第一个找到窍门,然后轻松取胜。

然而,在上中学时,他却遇到了一个不能轻易取胜的对手。那时,卡茨正在学习国际象棋,而他的同桌刚好是国际象棋的高手,结果屡战屡败。这对一向以胜利者出名的卡茨来说,是难以接受的。他下决心要战胜对手。

开始时,卡茨凭着自己的聪明和努力,下得越来越好。两人一到下课时间就摆开战场"厮杀",下得难解难分。有时,下得连上课都不知道了。有时即使坐在课堂上,脑子里装的还是下棋,时刻都在盘算着棋路,制订自己的对策。后来,他甚至一放学就跑到茶馆去下棋,既不做作业,也不复习功课。久而久之,沉迷其中难以自拔了。

老师发现卡茨的学习成绩不断下降后,经过进一步的了解,终于弄清了原因。学校把这个情况迅速通报给了卡茨的父亲。父亲把小卡茨叫到自己的房间,平静地问道:"你很喜欢下棋是吗?"小卡茨担心父亲会责骂他,但父亲却和颜悦色地对他说话,这使他放下心来,点了点头。"这是不是说明,你不再喜欢读书了?"父亲又问。"不,我当然喜欢读书。爸爸,这个你是知道的。"小卡茨争辩道。是啊,卡茨从小就热爱读书,并从知识的海洋里获取了无穷的乐趣,还打算将来当科学家呢。他怎么会不喜欢读书呢?"可是,人的精力和时间都是有限的。一个人只能同时做好一件事;要想把两件事都做好,是很难的。你很喜欢下棋,想把棋下好,却把学习的时间浪费掉了。到头来,学习没跟上去,棋也未必下得好,这不是两败俱伤的事情吗?"小卡茨眨了眨眼睛,若有所思地点点头。父亲严肃说道:"所以,我今天叫你来,就是告诉你要做一个决定,就是打算把精力和时间到底放在什么地方,是放在读书上面,还是放在下棋上面?现在就请你自己做出选择。不过,我提醒你,一旦选择了,你就必须努力做好,并且彻底忘掉已经放弃的东西。"

小卡茨犹豫了半天,终于恋恋不舍地把象棋收进箱子里锁起来,决定专心读书了。不久,他的学习成绩就恢复了最好的状态。

从小培养孩子学会选择,学会承担责任,那么当他有一天长大成人时,他就能够很从容地面对生活,知道自己需要什么,知道怎么去选择适合自己的东西。

5.引导孩子在失败中成长

虽然说"失败是成功之母",但是人人都想获得成功,不愿承认失败。事实上,失败也有它的价值,对于孩子们来说更是如此。只要父母正确引导,孩子也可以在失败中成长。

王岚是六年级的学生,她不仅漂亮,学习也很好,每次考试都是全年级的前三名。一次老师告诉王岚区里要进行各校之间的比赛,学校选派她去参加。

王岚很兴奋但也有点紧张,老师和爸爸妈妈都鼓励她,说只要是发挥正常,拿名次没有问题。

考试那天,王岚看到操场上站满了各个学校的老师、领导还有家长,他们不停地给即将参加比赛的孩子在说着要求。她一下子就紧张起来,汗也出来了,感觉心里都在发抖,结果在考试比赛中,王岚发挥失常了,不但没有拿到名次,还被远远地甩到了50名之后。她哭得很伤心,甚至不敢去上学。

爸爸领着王岚去郊外散心,路上给她讲了许多成功成名的科学家、残疾人面对失败和挑战自强不息的故事,鼓励王岚向他们学习,相信自己。爸爸告诉她,在人生成长的道路上,失败是很正常的,没有人不经过失败而百战百胜,关键是有智慧的人会利用失败,接受挑战,迎来下一次的成功。

很快,王岚就从这次失败中站了起来,不再计较一两次的考试失利,在后来的升学考试中,终于以第一名的成绩考入了自己理想的学校。

做父母的,往往是望子成龙、望女成凤,一门心思扑在孩子身上,天天在孩子耳边念叨:成绩要好呀,要努力呀,不能掉队呀。一到考试或者比赛的时候,更是比孩子还着急,不厌其烦地嘱咐孩子一定要考好,不许失败。

这样的心情可以理解,但真的对孩子有害无益。没有谁能事事成功的,也不是任何事一次就能做好的。孩子只是孩子,他没有生活的阅历与经验,他还处在人生中最初摸索的阶段,他有权利失败。

现代社会是个竞争激烈的社会,孩子要想在风浪尖上站稳,就必须具备抗拒风浪的能力,也就是抗挫折的能力。家长的过分保护,不是爱孩子,而恰恰是害了孩子。只有经历挫折,才能培育出孩子坚强的意志和克服困难的毅力,提高其对周围环境的适应能力。

在现代家庭教育中,父母要学会放手,让孩子自己来体验生活中的酸甜苦辣,让他们学会正视挫折。

(1)用平常心面对失败

要让孩子意识到,每个人在生活中都会遇到困难,挫折是件非常正常的事。同时,还要让孩子了解失败不等于错误,没犯错误不等于就不会失败。使孩子从心理上做好应对挫折的准备。

父母可以经常给孩子讲一些名人成功前的挫折经历故事,或自己小时候历经挫折的故事,让孩子懂得生活中随时都可能遇到挫折,挫折是生活中的"常客",没什么大不了的,只要勇于面对就能取得成功。

(2)用锻炼来面对挫折

输得起,是一种能力,需要培养和锻炼。针对孩子的年龄及性格特点,父母可以设计一些挫折游戏,提高孩子抗挫折的能力。鼓励孩子参加学校组织的各种比赛,在不断地体验成功和失败中孩子会逐渐养成胜不骄、败不馁的优秀品质,还能培养孩子不怯场的能力,为孩子将来的发展大有好处。

(3)用鼓励来面对自己

让孩子学会自我激励,要相信:没有人每次都能拿第一,我们只期望下次会更好。

(4)用教训来面对明天

没有必要太看重成败,但是无视失败也未必是件好事。失败的另一个价值就是让我们从中找出成功的答案。

(5)用指导来面对成功

培养孩子抗挫折的能力,根本目的是让孩子在挫折中站起来,不被失败所吓退,勇敢地去拼搏,取得成功。光给孩子讲大道理,在精神上鼓励孩子还不够,还应给孩子有效的指导。技能的精湛,是成功的基础,这是永恒的真理。

当孩子遭受挫折后,不应当是单纯地容忍,而是应该勇敢地面对,树立信心,保持希望,用积极的心态主动出击。这样,孩子会在成长过程中慢慢接受挫折教育的精髓,拥有面对逆境的勇气。

6.培养孩子的勇敢精神

在现实生活中,有些孩子胆小怕事,缺少勇敢精神。一个很重要的原因,就是家长对孩子过于溺爱,"初生牛犊不怕虎",孩子很小的时候是不知道害怕的,但是由于很多家长对子女过于关注,担心孩子受委屈、受伤害,当孩子面临小小的困难或考验时马上就把孩子置于"保护伞"下,剥夺了孩子锻炼勇敢品质的机会,长此以往,就造成孩子胆小怕事的个性,以致长大后都很难纠正。

陈鹤琴是浙江上虞人，年轻时曾留学美国。回国后在南京等地长期从事教育工作。1925年，他撰写了《家庭教育》一书。此书一问世，就引起轰动，再版近20次。陈鹤琴不只是家庭教育的理论家，也是家庭教育的实践家。他非常重视对孩子勇敢精神的培养。

陈鹤琴在《家庭教育》一书中写道："要做一个现代中国人，第一条件是要有健全的身体。身体的好坏，对于一个人一生的生活、事业及其抱负都有极大的影响。"他从少到老一贯重视体育锻炼，并以自身为榜样来影响子女。

陈鹤琴认为，不只要培养孩子健康的体魄，还应培养孩子勇敢的心理。他常对一鸣、一飞说："堂堂男子汉，一身都是胆。"

而在培养孩子勇敢的心理方面，他十分讲究教育的艺术，使孩子从胆小变得胆大。一鸣三四岁的时候，每逢炎热的夏天，乌云密布、雷电交加都使他有点儿害怕。这时，爸爸就带他到房间外的露台上，用手指着乌黑的云层对他说："那一片乌云多么像一只狗呀，看得出吗？前头是狗的脑袋，后头是狗的尾巴。"又指着闪电说："这闪电像一条白带，雪亮的，多好看！"一鸣被逗乐了，他也伸着小手，对天空指指点点，从此渐渐对雷鸣电闪不怕了。

有一次，陈鹤琴带一鸣到草地上玩耍。父子俩一道兴致勃勃观赏花草，识别昆虫。突然，一只大癞蛤蟆跳了出来，跳到了一鸣的跟前。一鸣从未见过这么大的癞蛤蟆，害怕得双脚往后挪动。陈鹤琴忙说："一鸣，别怕。你看爸爸来逗它。"说着，他从地上拾起一根细枝条，轻轻地去撩压那只癞蛤蟆，说："癞蛤蟆兄弟，你好吗？你也来同我们一道游戏吧！"一鸣看见爸爸与它"对话"，感到新鲜有趣，便从爸爸手里接过细枝条，也去撩压那只癞蛤蟆。小一鸣原来恐惧的心理消除了。

为培养孩子的勇敢精神,家长应进行如下方面的努力:

(1)不要溺爱孩子

在爬一个小坡时,福特显得胆子很小,他一步一回头,不停地看着爸爸,很想让爸爸把他抱上去,爸爸似乎有意要锻炼他一下,并不看他,只是不停地向上爬着。因为爸爸知道,虽然是第一次爬坡,可小福特是可以爬上去的,这是锻炼孩子胆量与技巧的一个绝好机会。可妈妈却非常担心,她怕小福特摔下来,又怕他磨破细嫩的小手。母亲一会儿看看孩子,一会儿担心地嘱咐他一声,一会儿又喊前面的爸爸慢些,福特最终胆怯了,不肯再往上爬,后来还是由父亲抱上去,没有达到试试爬高的愿望。本来孩子是可以胜任的,如果妈妈不是提心吊胆地在那里显出可怕的样子,福特是可以爬上去的,这是一次孩子自己认识自己能力的机会,可是这个机会被妈妈善意地破坏了。

如果溺爱孩子,不给他锻炼的机会,他就无法变得勇敢坚强。

(2)通过适当的活动使孩子变得勇敢

让孩子多进行户外活动,如爬山、跳跃、蒙眼前进等,鼓励孩子参加体育活动,在活动中有意加入一些碰撞性活动,使孩子在活动中学会保护自己,又能争取胜利。

(3)用英雄的精神鼓舞孩子

给孩子讲故事,让孩子从故事里的人物身上学习勇敢精神,当图书中或影视节目中出现勇敢人物时,家长就表示赞叹和钦佩,但这时不要直接要求孩子向他们学习什么,而让孩子从成人的赞叹和钦佩中领会积极的东西。

(4)给孩子树立好榜样

为了培养孩子的胆量,做父母的要言传身教。父母不要动不动就将害怕挂在嘴上,特别是不要与某些特定的环境联系起来。如在黑暗中,在与孩子独处时,此时若表现出害怕心理,孩子就会认为这种环境是可怕的,是孤立无援的。受这种影响的孩子常常会在走向社会或求职或更换工作时产生恐惧心理,一个好机会就有可能从指缝中溜掉。

(5)让孩子在竞争中锻炼

我们今天生存的社会,处处存在着竞争,孩子们的生存环境也不例外。所以,父母必须让孩子从小学会竞争,适应竞争。激励孩子努力学习,刻苦钻研,学好本领,成为生活的强者,为自己将来终身参与社会竞争打下坚实的基础。当然,在竞争中不可能次次都能成功,失败是一个人成才的必由之路。怎么面对竞争中的失败,这取决于你是否具备坚强的品质。只有具备坚强品质的人,在失败面前才不气馁、不灰心、不屈服、不倒退,认真分析失败的原因,及时改变应采取的策略和方法,用自己的能力和智慧去迎接新的挑战。这样,才能使自己自立、自信、自强的优秀品质在艰苦的磨炼中得到提高。

7.挫折教育,孩子成才的捷径

民间有谚:"穷人的孩子早当家。"生活是一本最好的教科书,家境贫寒的孩子因为各种原因很早就开始阅读这本书,这本书除了教给他们必要的生存技能之外,还让了他们认识到生活的能力,这些都是课堂上根本学不到的东西。

所以,清朝中兴名臣曾国藩在给儿子的信中说:"凡世家子弟,衣食起居无一不与寒士相同,庶可以成大器;若沾染富贵气习,则难望有成。

吾忝为将相,而所有衣服不值三百金,愿尔等常守此俭朴之风,亦惜福之道也。"正是曾国藩严苛的家教,才使自己的子女免为纨绔子弟,个个都有成就。

洗衣做饭,砍柴插秧,照顾病床上的爸爸和奶奶,这是福建省连江官坂镇下濂村11岁男孩陈财东一天的主要生活。即便是暑假期间,他也是每天早上6点就起床。

陈财东的父亲多年前因病瘫痪在床上,几年后妈妈不辞而别,奶奶患有心脏病、高血压等多种疾病,天天药不离身。陈财东从5岁开始就做家务,并且成了家中的顶梁柱。由于营养不良,他长得十分瘦小,洗碗够不着灶台,他就搬来小凳子;因爸爸腿脚不方便,他端水送饭,为爸爸擦洗身子,倒大小便,刷马桶;家里的自来水停水了,他就到村里的古井去提水,提不动就一次提小半桶。如今,扫地、洗衣、买菜、劈柴,他样样在行。

7岁的新疆女孩黄豆豆,非常喜欢跳舞,但自己的父亲收入不稳定,没办法给自己交跳舞需要的学费,只好自己在一家火锅店做表演挣钱,小小年纪已经如此懂事。

读完这两个事例,再想一想:我们身边同龄的孩子在做什么?他们每天在父母的静心呵护下成长,吃饭怕烫着,走路怕摔着,出门怕碰着,稍有点头疼脑热,全家都忙得团团转。他们的生活里根本就没有"家务"这个词,又怎么可能会做家务呢?

那些经济条件不好的父母不是不疼爱自己的孩子,而是在生活的逼迫下,他们只能"舍得"用孩子,让孩子在生活的洗礼下,自然而然地学会了很多生活的技能。慢慢地,他们就成为了生活的主人,而那段苦不堪言的生活反而成了他们今后人生最大的财富。

一名学生家庭条件优越，学习不努力，作业也不写，平日里讲吃讲穿，总是向家里伸手要钱，家长来学校哭诉了无数次，老师找他谈了多次话，但是都无效！每天总是一副纨绔子弟的样子。

命运无常，这个孩子家里生意亏损，将所有家当几乎赔个精光，还欠下银行很多贷款，家境一落千丈。孩子的母亲每次来看孩子都是一脸的憔悴，每次都是哭着走的……也许是家庭的急剧变化，看到父母生活的艰难，这个孩子发生了翻天覆地的变化：神情不再高傲，语言不再放肆，行动不再鲁莽，并且开始努力学习了，上课认真听讲，课后作业及时完成，不会的问题主动找老师请教。一段时间后，成了老师家长眼中的"三好学生"。

看完这个故事，我们不由感叹，生活是最好的老师。在艰难的生活中，孩子能够体悟到很多的东西，这些亲身感悟的人生经验，为他们今后的生活铺平了道路。

回顾人类发展的历史，我们不难发现，很多成功者有着"不幸"的童年。牛顿、易卜生、史蒂文逊、安徒生、卓别林、齐白石、冯如等，无一不是幼年穷苦，甚至流落街头，然而这些伟大人物的艰苦童年并没有成为他们的绊脚石，反而磨炼了他们坚强的意志，成为他们未来的成功资本。每当他们回忆起当年的艰辛时，没有痛苦和酸楚，反而充满感激和欣慰，这是一笔多么宝贵的生活财富呀！所以孟子说："天将降大任于斯人也，必先苦其心志，劳其筋骨，饿其体肤，空乏其身，行拂乱其所为，所以动心忍性，曾益其所不能。"

"有钱难买幼时贫"，这是美学大师朱光潜的至理名言，语句中饱含哲理。没有人生来就喜欢贫穷，可是正是因为家境贫穷，孩子便没有被娇惯的可能。孩子因为没有依靠，所以只能靠自己勇敢地面对生活，接触社会,提高自己的生存能力,结果反而激发自身的潜能,最终取得了别人达不到的成就。

世界球王贝利喜得贵子,有记者向他祝贺:"看他长得多壮,今后会成为像你一样的体育明星。"贝利不假思索地答道:"他有可能成为一位优秀运动员,但绝不会有我这样成功,因为他很富有,缺乏先天竞争意识,而我小时候却非常贫穷。"

贝利总结出的道理确实是真知灼见。一个人小时候生活在富裕、舒适、被家人宠爱的环境里是一种幸福,但往往对其成才十分不利。

家境贫寒的孩子也许没有条件接受良好的教育,但生活是一本沉甸甸的书,给了他们无穷的财富。家境贫寒的孩子面对生活的各种窘境是没有退路的,所以他们的内心有改变自我的渴望、超越自我的勇气。正是这种强烈的渴望使很多家境贫寒的孩子,在自己的人生道路上创造了成功的奇迹。

让孩子经历一些挫折,就像我们打预防针应对和适应细菌与病毒一样,会使孩子产生应对和适应挫折的免疫力。这也是家境贫寒的孩子比别的孩子成长得快、懂得人情世故早的重要原因。

现在多是独生子女,生活状况普遍比较优越。我们让孩子回到吃不饱、穿不暖的艰苦时代是不可能的,可是我们可以有意识地让孩子经受一些磨炼,遭受一点挫折,有一些忧虑,受一些批评甚至委屈,这样的孩子才能成才。

第六章

财商——孩子一辈子的保障

1.测试孩子的财商

"财商"是指一个人判断金钱的敏锐性,以及对什么能形成财富的理解。现代经济是货币经济,钱起着至关重要的作用,钱与每个人休戚相关。由于受传统的"重义轻利"思想的影响,长期以来,学校教育中对钱的教育基本上是回避的,甚至把"钱"与"义"、"信"放在对立的位置上。家庭经济是市场经济发展的一个重要根源,而孩子在家庭经济中扮演着重要的角色,三口之家中,孩子的消费基本决定了家庭消费的方向。

长期以来,我们对青少年的理财教育基本处于停滞状态,青少年的理财知识可以说是一片空白。据一项调查显示,上海有92.8%的青少年存在着乱消费、高消费、理财能力差的问题,具体表现在花钱方面大手大脚、盲目攀比、消费呈成人化趋势;93%的中学生缺乏现代城市生活能力的基本常识、金融常识,不清楚银行自动柜员机、银行信用卡的服务功能。虽然不少中学生都在银行有独立的账户,但大多数账户还是由父母直接管理,孩子们对存钱、取钱、利息计算等没有直接认识。

现在,我们通过下面这个小测试,来看看你家宝贝是否已经拥有初步的理财知识。

1.你是否觉得需要有一个人来告诉你,该怎么花钱?

A.是　B.不是　C.不知道

2.当手中有1000元钱的时候,是否为这1000元的用途作过详细计划?

A.是　B.不是　C.偶尔

3.与父母一起去饭馆时,是否想过自己付账单?

A.是　B.不是　C.偶尔

4.上小学时,是否从事过推销糖果或其他类似的商业活动?

A.是　B.不是　C.偶尔

5.有没有想过父母的钱是怎么来的?

A.有　B.没有　C.偶尔

6.是否有过向父母借钱的想法?

A.是　B.不是　C.偶尔

7.有没有自愿地给希望工程捐过款?

A.有　B.没有　C.偶尔

8.如果口袋里有10元钱,你一般会在多长时间里花掉?

A.一个星期　B.三天　C.一天

9.春节所得的压岁钱,你通常是怎么处理的?

A.存银行里　B.立即花掉　C.花掉一部分

10.通常情况下,你会自愿地参加家庭劳动吗?

A.是　B.不是　C.偶尔

说明:

选A得3分。

选B得1分。

选C得2分。

专家分析:

20~30分:已经有较多的理财基本知识,能够明白一些理财的简单概念,对钱的价值有了初步认识。懂得花钱的计划性和了解钱的产生过程。有一些服务的基本概念,知道储蓄的必要性。而且,有一定的实践经历,并在实践中强化了自己的理财知识。

16~24分:理财知识一般,虽然不是一无所知,但也并非懂得很多。能大致知道工作才能得到钱,知道钱能买东西。花钱偶尔有一定的计划性。偶尔有一些实践经历,但体会往往不深,因此,有必要进行更深入的理财知识启蒙。

10~15分:不明白钱从何处得来,也不知道钱的价值。花钱总是处于一种盲目的状态,无任何的计划性。不知道借贷等概念,对储蓄等流程一无所知。实践上,没有任何经历,所以也不可能有切身体会。总之,理财知识非常缺乏,急需加强这方面的教育。

结果怎么样?你家的宝贝得了多少分呢?如果是10~15分的话,也不要沮丧,世界财商激励专家戴维·舒尔茨说过:"财务教育的最佳时机就是在孩子们最渴望学习的时候(5~14岁)。如果他们小的时候懂得了一些财务知识,他们长大之后就会自然而然地形成好的财务和投资习惯。"所以,一切都来得及。理财教育,3岁不早,60岁不晚。

大部分父母觉得孩子只要学习好,其他事情都可以商量甚至放纵,其中包括孩子的一切花费,全由父亲或母亲代为处理,或是孩子要多少钱就给多少钱,没有一点在金钱使用上的指导。如此一来,孩子对于钱的多少根本没有概念,甚至进入社会初期还是如此;或者因为大手大脚惯了,对于挣钱的辛苦无法理解,进而可能因此影响自己的择业观和人生观。

我们来看看哈佛大学对财商的定义:财商是指一个人在财务方面的

智力和能力,是理财的智慧。财商可以通过后天的专门训练和学习得以改变,改变你的财商,可以相应地改变你的财务状况。财商是一个人最现实需要的能力,也是最被人们忽略的能力。可以想见,一个漠视财商的人,一定是一个现实感很差的人。财商包括两个方面的能力:一是正确认识金钱,以及金钱规律的能力;二是正确应用金钱,以及金钱规律的能力。财商常常被人们需要,也往往被人们忽略。财商不是孤立的,而是与人的其他智慧和能力密切联系的。

2.理财宜早不宜迟

西方教育专家认为,儿童应从3岁开始进行经济意识教育,主要教理财知识。研究表明:儿童在3岁时就应辨认钱币,认识币值、纸币和硬币。到12岁时就应懂得珍惜钱,知道来之不易,有节约观念。

有一位教育工作者对如何培养好孩子们的理财能力做了一个实验:

这位老师叫了几个同事的小孩儿,将他们分为三组:

甲组是一个大约2岁的孩子。老师左手拿着5毛钱纸币,右手拿着一张同5毛钱纸币大小相同颜色相似的卡片,同时递给孩子,叫她自己去买糖吃。孩子看了看,犹豫了一会儿,还是选定了左手的纸币。

乙组是一个3岁多的孩子。老师左手拿着5毛钱纸币,右手拿着5元钱纸币,让孩子去选择。孩子毫不犹豫把右手的那5元钱抢跑了。

丙组由刚才那两个小孩儿和一个大约5岁的男孩儿组成。老师叫他们站成一排,他分别给每个人3个印刷有五角字样的啤酒瓶盖,两个稍小的小孩儿都把瓶盖扔了,只有5岁的小孩儿要了瓶盖。

从例子甲组可以看出:小孩子非常聪明,能认识什么是钱,他看到父母们用什么能够换回他爱吃的水果,而用别的东西是不能换的。

他或许曾经尝试过,有时被大人哄骗了,没有意识地分清哪种纸是钱,哪种纸不是钱。结果在后来接钱时都会区分清楚。

从例子乙组可以看出:3岁的小孩儿就能分清哪种纸币能换回更多他想要的物品。

从例子丙组可以看出:5岁的小孩儿能够知道大人们平常给他的有奖瓶盖能换回他需要的商品,虽然他不知道等价物的意义,但是能认识到它的作用了。

由此,教育工作者认识到,孩子的金钱意识发展大致有几个层次:3岁以前孩子处于"没有金钱功能意识"的层次,他们把金钱当做一种玩具,视为一张随意摆弄的纸,但是并不是说他们不知道金钱的作用。

4~6岁的孩子处于"朦胧的金钱功能意识"水平,他们只知道钱可以换东西,但是没有自觉的购买行为,只知道整天吵着父母给他们钱,让他们去买回自己需要的商品。有的孩子忘记或者根本不知道找零钱,往往要父母再三叮嘱,才记得找回零钱。

由此,我们得到以下几点启发:

(1)在日常生活中,钱和我们的生活是息息相关的,儿童对钱所产生的兴趣很早。儿童只要随家长逛过几次商店,钱的用途便牢记在他们心中了。

(2)钱的知识与道德教育有紧密联系。孩子懂得钱应该通过劳动赚得后,便产生爱惜钱的心理,引起储蓄行为,避免浪费。中国目前某些孩子对钱毫不珍惜,任意挥霍浪费,与缺乏理财教育有关。

(3)让儿童懂得节约,做有计划的开支,是良好理财习惯的开始。长大以后,对他们的事业是有很大帮助的。

(4)父母通过对儿童理财方面的教育,使他们了解商品,了解社会,培养他们积极的参与意识和竞争意识,打破传统的理财教育观念的束缚,改变他们的理财思想,可以为他们的将来做好准备。

美国洛克菲勒财团的创始人洛克菲勒在童年时代,祖父每周给他10美分的零用钱,一到周末就检查他的零用钱是否增加,逼迫小洛克菲勒到街头去卖报,赚取自己超额的零用钱,养成劳动赚钱的观念。

现在看来,小洛克菲勒童年时所受到的教育对他日后成为商业巨头起了很大的作用,而且对现代儿童的投资理财教育颇有启发。

中国孩子的大部分零用钱都是父母给的,不像国外的家长会鼓励孩子通过自己的劳动换取金钱。所以许多孩子不能体会出赚钱的艰辛,更难谈得上理财。那么,如何让孩子树立理财的观念呢?

让孩子充分认识金钱

家长首先要让孩子知道金钱只是商品交换的等价物。比如家长要向孩子讲解金钱的来源。在很久以前,世界上并没有钱,人们都是用自己的东西和别人的东西相交换。例如一个人种了小麦,可他特别想吃大米,他就会拿着自家的小麦去和种水稻的人进行交换,如果种水稻的人家正好想吃小麦,那么他们之间的交易会很容易达成。但是如果遇到种水稻的人家不想吃小麦,想吃猪肉怎么办?他只有用小麦换成猪肉然后才能换到大米,交换起来非常麻烦。

有一个聪明的人想了一个办法,用大家都喜欢的五颜六色的贝壳作为交换的媒介。大家在交换时,先用自己的东西交换成贝壳,然后再和自己需要的东西进行交换。这样不用费多大力气就能得到自己想要的东西了。

要教孩子如何理财,首先要让孩子知道金钱是什么?它是如何得来的?只有孩子对金钱有了一定的概念,才能很容易地学习如何运用金钱。先要训练孩子认识各种币值的面额,再让孩子掌握金钱的实际价值,使他们知道金钱在生活中的重要性。最重要的是使孩子知道金钱可以换取很多有用的东西，从而学会珍惜金钱，不要做一个大手大脚铺张浪费的人；其次要让孩子知道金钱的来源。曾经有一位心理学家对数百位儿童进行过调查，问他们的钱是从哪里来的。结果是：大部分孩子认为是从家长那里要来的，一部分孩子说是银行送给他们的，只有18%的儿童说是劳动挣来的。我们可以想一想，孩子如果深信不用劳动就可轻易地从提款机中拿到自己想要的钱，还会珍惜金钱吗？所以家长在训练孩子认识钱的时候，一定要让他们明白钱是通过辛勤的劳动赚回来的。只有他们了解了金钱的来之不易，才会珍惜每一分钱。这样你的训练也就达到了一定的效果，也就算成功了。

让孩子制定自己的理财计划

孩子钱财的来源主要是家长给的零用钱，但是如何支出，家长一般都不大过问。其实这种做法是不正确的。给孩子零用钱也要及时地引导孩子去做合理的消费。要孩子做好理财计划，最好是给他一个记账本，对于他们的每一笔支出，都要做一下记录，这并不是要管他们的钱，其实是让他们做一个自我监管。

若孩子从小就做好财务记录，就可以更有效地运用金钱，养成审慎理财的好习惯，父母也可以给他们较大的空间，放心地让他们去处理自己的金钱。但是如果发现孩子的消费出现偏差时，父母要及时做出纠正，以免孩子越陷越深。

在训练孩子理财时一定要教孩子一些金融方面的基础知识，比如夏天的蔬菜为什么要比冬天的蔬菜便宜，如何使他们手中的钱再生出钱来等等，使他们从小就树立理财的观念，那么在成长的道路上，他们的财源才会滚滚而来。

3.循序渐进,才能培养好财商

很多家长为了让孩子早日成才,从小便关注孩子的全面教育。这其中,当然也包括理财教育。但是,很多家长在教育孩子理财的过程中没有找到合适的方法,也没有关注孩子的年龄和理财水平的渐进,而是想及早地、一股脑地把很多的理财知识输灌给孩子。这样的做法,既浪费了家长的很多心血,孩子的理财能力也没得到多大的提高。

要想有好的理财教育效果,首先就要有合理的理财教育安排。有的家长认为:孩子越早接触钱,学会理财,长大后也就越会赚钱。但是,孩子太小时,如果家长对他们的理财要求太高,孩子不能对赚钱行为做出准确的判断,也无法能够明白市场经济中做生意的道理。

不同的孩子处于理财的不同阶段。有的是刚刚起步,有的是已经学会了花钱,有的已经是管家的能手。对于孩子的理财教育,要先易后难,一步一步地进行。

一般来说,对孩子的理财训练,可以分三步来进行:

帮助孩子掌握钱财

孩子刚接触理财,对手头的钱没有实质性的概念。对大钱不敢花,对小钱却可能随意地花了一笔又一笔。对刚开始理财的孩子,父母的首要任务就是帮助他们掌握好手里的钱。

在孩子理财的初期,家长要发挥部分约束作用。家长可以将孩子每月花销的最大值进行限制,或者与孩子达成协议,如果孩子能合格理财,就给予鼓励;如果超支,就施以惩罚。在孩子理财前,给孩子一个底线,让孩子在一定限度内花钱。

父母可以帮助孩子预定自己的理财目标,先选取一些比较小的目标,比如孩子心爱的玩具、小的学习用品等,这些东西一般只需要储蓄几个星期就可以实现。接下来,父母可以引导孩子确定更大一些的目标,让孩子为了自己喜欢的物品控制平时的日常花费。这样的训练有利于孩子为了大目标而放弃小欲望,从而做到理智、科学地理财。

通过这一阶段的训练,孩子会对自己的财务状况非常熟悉,而且能合理地支配自己的花销,在消费的时候能做到量入为出,并有初步的长期规划。这些理财训练可以培养孩子理财的兴趣,帮助孩子开启理财的大门。

按三个年龄段培养孩子的理财意识

理财专家指出,孩子理财意识的培养可以分成三个年龄阶段,即7岁前、7岁到12岁和13岁到18岁。学龄前的孩子, 主要是让他们慢慢学习有关金钱的概念,此时孩子还不具备理财的能力,因此需要家长代为管理。

7到12岁的孩子,对理财开始形成自己的概念,这个时候家长可以在银行开一个活期储蓄账户,让孩子自己去支配,并且进一步向孩子解释有关理财的基本常识,例如银行是什么,如何制定消费计划等。

13岁到18岁时,孩子对理财基本有比较成熟的认识。家长可以鼓励孩子更多元化地运用手头的资金,尝试用投资的手段使财富增值。这个阶段的孩子处于青春期,心理上已开始有独立自主的意识,有强烈的自尊心,情绪起伏也比较大,而且喜欢反抗纪律和权威。因此家长在和孩子沟通时应当尽量以朋友的姿态给建议,避免以权威压人。

增加孩子的财富常识

要拓展理财思路,需要从小打好财富知识的底子。有的人到18岁还没有进过银行,有的人年过而立还没有过投资经历,这些人的理财能力很难得到提高,更难把小钱变成大钱了。

一个理财的高手,需要懂得基本的财务知识、投资知识、资产负债管理、风险管理等多方面的知识。作为理财的起步,孩子当然并不要学那么多复杂的内容。但是,多懂一些财富常识,可以提前进入理财状态。正所谓"技多不压身",懂得越多,用时可选择性就越大。所以,当孩子对财富有了一定的兴趣之后,让他们了解一些财富常识是非常必要的。

很多银行都有一些针对青少年的"儿童账户",家长们也乐于购买。但是,很多父母仅仅是用子女的名字开设一个账户而已,存款、取款的业务则都是家长包揽。其实,家长们不妨带上自己的孩子亲自办理一些基础的银行业务,告诉他们为什么要把钱存在银行里,不同年限的存款利率为什么会不同,如何填写存单和取款单,如何汇款等。

现在有许多人提倡为孩子开户投资基金,甚至是购买股票,但是却忽略了让孩子参与。家长们可以先通过游戏的方式让孩子对投资有初始印象,然后给孩子介绍简单的投资知识。对股票熟悉的家长,还可以选择让孩子了解股票。让他们知道哪些信息会促使其股票涨价或跌价以及对投资会有何影响等。

在理财训练的过程中,家长既要理性引导,又要以身作则,用自己的理财观念和消费行为来影响孩子。许多时候,父母不必说什么,就可以把花钱的决定、次序、信念、习惯潜移默化地传授给孩子。如果父母懂得科学理财,孩子在模仿父母的理财过程中也能获得很多实用的理财方法。

4.教孩子管理零用钱

该不该给孩子零用钱,是许多父母很纠结的问题。一位家长说:"女儿上一年级了,小家伙开始有金钱意识,时常嚷着'同学都有零花钱,妈妈我也要。'这让我很矛盾,让女儿自由支配零花钱吧,怕她会乱花,买一堆乱七八糟的东西,还吃不干净的东西,不知赚钱辛苦;不给吧,又担心她会有心理落差。"

的确,这位家长的担忧不无道理,使用金钱不当给孩子带来的影响是不容忽视的。不过现代社会中,孩子们不可能生活在没有物质的真空中,孩子不会花钱是很难适应纷繁的社会生活的。孩子到了一定的年龄,零花钱成为一种客观的需要,需要去支付一些正当、合理的花费,所以适当地给孩子零花钱是必要的,但是家长要把握这个度。

一些父母对孩子花钱的问题上的控制过于严苛,使孩子没有一丝一毫的自由空间。这样,势必将孩子与周围正常的生活圈、交际圈隔离开来,使孩子感到孤独、压抑、苦闷。

还有些父母经济条件优越,十分溺爱孩子,孩子想买什么东西,父母一律应承,直至令孩子满意为止。这样不但让孩子变得花钱大手大脚外,还会让他觉得自己一直都会有花不完的钱,从而慢慢产生很多与目前家庭条件不符的奢侈念头。

过分限制或毫无节制地让孩子花钱,这样做往往导致孩子对金钱产生扭曲的认识,前者因为强烈的好奇心和渴求欲,在无法得到零花钱的情况下动歪脑筋;后者生活能力差,没钱没有概念,不懂珍惜,随意浪费。

小小零花钱蕴含着家庭教育的大问题,孩子零花钱要适度,既不能毫无节制,又要能满足他的基本需求。

当然,首先,给孩子的零花钱,不得超过你家的负担能力。假使孩子提出异议,你可以诚恳地告诉他:"我是希望能给你多一些零花钱的,但是我们的预算有限。"这是一种比较好的办法,要比试图去说服孩子他并不是需要更多的钱好得多。

从孩子小学一年级开始可以固定给他们一些零用钱。最好的方法是每星期的同一天,给孩子以同样数目的钱,这样可以使孩子做到心中有数。究竟该给孩子多少零用钱,家长可根据每个家庭的经济状况而定。这样,孩子就会懂得如何去规划自己的开支。

所给零花钱足够支付孩子合理的开支。要把孩子的花费和需要放在心上,以便决定给他多少零花钱。这个问题,需要夫妻双方配合默契。一个家庭必须有一个人主管钱,孩子的零花钱也应由这位主管来支付,这是防止孩子乘机多要钱的办法之一,作为家庭主管也应按时支付孩子的零花钱。

孩子最初花钱时出错,以及买东西时欠考虑都是预料中的事,应该允许他们出错。你让一个刚学会简单算术的孩子去买一斤盐,回家的时候才发现,找回的钱并不是应该有的那个数,你不必责怪他,只需说一句:"没关系,慢慢来。"孩子听了会觉得很内疚,在以后的买卖中,他一定会很注意。

适当的零花钱可以培养孩子正确的经济和金钱观念,从小具备理财能力,这种能力是孩子将来在生活上和事业上不可缺少的,愈早培养,效果愈佳。

美国首富洛克菲勒,是世界上第一个拥有10亿美元的大富翁,但其子女的零用钱却少得可怜,而且要求严格。他家账本扉页上印着孩子零用钱的规定:7~8岁每周30美分;11~12岁每周一美元;12岁以上每周3美元。零用钱每周发放一次,要求子女们事先作出预算并记清每一笔支出的用途,待下次领钱时交父亲检查。账目清楚,用途正当,下周增发5美分,反之减少。

洛克菲勒用这种办法,使孩子养成不乱花钱的习惯,学会精打细算、当家理财的本领,他们的后人成年后都成了经营的能手。这个已繁盛了六代的家族成为"世界财富标记"。

家长可以效仿洛克菲勒,为孩子树立理财观念,理财从管理零用钱开始。家长切勿以为给零用钱是件小事,给钱不是关键,关键是给了之后告诉孩子如何支配。

对大多数父母来说,直接告诉孩子们要把钱用在什么地方,远比教会孩子如何花钱有用得多——这也就是所谓的授之以"鱼",还是授之以"渔"的问题。

让我们来看看斯密特先生童年时的经历,他的父母在金钱方面的管束,令他终身难忘:

"在我的印象中,每次得到零花钱的原因都是一样的——大人给我钱就是拿来花的。开始时,我的父母教会我向他们要零花钱,基本上都是几毛几分的小钱,但从来不会为了让我学着存钱而给我零花钱,也不会因为其他特殊用途(如让自己学习如何买卖)而给我钱。每次拿到零花钱的时候,父母都会问清楚我要买什么。只有当他们认为我要买的东西是应该买的,我才能如数拿到我要的金额。"

还有这样的一些父母,他们会有计划地让孩子学会怎么用钱,但在具体实施的时候,却总不能按计划行事:

"在我6~12岁的那段时间里,要买东西的话就会去向父母要钱,随时都能拿到钱。12岁以后,父母就开始改变方法,他们改为每周给我固定金额的零花钱。但是我慢慢发现,有时候这些固定的零花钱有点不够用,所以就想改回去以前的方法,不用给固定的零花钱,用的时候就去向他们要,这样比较自由一点。父母经不住我的一番甜言蜜语,固定零花钱的方式实行几个星期之后就被取消啦!"

以下实例足以说明,好的家庭氛围,再加上一些有很好认知的父母,会对孩子们的理财教育起到多么大的帮助。让我们看看米尔特先生的早年经历,他的父母在培养孩子财商方面,可谓用心良苦:

"我最早的关于零花钱的记忆是恳求父亲给我1便士去买糖果，或是去路边那些摇着铃铛的小贩那里买冰激凌，每次要到的钱都不会超过5分钱。慢慢地，开始学会帮父母跑跑腿买东西，或是帮邻居照看一下小孩，这样做可以获得5分到1角的'报酬'。到了10岁以后，妈妈开始固定给我每周5分的零花钱。因为钱很少，我可以自由支配这5分钱，而且大人们也从来不问我拿这5分钱去买了什么东西。"

"然后，当我12岁的时候，我们全家搬到了一个农场。生活的改变，使得我开始学到很多不同的'赚钱'的方法。比如，农忙的时候帮家里采摘浆果、水果、蔬菜等。也是从这里开始，我有了自己的小果园，当然，所有的种苗都是由父母免费提供的。然后，我开始学着把果园的收成拿到市场上卖掉，获得的'利润'自然全部归我所有。而此时，父母就不再额外给我零花钱了。"

父母教孩子合理的花钱，不仅仅表示简单地让孩子花钱，而是让孩子从小懂得金钱的价值、使用技巧、正当投资、节俭等正确的积累方式及金钱与人格的关系等，树立健全的经济意识，成为有着精明的经济头脑和管理能力的人。

5.淡化孩子的贫富意识

对孩子来说，贫富几乎是与生俱来、无从选择的。要是在孩子刚刚开始懂事时，成人社会就有意无意地加深他们的贫富意识，那么对穷孩子来说，强烈的贫富意识往往会使得原本就十分自卑的心理雪上加霜；而对富孩子来说，由此而生的盲目的优越感往往会导致他们成为自以为"高人一等"的小霸王。

有这样一个故事：纽约的冬天十分寒冷，几尺厚的积雪使部分单位和商家不得不暂时歇业。可是，公立小学却依旧照常开课。刚全家移民的王太太对校方的这种做法很不理解，打电话给学校提出停课的建议。校方答复："接送孩子到学校上学，他们不仅能享受一整天的温暖，还能在学校里享受到免费的营养午餐！"感动之余，王太太灵机一动，想出一个两全其美的法子，她又打了一个电话："为什么不在有暴风雪时，让家庭条件好的孩子们待在温暖的家里，只接送那些贫穷人家的小孩儿去学校呢？"这一次，校方的回答令王太太终身难忘——"施恩的最高境界应该是保持人的尊严。我们不能在帮助那些贫穷孩子的同时，却践踏了他们的自尊。"

贫富差距是社会客观存在的现象。但不少人之所以贫困，并不是因为能力不足或努力不够，在某种程度上是由于机会不均等造成的。因此，在人与人之间，尤其是在孩子与孩子之间，应该淡化贫富差别。

某小学门前，等候已久的妈妈接到了小学二年级的儿子小希。放学时分，数以百计的轿车、微型面包车拥堵在校门口，母子俩在车群中穿行，到对面的车站准备乘车回家。

"妈妈，为什么别的同学家有车，可咱家没有？"小希问。

"因为家里没钱买！"张妈妈无奈地回答。

"没钱！你和爸爸工作时咋不努力多挣点儿钱呢？"小希又问。

这回，妈妈半天无语。

"有钱就可以买新衣服,有钱就可以下饭店,有钱就可以车接车送……"东北师大附小的一位女老师认为,"大人对贫富差距习以为常,就以为孩子也是一样的想法,这是不正确的。"

家境的贫富在很大程度上会影响学生的成长。家境差的可能考上学校却读不起,家境好的同学差几分,交上钱就是重点中学的自费生。对家境不好的孩子来说,几万元钱超过了他们家的全部积蓄。即便减免费用进了学校,还是会因为同学之间家境的贫富差距,使那些贫寒家庭的孩子产生心理压力。看到身边的同学总是吃麦当劳、肯德基,自己却只能吃清汤白菜;别人逛商场、买名牌,自己却只能穿几套从家里带来的衣服,再加上周围的有色眼光,久而久之,难免自卑。家长和老师应给予足够的开导和鼓励,否则严重时会导致孩子对现实社会产生不满情绪,对他人产生敌对心理。

下面,我们来了解一下国外是怎样淡化孩子的贫富意识的。

日本的中小学都明文规定:禁止学生穿名牌服装或名牌运动鞋来学校,并对何为"名牌"作了严格、具体的限定。据调查,此举也得到了高占九成的富裕家庭的父母的欢迎。此外,直至今日,日本仍有部分小学要求男生一律剃光头上学——为的就是:千篇一律的光头至少让人一下子难以分辨出谁是富家子弟,谁出身于贫寒之家。

在美国,虽说有关学生是否应该着校服上学长期以来一直存有争议,但绝大多数州的中小学依然坚持"校服制",而且赢得了八成以上父母的支持。支持者们倒也不是像国人那样,认为身穿校服主要是为了强化集体主义精神或爱惜学校荣誉,而是认定"千篇一律"的校服尽管从表面上看来似乎限制了孩子的个性发展,但却成功地避免了贫富孩子在服装上的优劣差别,从而也成功地避免了对穷孩子自尊心的可能损伤。从这一点看,显然是利大于弊。

　　在加拿大，中小学大多向孩子们提供免费午餐，午餐的档次完全一样，因而孩子无论贫富，吃的完全相同。

　　即便在贫穷的肯尼亚，有幸收到救助的小学往往给每个孩子都发放一份救济物品(如寒衣或食品)，而不论孩子是贫是富。有人有疑问：富家子弟也许并不缺这份救济物品，"照发"是否意味着是一种浪费？而学校坚持认为，让大家尽可能都能领到一份，穷孩子便就会大大减轻心理上的压力。

　　而在澳大利亚，午餐一般由学生自带，但学校规定所带食品须"统一"为一个汉堡、一瓶可乐外加一个苹果。这种几乎是刻意地模糊贫富概念的做法在孩子们心中唤起的是一种极为宝贵的平等意识！

　　至于在波兰，在实行类似我国"希望工程"的"扶贫"好事时，一律不公布受惠孩子的姓名、地址。原因很简单：避免使穷孩子产生过分的自卑感。对于孩子来说，这种淡化贫富意识的做法无疑会使他们在涉世之初便学会一视同仁地待人接物，从而形成健康的心理与完整的人格。

　　让孩子有正确的认识，作为家长首先得有一个正确的认识。听说别的同学家里有钱，就告诉孩子说人家是贪污的，是靠不光彩渠道得来的，这会影响孩子的认识和判断。要对孩子说，爸爸妈妈工作很努力，只不过班上某某同学的家长更努力、更优秀。只要我们努力了，付出了，贫穷一定是可以改变的。

　　富裕是我们可以追求的，作为学生，家境贫穷并不可耻。然而，以强凌弱却是可耻的，同样的道理，以富欺贫也是不道德的。学生正确面对家境的贫富很重要，面对这种贫富现象应该有一颗平常心，如果把贫穷转化为奋斗的动力，更是一个明智的选择。作为大人要告诉孩子，养育他们并不是一件容易的事，孩子们要学会用长远的眼光去审视贫富差距及相关的事物，用平和的心态去面对，同时积极地完善自我，努力学习,争取在不久的将来,在实现自我价值的同时,为社会和自己创造更多的财富!

6.因材施教,才能培养高财商

无论自己的理财观念和水平怎么样,家长们几乎都希望自己的子女能够培养起良好的理财习惯。然而,细心的父母一定会发现:每个孩子在对待金钱的问题上有着不同的态度和方法,即孩子可以分为不同的理财类型。而这种不同,在某种程度上也决定了他们未来不同的理财习惯。

因此,发现孩子的"类型",并根据这种类型的特点,正确引导孩子对待金钱的态度,从而形成良好的理财习惯,就成了父母必做的一项功课。

引导"储蓄罐"型的孩子消费

典型特征:这类孩子会想尽一切办法攒钱,不舍得自己为玩具或者书籍付钱,得意于自己攒的钱越来越多。

引导策略:这类孩子应该得到父母的激励,但要适当引导孩子的消费行为,以防他过于看重金钱本身。

王静在收拾房间时,无意间有一个让她吃惊的发现,自己11岁的女儿竟然在抽屉里攒下了2000多元钱,这几乎是女儿3年来所有压岁钱和零用钱的总和。王静一时喜忧参半,喜的是女儿并没有乱花钱的习惯,是个节约的孩子;而忧的是,如此囤积金钱的习惯,会不会让她变成一个小财迷或者"吝啬鬼"呢?

很明显,王静的女儿属于典型的"储蓄罐"类型。其实,这类孩子"疯狂攒钱"可能也没有别的目的或者计划,他们只是想看着自己有一堆钱在那里,希望这个数字不断增加,把数字的增加视为自己在金钱方面最大的成就。同时,他们可能还会比较吝啬,当父母建议他们自己出钱购买喜欢的玩具或者图书时,他们宁可忍痛割爱也不愿从自己的抽屉里拿出一毛钱。

这种习惯的形成多是受到父母行为的影响。比如父母经常会在每月精打细算之后把钱存起来,希望自己家庭的积蓄越来越多。父母对于攒钱行为的提倡和赞赏,是促使孩子产生这种行为的最直接因素。

当然,王静不必太担心,毕竟好多父母都想让子女具备节约的品质。孩子珍惜金钱,并遵守储蓄方面的纪律是个好习惯,这使得孩子在将来也能建立严格而有序的储蓄计划,在财务方面更有保障。

但是需要提醒的是,过多关注金钱数量的增加会让孩子更加看重金钱本身,这可能会影响他们未来的价值观,也可能会妨碍他们在未来更妥善地管理金钱。因此,父母要适当引导孩子的消费行为。比如计划一次特别的家庭行动,并让孩子用自己积攒的零用钱花得值得;或者让孩子自己负担自己日常生活中的一项比例相对较小的费用支出,比如学习用品,使得孩子感觉自己长大了可以逐渐负担自己的生活;而想培养孩子爱心的父母也可以尝试让孩子和贫困地区的失学儿童接成"一对一"的互助对象,把自己的零花钱捐献出去让其他小朋友获得帮助,这都可以对孩子培养正确的金钱观起到很好的引导作用。

对"无限索取"型孩子说"不"

典型特征:这类孩子一出门就向父母索要东西,包括玩具、食品等各种类型,而遭到拒绝后则大哭大闹。

引导策略:父母要抗拒"无法拒绝孩子"的心理,坚决说"不"。

"我真的是怕我儿子了，他经常向我要钱，去买他想要的东西。有时候，我根本不想带他去商场，因为他总是不停地索要东西。一旦得不到满足就非常失望，甚至大哭起来。"相信很多家里有七八岁儿童的父母都有这样的抱怨，孩子不停地索取让他们很为难。给也没关系，就是怕养成习惯。

其实，如果回忆一下几年前孩子两三岁时的情形，相信很多父母外出归来时都常常会给孩子带些礼物，有时候是一个气球，有时候是一小包饼干，总之孩子拿到礼物会很高兴。然而没有想到的是，长此以往，孩子就会形成习惯性思维，认为父母送给他礼物是天经地义的事情，而索要礼物也理所当然应该得到满足了。

有些时候，父母为了平息儿女的哭闹或者不耐烦孩子的一再要求而满足了孩子的欲望，这对培养孩子自我节制的习惯是很不利的。小时候要一包糖，长大之后要衣服、手机、电脑……其实家长可以告诉孩子："你需要的东西，爸爸父母一定为你准备，你想要的东西，可以告诉爸爸父母，我们会斟酌情况，决定要不要给你买；但是如果你用哭闹或发脾气的方式来争取，我们一定不会给你买。"

教"花钱无度"型孩子做预算

典型特征：这类孩子手里有钱就花掉，把金钱置换成自己喜欢的玩具和食品对他们来说是一次神奇的体验。

引导策略：鼓励孩子建立消费预算观念，学习管理金钱的能力。

第一次独自用手里的钱换到自己心仪的物品，对每个孩子来说都是一种神奇的体验。这种神奇带来的心理满足感会让他们不断地用手里的现金去换成实物。

这种孩子很难在金钱上克制自己，如果父母强行甚至通过暴力的方式来约束他们的消费行为，会影响他们的内心感受，对心理健康不利；但是同样不值得提倡的做法是减少孩子零花钱的数额，因为突然间收入的减少会使得孩子对物质的欲望更加强烈,从而试图通过其他途径取得零花钱来满足自己的购物需求。家长要让孩子知道,零花钱不是一种权利或者工具,它应该成为教育孩子如何管理金钱的一种工具。一味地以增加零花钱或者减少零花钱来达到某种目的不是教育孩子应该有的方法,关键是父母要通过日常生活中的一切细节来引导孩子进行聪明储蓄和聪明消费。

父母可以设置一种生活情景,约定以孩子的零花钱去超市进行一次集中购物,并事先确定好金钱的数额。可以让孩子到超市买他需要的任何东西,不加约束,在结账处打出购物金额是否在预算之内,如果没有,可以对照清单,让孩子自己来选择哪些是自己最需要的东西,哪些是不怎么需要的,哪些是根本不需要盲目拿的,并让他们把不需要的东西放回到购物货架上。这种体验过程可以让孩子知道,自己是自己的零花钱的管理者,自己可以通过事先的预算来进行最佳的财务支出。

还有一个有效的做法是,父母要教导孩子养成记账的习惯,以确知自己的钱都用在哪些地方。每隔一段时间(例如3个月或半年),父母可以进行一次"财务检查",如果孩子确实做到了,可以颁发一笔"量入为出"的奖金,或是增加一点零用钱作为鼓励。

7.给孩子留财富不如留知识

从古至今,绝大多数富裕的家庭一般都是把财富留给子孙,甚至普通中国的家庭也总是有这样。有不少家长,对子女宠爱有加,为了不让他们经受自己经历过的苦难和辛酸,拼命聚集财富,为子女的未来做准备。

　　然而，要知道给他金钱让他挥霍、留下遗产让他继承，都不能足以让孩子一生幸福，却往往是留足了物质，贫乏了精神。图享受、摆阔气、讲名牌、贪安逸，在如今的孩子身上司空见惯，娇气、任性、挥霍和极端个人主义，这些不良品质在孩子身上随处可见。把财富留给孩子很容易，让孩子懂得经营财富却不那么容易。

　　从前，有一个财主，家里有良田千亩，万贯家财。财主临死的时候把这些家产传给了儿子。可是这位少爷从小就好吃懒做，游手好闲，经常到处吃喝。有一次，他来到一家酒家，看到门口挂着的鸟笼里养着一直漂亮的画眉鸟，叫声悦耳动听。这位少爷指着那只画眉跟老板说："我要吃这只画眉鸟的舌头。"经过讨价还价，少爷用50亩良田换来了一碗"画眉舌头汤"。就这样，这位少爷走到那儿吃到那儿，什么贵就吃什么，从不吃正经粮食，日复一日，他把家里的良田吃光了，家里的粮食也糟蹋没了，最后沦落成了一个叫花子，在一个下着大雪的冬天，他饥寒交加，最后惨死在了冰天雪地里。

　　人世间的任何物质财富都不可能长久的承传下去，人们早有"富不过三代"的定论。如果只留下金钱，孩子们有可能肆意挥霍，甚至最后沦为乞丐；如果孩子没有经营产业的智慧，最后有可能落得倾家荡产；如果留下遗产让孩子们去分割，后人则可能为了争夺遗产对簿公堂甚至大打出手。所以说，留下财富不如培养孩子们经营财富的意识和可以使用一生的技能，这样才可以保证他们在自己的人生里平安富足。

　　每逢春节期间，不少孩子就会借此机会一夜"暴富"。少则几百元、几千元，多则上万元。但压岁钱的"流向"，从一个侧面反映了少儿理财教育的不足。家长可以借用压岁钱教育培养孩子的理财技巧。

　　有关媒体也针对青少年压岁钱的流向问题做了调查，其普遍现象是青少年得到钱后,花钱如流水。

上初中三年级的小飞想让妈妈给自己买一双名牌运动鞋,因为他看中的那一双鞋标价是1080元。妈妈没舍得给他买,他很不愉快。春节了,小飞从爷爷、奶奶和姑姑那里共收到1300元的压岁钱。拿到钱的第二天,他就跑到商场买下了那双价值1080元的运动鞋。上高中的小丽春节期间收到了3000多元的压岁钱。小丽的妈妈说,从正月初二开始,小丽就和几个同学相约出去玩。第一天去滑雪,第二天去电影院看电影,第三天去商店买了一堆小饰品,以后就天天在朋友家,根本不把压岁钱的去向告诉家里。

一份抽样调查显示,"压岁钱"已经成为家长们十分头痛的问题。调查数据显示,关于压岁钱的用途,90%的孩子表示会购买玩物,80%的孩子表示会用压岁钱请客、买食物,只有10%的孩子表示会把压岁钱存起来留着交学费。

由于没有正确的理财观念,缺少投资渠道,大部分家长和孩子在面对压岁钱这样一笔不小的"财富"时,不懂得如何正确管理和使用。孩子因此也往往容易沾染上盲目消费、攀比等坏习惯。

古今中外有许多名家,都把不留钱财给后代当做是教育子女的准则。

早在汉朝时,有识之士就已认识到:给子女留钱财,如果子女有德有能,适足损其善;要是子女无德无能,则会增其恶。总之,给子女留钱财,有弊无利。

民族英雄林则徐,不给子女留钱财,却留下这样一副对联:"子孙若如我,留钱做什么?贤而多财,则损其志;子孙不如我,留钱做什么?愚而多财,益增其过。"

爱国华侨陈嘉庚先生把全部财产捐给自己在国内办的集美学校,先生对子女回国安家作了如下规定:每人每月发给25元生活费。

不给子女留财富，也是当代许多西方富人奉行的原则，以防子女坐吃山空、不思进取。他们希望自己的孩子多受点磨难，尽快掌握生存的能力，不过多地依赖别人，早早自立。而好多国人则希望自己的孩子不受一点点挫折，一味地保护，最好是不需要劳动就可以继承一大笔财产，一辈子衣食无忧。

微软董事长比尔·盖茨选择"裸捐"的方式，把自己价值580亿美元的个人财富全部返还给社会，而不给自己子女留下任何财产。他说，"我告诉他们不会从我这儿得到财富。早在生儿育女前我就信奉大多数财富都应该回馈社会。"

谈及子女教育，盖茨表示，"越早让子女了解世界的不平等，越早鼓励子女到贫穷国家去接触当地人，对孩子的成长越有帮助。我女儿看过一段录像后，总想知道贫穷国家同龄人的生活是怎样的，她能为录像中的那个孤儿做点什么。"为了让我们的孩子将来能更幸福，我们就必须让他们变得更聪明、更有竞争能力。我们留给孩子的，应该是培养他独立的生活能力，独立的思考能力和不断创新、勇于接受挑战的精神。

富翁家长们这样做，是因为他们意识到让孩子拥有一种天生的金钱优越感对孩子的成长有百害而无一利。他们只给孩子很少的零用钱，鼓励孩子自己去打工挣钱，这样让孩子明白：金钱的获得并不是轻而易举的；钱也是会用完的；有价值的财富要靠自身的努力去积累；积累财富的过程或许比财富本身更有价值。告诉孩子：自己的未来要靠自己去创造，而不要靠父母勤劳、努力赚来的钱生活。

人生于天地间，自立自强才是最重要的课题。成才的道路有多条，成才的方式也各不一样。但让孩子感受生活的酸甜苦辣，独立承担起学习、生活的责任，具有感恩的心和不屈的意志，却是成才不可或缺的历练和品质。

教育家陶行知曾说："滴自己的血，流自己的汗，自己的事情自己干，靠天靠地靠老子,不算是好汉。"孩子的人生最可依赖的是什么？是知识、是智慧、是汗水,父母不可能让孩子依靠一生一世。因此,这个世界上最可靠的不是别人,而是孩子自己。

人的素质是不能遗传的,是金钱买不来的。为子女留下财富,不如留下更多的知识,后代不一定能保留住财富,但须用知识去创造财富。由此可见,财富是宝贵的,但比财富更宝贵的是知识。不要让孩子认为父母的钱就是自己的财富！只有自立的人,才会有拯救自己的方法。

|第七章|

习惯——孩子有了好习惯才有好未来

1.习惯决定行为,行为产生结果

习惯是什么?按照《现代汉语词典》的权威解释,习惯是:在长时期里逐渐养成的、一时不容易改变的行为、倾向或社会风尚。

常言道:习惯成自然。习惯一旦形成,就会成为一种定型性的行为,就会变成人的一种自觉需要。它不需要别人的提醒,不需要别人的督促,也不需要自己意志力的支持,已经变成了一种自动化的动作和行为。

人是一种习惯性的动物。无论我们愿意与否,习惯总是无孔不入,渗透在我们生活的方方面面。有调查表明,人们日常活动的90%源自习惯。然而,习惯还并不仅仅是日常惯例那么简单,它的影响十分深远。

古时候寺庙里有一位小和尚,在出家当和尚之前就有丢三落四的毛病。进入寺庙之后,方丈师父和师兄师弟们一直不停地提醒和告诫他,可是他自己却一直不当回事，就这样他一直也未能改掉丢三落四的毛病。

每天除了诵经念佛、打扫寺院、提水砍柴之外，小和尚也想和师兄一样学一门手艺，为的是以后有一个好出路。于是方丈师父就安排小和尚学习剃头，因为与其他手艺比起来，这门手艺不是很难学，况且以后一旦离开寺庙，小和尚还可以用这门手艺来养活自己。

在学习了一段时间之后，小和尚认为剃头实在是一门简单易学的手艺，所以他就不再向师父学习。可是师父却告诉他："剃头不是仅仅学习一些基本方法就能行的，你要想掌握好这门技艺，就必须每天拿一个冬瓜来练习，直到在冬瓜上能够游刃有余地施展各种剃头方法，那才会成为一个不错的剃头匠。"

听了师父的话以后，小和尚就天天在冬瓜上练习剃头的基本功。练了一天又一天，好几个月过去了，小和尚剃冬瓜的水平已经越来越高，师父见了也忍不住高兴起来。可是师父在一次观察小和尚剃冬瓜时发现一个问题，小和尚练习剃头都是抽空进行的，在剃头过程中经常有事需要他走开。每当别人叫小和尚走开的时候，他都会把剃头刀别在冬瓜上面，等办完事回来以后再抽出剃头刀继续练习。

这个问题，实在是把师父吓了一大跳，于是他告诫小和尚以后千万不能这样做了，小和尚答应了师父。可是等师父下次再观察他的时候，他仍然在离开的时候把剃头刀别在冬瓜上面；而且据师父的多次观察发现，小和尚每次都是这样。师父一次又一次地提醒小和尚，可是提醒的次数虽多，小和尚往冬瓜上别刀的习惯却没有任何改变，而且每次小和尚都对师父说："不要紧的，这只是习惯而已。"

"只是习惯而已？"师父严肃地对小和尚说，"如果你手底下不是一个冬瓜，而是一个活生生的人呢？你的这种习惯到时候没准会出人命啊！"

看到师父生气的样子，小和尚安慰道："没事的，师父，你不要担心，等到真为人剃头时我就不会这样了。"

眼看着小和尚还俗的时间就到了，临行时师父再三告诫他一定要改掉丢三落四的毛病。可是小和尚的这一习惯早已养成多年，更何况他自己根本就没有改掉这一习惯的意识，终于在他第一次给人剃头的时候，出事了——有人叫他递一件东西时，他顺手把剃头刀别在了客人的头上，好在客人没有出现生命危险，从此他的剃头铺再也没有人光顾了。

习惯决定行为，行为产生结果。这就是习惯的作用。每个人都在不自觉间按着自己的习惯行事，好的习惯带来好的结果，坏的习惯带来不好的结果。可以毫不夸张地说：习惯决定一个人的命运。著名教育家叶圣陶说："教育就是习惯的培养。"一旦孩子染上了某种不良行为习惯，往后是很难纠正的，甚至会影响这个人的一生。所以，要培养有教养的孩子，就要培养孩子养成良好的行为习惯。

俄国教育家乌申斯基对习惯做了一个形象的比喻，他认为："好习惯是人在神经系统中存放的资本，这个资本会不断地增长，一个人毕生都可以享用它的利息。而坏习惯是道德上无法偿清的债务，这种债务能以不断增长的利息折磨人，使他最好的创举失败，并把他引到道德破产的地步。"概括地说，一个人如果养成了好的习惯，就会像一辈子享受不尽它的利息，成为一个有教养的人；反之，如果养成了坏习惯，就会一辈子都偿还不完它的债务。这就是习惯。

1978年，75位诺贝尔获奖者在巴黎聚会。有人问其中一位："你在哪所大学、哪所实验室里学到了你认为最重要的东西呢？"出人意料，这位白发苍苍的学者回答："是在幼儿园。""在幼儿园里学到了些什么呢？"学者答："把自己的东西分一半给小伙伴们，不是自己的东西不要拿，东西要放整齐，吃饭前要洗手，做了错事要表示歉意，午后要休息，学习要多思考,要仔细观察大自然。从根本上说,我所学到的全部东西就是这些。"把这位科学家的看法概括起来,就是他们认为终身所学到的最主要的东西,是幼儿园老师给他们培养的良好习惯。

　　这个故事诠释了一个道理:从小养成的良好习惯会伴随人的一生。

　　习惯的力量是巨大的。培养孩子良好的习惯,是家长赠予孩子一生最好的礼物。好的习惯会陪伴孩子一生,对于孩子今后的生活、学习、事业的成败关系重大,也是孩子全面发展的重要基础。

　　英国哲学家艾蒙斯说:"习惯要不是最好的仆人,便是最坏的主人。"因为健康来自于好的生活习惯,疾病来自于不好的生活习惯。习惯有好有坏,好习惯会使人获得成功和幸福,坏习惯会导致人生的失败与不幸。所以,教育的最根本目的是要培养学生良好的习惯,教会学生如何做人。良好的习惯一旦养成之后,便用不着借助记忆,很容易的也很自然的就能发生作用,就会成为我们终生受用不尽的财富。正如洛克所说:"事实上一切教育归根结底都是为了培养人的良好习惯,甚至一个人的习惯往往归结与自己的好习惯。"

　　良好的道德习惯是做人处事的根本。比如 "做任何事不得妨碍别人",这是一条道德的"黄金准则"。如果只在某一时某一地做到,那就称不上有良好的道德素养,而必须转化为习惯,才能成为控制自己行为的道德律念。培德曼说过:"播种一种行为,收获一个习惯;播种一个习惯,收获一个个性;播种一个个性,就会收获一种幸运。"因此,培养良好的习惯,我们会从这种习惯上获取源源不断的动力和精神财富。

2.纠正孩子身上懒惰的恶习

有的小孩每次劳动都会想方设法偷懒,不愿动弹,作业也总拖拖拉拉、偷工减料,惩罚批评都无效果,急得妈妈没办法。但事实上没有"教不会"的孩子,却有"不会教"的大人;没有天生"懒惰"的孩子,却有"懒得教"的大人。而这个"懒得教",并不代表不爱孩子,只不过可能是没时间、太费事、不忍心等大家都很熟悉的理由。这个"懒得教",就会让孩子养成依赖的习惯,慢慢转成懒惰,让孩子错失学习解决问题的能力。

五岁的鹏鹏,从上学的第一天开始,妈妈抱他进门,帮他提背包(里面只有一个便当盒)。要换室内鞋时,鹏鹏只要负责把脚抬起,妈妈就负责帮他换鞋。放学时,鹏鹏的工作,就是一看见妈妈来了,就把背包丢在地上;妈妈的工作则是捡起背包,帮他提着。

老师问鹏鹏为什么不自己拿?他说那是妈妈的工作,书包好重,他不想提。其实这个妈妈,不只提鹏鹏的书包,也提鹏鹏八岁哥哥的。老师问妈妈为什么不坚持让孩子自己做?她说孩子还小,想让他们有充足的精神,回家以后可以多看书、多做几题数学题,他们是很聪明的孩子。但鹏鹏在学校的表现,真的很聪明吗?

是的,鹏鹏是唯一一个五岁就把九九乘法背得滚熟的孩子,但有好长一段时间,他无法自己穿外套、穿鞋子、整理午餐桌。他总是试了几下后就放弃,然后等着老师来帮忙。他能念二年级孩子的书,却无法自己想办法剪图形、黏造型。他的手指头像是不听使唤的管家,弄得他这个做不成、那个也做不完,所以他总是说:"我不会,请帮我。"超龄的数学表现和阅读能力,并没有让这个孩子快乐、没有让这个孩子拥有自信。

鹏鹏缺乏生活自理的能力，让他变成了自己的负担，他"相信"自己不会做，他"确信"别人必须帮他做，所以他只好总是依赖他人。慢慢地，"依赖"成了习惯。而习惯，会像是织布机一样，慢慢织成了"懒于行动"、"惰于尝试"、"都是别人造成的"行为举止、思考模式、甚至是人格的一部分。

反观七岁的小安，他的爸妈虽然离婚了，但不管是谁带这个孩子来上学，从上学的第一天起，他们就让他自己提书包、换室内鞋。小安也常常对老师说："今天的午餐豆荚，是我昨天晚上和妈妈一起剥的。"

学习照顾自己、帮忙做家事，是小安家庭环境的重要价值。来到学校，同样，他不但很擅长照顾自己，更把这样的能力，运用到照顾环境。换句话说，他很会"做家事"，而拥有这样的能力，重要吗？

只要看以下两个例子，想想小安处理问题的思考模式和习惯，就不难理解，为什么让孩子做家事，会是一个很好培养解决问题能力的途径。

例子一：三岁的贝拉，使尽全力压切苹果器，无奈她力气不够，所以找小安来帮忙。小安推了半天，还是不成，他叹了口气，但想了想后突然说："我想到方法了！那天我爸爸教我锯小木条，我想我只要把这个东西，像拿小锯子一样的来来回回摇动，就应该可以成功了，让我再试试看。"小安的"想办法、不放弃、试试看"，已成了思考模式和态度。小安无数的家事经验，让他有丰富的经验来做创造性的连结，进而以创造性的连结来解决眼前的难题。所以"做连结"是创造力实践的第一步呀！

例子二：小安有阅读障碍的倾向，他在学习抽象符号上，要比同龄的孩子花更多的努力。因为他很擅长影像类的说明和记忆，老师就以特殊的影像方式来引导他。而在这过程中，有趣的是，小安常常会顺应着老师的方法,自行创造出另一个变化,而这个变化更适合学习。比方说,老师要他用手指头在珠串上,以划线的方式,数算"几十的"数(比如说五十);以划点点的方式,数算"十几的"个位数(比如说十五的五)。做了几次后,小安自己用闭上眼睛的方式,在空中画串珠(线和点),效果好极了。老师问他是怎样想到的,他说:"我也不知道,但我知道要一直试,不要放弃。"

从小安的身上,妈妈们能够看到培养幼儿的自理能力,会孕育孩子对他自己的信任;他印证了从小教孩子"做家事"的经验,会实实在在的滋养孩子解决问题的能力和动机;从生活中习得的习惯和态度,会像是织布机一样,慢慢的织成了个人的行为举止、思考模式、甚至人格的一部分,深深影响一个人的一生。相对的,从鹏鹏的例子中,妈妈们也应该警惕:没有天生"懒惰"的孩子,却有"懒得教"的大人,两边要付出的代价都很大。

勤奋永远是成才的钥匙,永远是成才的第一推动力。具备了勤奋这种可贵的品质,你就等于拥有了成功的一半。所以,爸爸妈妈们一定要纠正孩子身上懒惰的恶习,培养孩子勤奋的美德。

3.不拖延,尽早培养孩子时间观念

拖拉是指不能按照自己或他人的意愿、计划等按时完成任务的一种消极状态。拖拉的人总是会找很多借口与托词来掩饰自己没有达到目标的原因,别人往往也会因此原谅他们的拖拉。于是,拖拉就很容易形成习惯。而拖拉一旦成为一种恶习,会侵蚀人的意志和心灵,会使人丧失进取心,将应该做的事情一拖再拖,最后以失败或者不了了之告终。

拖延的恶习,并不是天生就有,而是在后天的环境中逐渐形成。生活中,许多父母都有着这样的苦恼:孩子动作太慢,做起事情磨磨蹭蹭,慢条斯理,浪费宝贵的时间,降低了做事的效率,尤其是穿衣服和吃饭等方面,显得极为磨蹭,让大人非常头疼。这些行为一旦形成习惯,不单会导致孩子学习不积极,还会成为孩子以后成长的绊脚石。

早上六点钟,妈妈叫超超起床,到了六点二十,超超才只穿好一件上衣,而妈妈已经准备好了早餐。为了避免孩子上学迟到,妈妈赶快走到孩子的床前,帮孩子快速地穿好衣服,然后给孩子挤好牙膏,倒上洗脸水,让孩子刷牙洗脸。

六点四十分,开始吃饭了,超超拿着一块面包,咬一口后看见了旁边的玩具,就离开饭桌拿着玩具玩了起来,妈妈急忙把他拉到桌边吃饭,但一块面包超超整整吃了十五分钟。妈妈眼看着孩子要迟到了,就只好把早餐奶放进孩子的书包里,急忙去送孩子上学,而此时,刚好敲响了上课的铃声。

孩子处处磨蹭的生活实在让超超的妈妈感到很累,她担心孩子长大后做事情还会磨蹭,以后跟不上时代的步伐。

的确,磨蹭、拖拉对孩子的危害很大,它会消磨孩子的意志和进取心,让孩子变得懒惰、颓废、得过且过,这样就容易导致失败,而这个失败的结果又会使孩子情绪消极,从而更加不想立即行动。在这样的恶性循环中,成功也会远离孩子。

孩子做事拖拉,多源于家庭教育环境的影响和良好教育方式的缺失。对于做事拖拉的孩子,不少家长总是心急如焚,一味地批评甚至打骂孩子绝对不是好方法,孩子的慢性子并不是天生的,所以我们一定要对症下药,用耐心和爱心帮助孩子逐步改正,不要操之过急,要注意总结方式方法,不断提高孩子做事的速度,进而帮孩子改掉拖沓的坏习惯。

几乎所有的家长都被孩子拖拉、磨蹭等行为习惯折磨着,很多家长都想要改变孩子的这个问题,但是就像超超妈那样,总是觉得无处入手,实际上,只要家长付出足够的耐心,培养孩子的时间观念,那么慢慢的孩子就会改掉拖沓的坏毛病。

事实上有很多家长存在这一个误区,就是认为时间观念随着孩子的成长,他们会自然懂得。其实不然,只是知道时间的概念并不等于有了时间观念,怎样支配、掌握时间这方面,家长需要教导孩子。当孩子学会如何把握时间之后,才算是真正有了时间观念,才会懂得珍惜时间,合理利用时间。

每个人的生命都是由时间搭建起来的,没有多余的时间让人浪费,所以时间观念的培养最好趁早。孩子越早学会珍惜时间,懂得合理利用时间,他们的进步越大,越容易领先一步。每个家长都希望自己的孩子赢在起跑线上,那么就应该马上行动了。

对于喜欢玩闹的孩子来说,他们根本就不懂什么是时间,在他们眼中,快乐的时光是短暂的。家长可以利用这点来教育孩子,让孩子知道,做事情的时候时间在流逝,不管是玩,还是学习,或者是做其他的事情。要对时间有一个客观而真实的认识,这也是教会孩子珍惜时间、合理利用时间的前提和基础。

白霞是一个容易走神的女孩子,无论是吃饭,还是写作业,总是不专心,不知道她天天都在想些什么。对此,她妈妈说了她很多次,可就是没有效果。后来她妈妈发现,白霞学习的时候总看表,原来她等着磨蹭完学习的时间看动画片呢!知道了这点之后,白霞的妈妈给白霞定了个规矩,如果专心写作业,写完以后她的时间是自由的。这样一来白霞写作业的时候专心了,效率也非常高。渐渐地,她走神的毛病改了,也懂得珍惜时间了。

孩子通常都会觉得学习的时间很漫长,尤其是家长给他固定学习时间的时候。家长不妨从另一方面入手,规定任务量,而不是学习的时间,让孩子早完成早休息,这样孩子自然就懂得抓紧时间。在这个过程当中,孩子会慢慢体会到专心的好处,也会加强对时间的关注。时间久了,珍惜时间就会成为孩子的习惯,他也会在这个过程当中逐渐学会合理利用时间。

孩子不懂得珍惜时间有一部分原因在于父母,因为家长为孩子安排的非常好了,孩子根本不需要自己动脑筋去安排,在他的心里一定会这样想:我慢一点也没关系,爸爸妈妈一定知道我磨蹭,会给我留出充足的时间来。如果时间快来不及,他们会提醒我。

家长应该打破常规,改掉孩子的这种惯性思维,让他自己承担误时的后果,这样下次他就会牢牢记住,渐渐的他就会学习自己管理时间了。

当然,如果家长做事拖拖拉拉,孩子很难当机立断。因此,家长要先拿出一个干练的样子来,做一个表率。榜样的力量无穷大,在家长的影响之下,孩子无形当中就会意识到要珍惜时间,从而学会安排时间。

家长除了平时要懂得守时之外,也可以和孩子一起制订计划,共同安排时间,这样孩子就会通过实践学会安排时间,懂得怎样分配时间更合理。当孩子做事提前安排成为一种习惯之后,那么家长就不用担心孩子做事拖沓、没有时间观念了。

4.自觉遵守和维护公共秩序

遵守公共秩序是衡量一个人精神道德风貌和文明素养的重要指标。在公共场所自觉约束自己、方便他人、维护秩序,是做人的起码原则;相反,则表明缺乏道德修养。

十月革命后的一天,列宁到理发店去理发。当时,很多人都在排队等着理发,而理发店里只有两个理发师,忙不过来。列宁进去后,亲切地向大家问好,接着问:"我应该排在哪一位同志的后面?"大家觉得列宁是国家的最高领导人,日理万机,不该耽误他的时间,就纷纷让位。列宁却微笑着对大家说:"谢谢同志们的好意,不过这样做是要不得的,每个人都应该遵守公共秩序,按照先后顺利理发,我也不能例外。"说完,他就拿了张凳子坐在了最后的位置。

遵守公共秩序是社会文明的标志,它能体现出一个地方的管理水平和文明程度。尊重和遵守规则是一种教养、一种风度、一种文化、一个现代人必须的品格。如果你要想与他人一起和谐地生活,每个社会成员都要遵守一定的秩序。

规则秩序有两种不同的形式,其一是没有明文规定,只是人们在长期的公共生活中形成的道德经验与行为习惯,一些约定俗成、共同认可和遵守的行为规范,如乘车按顺序排队,在公共场合不大声喧哗,不破坏、污染环境等。其二是有明文规定的,这就是社会公共生活中的公约、规则、规章、纪律,如交通规则、公园游人须知、学校学生守则等,它通常带有一定的强制性,有的甚至与法律法规有所衔接。

一般谈论公共秩序的问题，主要以成年人为对象。但我们每个人都知道公共秩序是靠大家一起自觉维护的，孩子也是社会的一份子，出现在公共空间的机会很多，所以，家长有责任从小培养孩子遵守公共秩序的好习惯。

(1)在各种活动中了解公共秩序

对于孩子来说，他们年龄尚小，并不清楚什么是公共秩序，也不明白为什么要遵守这些秩序，更不懂得该如何遵守公共秩序。与其对孩子进行生硬地说教和规定，不如通过各种形式，引导孩子了解并掌握参加公共活动的礼仪，让孩子了解这些秩序和规则。比如：衣着整洁，顺序入场；进场后不能打闹喧哗，乱丢废弃物；在活动进行中，要坐(站)在指定位置，不能随意走动、大声说话，不吃零食；鼓掌感谢工作人员(或表演者)的劳动；顺序退场等。带领孩子参加活动时，要严格要求、引导他从一点一滴做起，逐步养成讲礼仪的习惯。同时还要认识到，这种习惯的养成，不是一朝一夕的事，要放平心态，大胆地带孩子到真实的场景中去体验和学习，绝不能因为孩子出了点问题就禁止他参加公共活动。除了讲解、示范和严格要求、耐心引导以外，还可以创编或收集一些有关的故事、歌谣，辅导孩子诵读，使他通过具体形象感受和体验公共场所的规范和要求。也可以让孩子在角色游戏中练习参加公共活动的行为方式。

(2)以身作则，言传身教

我们每个人都知道公共秩序是靠大家一起自觉维护的，只要有一个人缺乏自觉性，就会影响到公共秩序的维护，影响到大家的合法权益。所以家长要以身作则，用自己的言行为孩子做出榜样，教育孩子为他人着想，从自己做起，自觉遵守公共秩序。

5.养成倾听的好习惯

心理学研究表明，越是善于倾听他人意见的人，与他人关系就越融洽。因为倾听本身就是褒奖对方谈话的一种方式，你能耐心倾听对方的谈话，等于告诉对方"你是一个值得我倾听你讲话的人"。

小男孩畅畅是个人人都喜爱的"小大人"，尤其在听别人（无论是大人还是小孩）讲话时，他从不抢话、插嘴，还会不时地用点头对对方所讲的话表示认可。有时，对方说着说着停顿了，他会问"然后呢"，来引导对方继续讲下去。

事实上，在谈话中，任何人都不可能总是处于说的位置上。要使交谈的双方双向交流畅通无阻，就必须善于倾听他人的谈话。善于倾听他人说话的人，懂得"三人行，必有我师"的道理，不仅能够及时地把握对方的信息，弥补自己的不足，不断完善自己，而且能够让对方产生被尊重的感觉，加深彼此的感情，有利于人际交往。

可见，倾听他人的心声是孩子必须具备的美德。孩子要与人融洽相处、流畅地交流，必须要先学会倾听。

好的习惯几乎都是从小培养的，因此在孩子小时候，家长就应该有意识地培养他善于倾听的好习惯。

在现实生活中，我们往往会发现许多孩子非常善于表达自己，但是却不会倾听他人，无法在交往中体现出真诚，甚至不愿意倾听他人的建议和忠告。作为家长，我们如何让这些听力"不好"的孩子，养成善于倾听他人的好习惯呢？

方法一：父母要给孩子做出善于倾听的榜样

如果父母对孩子所说的话以冷漠的态度对待，那么，孩子也会把父母所讲的话不当一回事。但是，如果当孩子讲话时，父母能够放下手中的活，看着孩子的眼睛，表现出很大的热情和良好的倾听姿态的话，孩子往往也会成为一个很好的倾听者。

孩子不认真倾听他人说话是不尊重他人的表现，同样，父母不认真倾听孩子的心声也是不尊重孩子的表现。心理学家提示父母说，父母给孩子做出倾听的榜样，认真倾听孩子的心声，这不仅是了解孩子心灵的有效途径，也是培养孩子倾听他人的重要方法。

因此，不论孩子提出的问题是大还是小，父母都要尽可能找时间去倾听，而不要让孩子等你有了时间再说。立即倾听孩子说话，有助于赢得孩子的信任，更有助于培养孩子与人交往、倾听他人的好习惯。

方法二：父母要调整说话的方式

对于容易叛逆的孩子来说，父母高高在上的家长姿态、命令的说话方式，往往会使这些孩子对他们的话充耳不闻。如果父母能够调整自己的心态，把自己置于孩子的朋友这种角色，与孩子平等地交流、平等地对话，孩子反而能够倾听父母的每一句话。例如——

不要说"每天都要我来叫你起床，你到底起不起床？"而要说"一个人应该对自己的行为负责，起不起床是自己的事，不应该让别人来叫"。

不要说"我说的话你怎么不认真听呀？这孩子老是心不在焉"，而要说"妈妈有件重要的事情要跟你说，你要认真听，我讲完后还得让你帮我办个事"。

不要说"我刚说完你就忘记了，是不是不想听呀？"而要说"今天是不是精神不太好，要不要我再重复一遍，你再认真地听一下？"

……

父母调整了与孩子交流的心态，调整了说话的方式，孩子就有可能认真倾听父母说话。当倾听成为一种习惯，孩子自然而然便会认真倾听他人说话。

方法三：表扬孩子认真倾听的那一瞬间

许多孩子在倾听他人讲话时往往心不在焉，或左顾右盼、或摆弄东西、或不时走动、或突然插嘴打断别人的讲话，这些都是不尊重别人的表现，并且还会影响到孩子与说话者之间的关系。

遇到这种情况，家长首先要让孩子知道，他的这种做法是不正确的；其次，家长要采取措施引导孩子学会用心倾听。

一个不会倾听他人讲话的小孩子，在他聪明妈妈的引导下，很轻松地改掉了这个坏习惯：

这天家里来了客人，客人问男孩话，男孩总是不能认真地倾听，一会儿看电视、一会儿摆弄他的变形金刚、一会儿又和小狗玩起来。爸爸妈妈在与客人聊天时，他还会时不时地插嘴。

客人走后，妈妈把小男孩叫到身边，小男孩满以为妈妈又会像以前一样教训他一通。让他没想到的是，妈妈不但没有教训他，反而夸他："儿子，刚才那位阿姨走的时候夸你了，说你今天有段时间很认真地听她讲话，她让我转告你，谢谢你能认真地听她讲话！"

小男孩被妈妈说得不好意思了，不过他心里还是很高兴。

接下来的日子，妈妈一直在夸他：

"儿子，你听得很认真，这可是尊重别人的表现呀！"

"儿子，你把他的优点学来了，说明你很会听啊！"

"这么一点小小的区别都被你找出来了，你的听力可真了不起！"

"儿子，你听出了他的不足，可真帮了他的大忙！"

……

就这样，这个小男孩真的变得特别会倾听他人了。

再调皮的小孩子也有老实的时候,再不懂得倾听的小孩子也有用心倾听的那一瞬间。做父母的要善于发现孩子用心倾听的那一瞬间,并及时对他进行表扬。这样,得到表扬的小孩子在下次就会做得更好。久而久之,善于倾听便成了孩子身上的优点。

方法四:教孩子一些倾听他人的礼仪

孩子不能认真地倾听他人讲话,往往与他不懂得如何去听有一定的关系。这时,父母有意识地教他一些倾听的礼仪,对他养成倾听的好习惯有很大的帮助。

(1)倾听时,要面带微笑,不要显示出不耐烦的样子;要让对方感到轻松自如,而不是拘束。

(2)倾听时不要挑对方的毛病,不要当场提出自己的批判性意见,更不要与对方争论,尽量避免使用否定式回答或评论式的回答,如"不可能"、"我不同意"、"我可不这样想"、"我认为不该这样",等等。应该站在对方的立场去倾听,努力理解对方说的每一句话,并可以对他人的话进行重复。

(3)交谈过程中要少讲多听,不随意打断他人的讲话。

(4)倾听的过程当中要运用眼神、表情等非语言传播手段来表示自己在认真倾听。尽可能以柔和的目光注视着对方,并通过点头、微笑等方式及时对对方的谈话做出反应;也可以不时地用"是的"、"明白了"、"继续说吧"、"对"等语言来表示自己在认真倾听。

(5)如果对对方的谈话不感兴趣,可以委婉地转换话题,比如,"我想我们是不是可以谈一下关于……的问题?"等等。

6.让孩子放弃攀比的恶习

在这个世界上,大多数人都喜欢与别人攀比,适当的攀比心理会促使我们进步,促进社会经济的发展。在生活中,如果一个人大事小事都喜欢与别人攀比,而且总是过度盲目地去攀比,那样不但不会让我们过得幸福,还会让我们生活地很累,甚至会让我们的人生观、价值观错乱。让我们走向一条不归之路。

宁辉读小学五年级,虽然因为"义务教育"而不用在学习上花什么钱,但生活中他绝对算个高消费一族。

看看宁辉的衣服、鞋帽就知道,每一样都是大商场里的牌子货,他房间里的布置也很高档。

那么,他家一定很阔绰吧?

其实不然,他的父母都是民企的小职员,收入勉强在小康水平。可宁辉却从不顾及父母的辛苦和家庭的经济情况,总是向父母要这要那,非名牌不穿,非高档不要。

为此,他的爸爸妈妈省吃俭用,把钱都花在了儿子身上。

爸爸妈妈也曾教育过孩子,但没有起到太大作用,常常是你说一句,他说十句顶回来,宁辉常说的理由就是,别人都穿名牌,自己不能太差,那样会被人家瞧不起;别人吃的用的都是高档的,自己也不能太寒酸。

每当听儿子这么说,爸爸妈妈虽说无奈,但一想到只有这么一个宝贝疙瘩,自己挣的钱早晚都是他的,索性就满足他的要求吧。

也许你身边也有像宁辉这样的孩子,同时也存在像宁辉父母这样的爸爸妈妈。宁辉显然是爱攀比的典型,而他攀比心形成的原因主要来自父母的教育失当。其他有类似情况的孩子大多也是因为教育不当所致。由于现代的家庭孩子少,父母总是怕孩子受委屈,于是对孩子总是有求必应。自己孩子穿的、戴的都不能比别人差,别人的孩子买什么,咱家的孩子也得买,绝不能让人家比下去。因此,这种溺爱,纵容了孩子的攀比心。

此外,父母平时的表现也很重要。比如,有的父母爱和别人拼消费,喜欢显摆,那么孩子自然会效仿。

应该说,如何正确对待孩子的"攀比心理",是我们家庭教育中的一个重要的话题,这个问题在孩子的成长过程中有的时候也许不会那么太明显,但处理不好这个问题,就很有可能会影响到他们的一生,而且对于这个方面的教育也是我们在对孩子进行教育时容易疏忽的一个问题。

因此,父母应该及时引导,让孩子知道,良好的生活条件要靠自己创造,父母的成就并不是孩子的荣誉。家长应把他们的竞争注意力从家庭条件引向个人能力和学习成绩,从而使攀比演化成校园内的良性竞争。

(1)对待孩子要疼爱有度,不要放纵

如果父母对孩子有求必应,会很容易导致孩子养成过度自我中心的心理。你对孩子百依百顺,娇生惯养,姑息迁就,孩子就会有恃无恐,消费无度,进而很容易造成攀比惯性。

同时,父母们也要注意,不要存在"我的孩子不能比别的孩子差。别的孩子有的我的孩子也应该有;别的孩子没有的,我的孩子也要有"的想法。如果连父母都有这种虚荣心,那么就很难在实质上帮助孩子,反而会推着孩子朝着错误的方向越走越远。

所以,父母对孩子要疼爱有度,而不要放纵孩子,满足他们越来越膨胀的攀比心理。

(2)引导孩子学会正确的比较

孩子年幼,尚没能形成正确的价值观和审美观,这就要求父母多加引导,让孩子学会正确的比较。比如,告诉孩子不要只看自己和他人分别所得的成绩和好处,而应比较一下彼此对集体作出的贡献;不要和别人比吃比穿,而应多比较一下彼此的学习成绩和进步情况。同时还要提醒孩子,不要和跟自己相差太多的同学来比,那样很容易造成自满或者自卑情绪。

(3)利用攀比的正面因素

有的时候,攀比也有着正面的意义,它可以激励孩子不断进步,不断向比自己强的人学习,等等。比如,孩子的学习积极性不够,父母可以采取一定的奖励制度,把孩子喜欢的东西作为奖品,达到目标给予奖品。但父母也要注意,使用这个方法时不能操之过急,要订立合理的目标。通过这种比较,孩子不但不会滋生不良情绪的行为习惯,反而会激发斗志,让自己取得更多更大的进步。

需要提醒的是,对于孩子攀比心理的改变,父母要耐下心来,认真地分析孩子产生攀比心理的原因,不要因此斥责或者惩罚孩子,而应采取恰当的方法,帮助孩子告别攀比的恶习。

7.帮孩子去除挑食偏食的坏习惯

很多孩子都有挑食偏食的坏毛病,如果不及时矫正,不仅会影响到孩子摄取营养,严重的还会影响到他们的身体发育,更有甚者,还会养成任性执拗的坏习惯。挑食偏食的孩子没教养,有教养的孩子不偏食。

现在,在养育孩子的过程中,很多家长都会遇到了同一个问题,那就是孩子喜欢挑食,热衷于偏食,而且还乐此不疲。家长们发现,有好多孩子不好好吃饭了,特别爱挑食。

小勇在幼儿园是个乖孩子,经常会受到老师的表扬。他在幼儿园从来都不挑食,可是,在家里却特别挑剔,不喜欢家里的饭。

在家里,小勇几乎都很少上饭桌。即使妈妈亲自喂他,他还是总说:"妈妈,我不想吃饭。"一次,为了让小勇能吃下饭,爸爸还特意带小勇去外面玩了一圈。妈妈则端着饭在门口等着,只要孩子累了,妈妈就可以随时喂他饭了。

车子在门口转一了圈。转到妈妈面前时,妈妈连哄带骗地说:"到家啰,来,吃一口!"

可是,小勇却说:"好啦,不吃!再转转!"

就这样,来来回回转着圈子,还没等一碗饭喂完,小勇的爸爸妈妈早已转得晕头转向了。

生活中,这样的故事很多,绝大多数的家长都知道偏食、厌食会影响到孩子对营养的均衡摄入,从而影响到孩子的身体发育,而且它对孩子的心理成长,乃至性格形成也是有影响的。但是,即便家长们都了解了它的害处,但还是感觉一点办法都没有,像小勇这样的孩子仍然很多。

小勇的问题跟家长的教养方式有着密切的关系。现代家庭中的孩子大多都是独生子女,家长们生怕孩子吃不好,营养跟不上,往往会特别关心孩子的吃,他们总会想方设法地让孩子多吃些、吃好些。

为了让孩子吃得好,很多的家长就由着孩子的性子来,孩子想吃什么,家长就给他们提供什么,很少有人会考虑到营养是否合理,孩子能否吸收。这样做的结果,只能是让孩子养成偏食、厌食的坏习惯。

天天今年7岁了,他的吃饭问题,可愁坏了妈妈。每天吃饭的时候,一家人都高高兴兴地坐在饭桌边,只有他什么都不想吃,不是说"没胃口",就是说"不饿"。

假期里,天天去了姥姥家。姥姥家住在农村,妈妈很担心,怕他在乡下吃不好。在家里,每天孩子连鸡鸭鱼肉都不愿吃,到了乡下,孩子能吃得下那些粗茶淡饭吗?

可是,事情并不是妈妈想象中的那样。说来也怪,在姥姥家,天天不仅跟小朋友们玩得很开心,而且对姥姥家的腌茄子、拌豆腐、酱黄瓜等,也格外喜欢。就连在家里最怕吃的猪肉,天天也吃得津津有味。

其实,出现这样的情况并不奇怪,这里有个饮食的"对比度"问题。有些父母一心要让孩子吃好,就买来各种所谓高级儿童食品,他们用这些食品把孩子"堆"了起来。殊不知,人的食欲有个怪脾气:有时候,父母越是让孩子吃,孩子越是不想吃。"逼"到一定程度,挑食厌食便成了必然。

孩子之所以会产生挑食厌食的现象,主要在于,家长过分迁就孩子,任其随心所欲地吃过多的零食。零食是导致孩子偏食厌食的一个重要因素。有时候,是家长的言语暗示导致了孩子的偏食。比如,家长常在孩子面前讲某种食物不好吃,孩子就很容易对某种食物产生厌恶,从而形成挑食。

偏食、厌食的孩子一般比较任性,他们有的只挑自己喜欢吃的食物,对于自己不喜欢的食物则一概不吃。有的孩子,一听要吃饭就眉头不展。挑食的孩子不仅任性,而且敏感、挑剔,他们的自制力往往不是很强,时间长了,就会影响到孩子的性格发展,更别说让他有教养了。

为了纠正孩子的挑食问题,为了让孩子变得有教养,父母要注意以下几方面:

(1)不要一面进餐,一面看电视,确保孩子有固定的吃饭时间。进餐时尽量让孩子坐在高椅上,不要让孩子在椅子上玩玩具,要让他有正经吃饭的感觉。

(2)孩子对吃饭有了兴趣后,家长还应在做菜时经常变换花样,以防孩子对某种食物产生厌烦心理。

(3)从婴儿期开始,适时给孩子添加蔬菜类辅助食物。刚开始可喂一些用蔬菜挤出的汁或用蔬菜煮的水,如番茄汁、黄瓜汁、绿叶青菜水等,然后可以给孩子喂些蔬菜泥。孩子快1岁的时候就可以给他们吃碎菜了,可以把各种蔬菜剁碎放入粥、面条中喂孩子。

(4)饺子、包子等有馅食品大多以菜、肉、蛋等做馅,这些带馅食品便于儿童咀嚼吞咽和消化吸收,且味道鲜美、营养也比较全面。对于那些不爱吃蔬菜的孩子,不妨经常给他们吃些带馅食品。

(5)一些有辣味、苦味的蔬菜,不必强求孩子去吃。一些味道有点怪的蔬菜,如茴香、胡萝卜、韭菜等,可以尽量变些花样,比如,做带馅食品时加入一些,让孩子慢慢适应。

为了不让孩子养成挑食偏食的坏习惯,父母要让孩子明白:人要生长发育,就要摄取各种营养素,这些营养素都是来自于各种食品的。如果一味地偏食、厌食,只会影响到自己的身体发育,还会经常生病。

父母要给孩子树立榜样。有些家长自己就偏食,而且自己不吃的东西也不给孩子吃。这是家长的失误。家长要改掉这种倾向,以身作则,和孩子共同进步。有时候,孩子会有吃零食的要求。家长要秉承适量适度的原则,不要对孩子过度纵容。面对孩子的过分要求,家长要坚持原则。

第八章

女孩——气质是一生的魅力砝码

1.多方面加强女儿气质的培养

一个人的气质是指一个人内在涵养或修养的外在体现。气质是内在的不自觉的外露，而不仅是表面功夫。如果胸无点墨，任凭用再华丽的衣服装饰，这人也是毫无气质可言的，反而给别人肤浅的感觉。

尤其对于女人来说，气质正是她恒久魅力的所在，当一切繁华落尽，只有气质在女人身上慢慢沉淀，成为人们驻足回首的理由。气质不受容貌、服饰、地位的影响，它是唯一能够让女性受用一生的美丽法宝。拥有气质的女人，即便是相貌普通，也能给人留下美的印象，动人的风韵、人性的高贵。这才是女人最好的明信片。

在现实生活中，不少女孩都只注重穿着、打扮。衣服是不是漂亮、脸蛋够不够水灵，成了一些女孩最为注重的方面。固然外表的洁净与美丽是女孩需要具备的，但是气质更是女孩一生受用的。随着社会的进步，女性的内在美开始受到人们越来越多的重视。外在的打扮能够通过化妆、服饰搭配来达到完美,但是女性的善良、宽容、内在的丰盈则需要在耐心、长时间的修炼中得到加强和完善,气质就是在这个过程中逐渐积累起来的。

女人的气质如何,并非天生而成,都来自于后天的雕琢与打造。父母为女孩所营造的成长环境,是关系女孩气质好坏最重要的因素。所以女孩的气质要从小培养,在这个过程中父母起着举足轻重的作用。

要让气质成为女儿一生的魅力砝码,父母就要多纠正女儿的不良习惯,从方方面面加强女儿气质的培养,让孩子成长为一名有气质、有智慧的女子。

想要培养女儿的好气质,父母们可以从以下几个方面来做:

(1)要培养女孩子的率真、善良的性格。女孩子要以自然、清新、大方的形象出现在大家面前。"碧水出芙蓉,天然去雕饰",就像是一朵出水芙蓉,清雅、高洁。要培养女孩子学会微笑,对每一个人学会展示自己甜美的笑容、可爱的笑容,把微笑当成女孩子必修的课程,当成一种交际语言。培养女孩子自然大方、真性情、率真、直爽的性格。要把快乐的元素、清新的元素、率真的元素注入她的成长中,让孩子形成良好的习惯。

同时,人的第一品格是善良,善良的人,到哪里都能够获得大家的信任、支持和帮助。"心的天堂源于善",要把女孩子培养成一个善良的、有爱心的人。要让女孩子热爱大自然、保护大自然;要让女孩子爱护小动物,保护小动物;要让女孩子爱护儿童,呵护儿童;要让女孩子关爱社会,对社会奉献自己的爱心;要让女孩子关心弱势群体,并想办法帮助弱势群体。使女孩子成为一个心中有爱,又能够付出爱、播撒爱的人。

(2)培养女孩子独立、乐观的心态。女孩子一定要让她学会"自立、自强、自尊、自爱",让她学会独立,学会不依赖别人。要培养女孩子自信和独立意识,相信自己能行,可以办得到。要让女孩子有自己的一技之长,有自己独立生活和创造幸福生活的能力,有自己的事业和追求,有自己的一份固定的收入,在经济上独立就能够赢得别人的尊重。

女孩子要有一个好的心态,学会理解别人、支持别人、谅解别人,宽容别人,包容别人。"好心态好人生","心态改变一切改变",好的心态能够使复杂的事情变简单,能够使棘手的事情变容易。要让女孩子笑对人生,笑对生活,有开朗和豁达、活泼的性格,每天开心地学习和生活,使自己生活在幸福和快乐中。

(3)丰富女儿的知识和内在修养。女性对知识的积累,也是其气质形成的一个重要因素。在知识不断丰富的过程中,女性眼界、思维变得渐渐开阔,心智会不断地得到提高和锻炼,因此对很多事情的理解高度也会得到提升。多读书就是一个很好的方法,培根曾经说过:"读诗使人灵秀,诗史使人聪慧,数学使人周密,科学使人深刻,逻辑修辞学使人善辩,伦理学使人庄重,凡有所学,皆成性格。"读书能够让一个女人充满知性气质,所谓"腹有诗书气自华",在书卷之中,女性变得善于思考、善于运用她心思的跳跃。

在家庭生活中,父母要让女儿多读书,读好书。对于哲理寓言、名言警句、各种百科知识、名家小说、散文、著作等有分量的文学书籍,父母要尽量多给孩子买一些。这样让孩子在读书的过程中,学习经典、扩充眼界、提高修养,丰盈她的心灵,从而培养她的知性气质。

(4)要培养女孩子的高贵气质。对于女孩子,我们一定要培养她的高贵气质。何为"高贵"?就是道德水平高尚;就是品德优秀;就是地位高,受人尊重;就是落落大方,做人不卑不亢;就是不低三下四,不小里小气。做一个高贵的人,就是要有较高的、较深的追求、处世、为人和修养;就是一个对长辈有孝心,对晚辈有爱心,对事业有忠心,对朋友有诚心;就是要做一个善良的、崇高的、阳光的、感恩的人;就是处世内敛、谈吐文雅,举止端庄;就是胸怀宽广,富有爱心。高贵的人,就是让人一看就会肃然起敬,让人不忍亵渎和侵犯她。培养一个高贵的女孩子就是要她受到人的尊重和爱戴,一生幸福而富足!

2.女孩更要培养意志力

由于天性使然,当男孩们抱着玩具坦克、手枪竞相追逐时,女孩们大多抱着洋娃娃、穿着自己认为漂亮的花裙子听话地坐在家里画画、听妈妈讲故事。女孩的温柔、安静给世界带来了一抹美丽与香甜,温柔乖巧的女孩,更加受到人们的喜爱。因为几乎很少会有喜欢像男孩一样爬墙头、喜欢冲杀的女孩子。

因此,身为女孩的父母,对女儿大多是轻声柔语,呵护备至。给她喜欢的布娃娃,买给她喜欢的花裙子,在她哭泣时给她拥抱,时刻照顾着她的生活,给她无微不至的爱。诚然,能够根据女孩的天性来爱女儿,父母的想法固然是正确的。然而很多时候,父母又会忽略一个问题。随着女儿变得一天比一天娇柔可爱,她的性格也渐渐变得更加软弱。软弱,早已不再成为惹人喜爱的因素,反而成了其性格上的缺陷。软弱让女孩在做事时变得瞻前顾后、缩手缩脚,即便是受到不公平的待遇,也一忍再忍,不愿站出来说话,遇到问题很难拿出自己的意见,习惯于听从他人的指挥,结果不仅使她们的学习效率降低,也常会受到小伙伴的戏弄。女孩的软弱性格不仅不利于她们的学习,也会成为破坏她与他人之间人际关系的凶手,特别是在她们长大之后,性格的软弱更会阻碍她们在社会中的发展。

陈艾琳正在读六年级,是个乐观开朗的女孩子,爱好广泛。但是她却有一个很不好的习惯,那就是当她做一件事情遇到困难时就轻易地放弃。在她的观念里,坚持就是浪费时间。陈艾琳读四年级的时候喜欢上了舞蹈,她身材纤细苗条,很有跳舞的天分。刚到舞蹈班时老师非常器重她,她也很认真地学习。

但是当她在学习舞蹈时遇到了一些练习了很久也没有准确掌握的动作时，她就不耐烦了，要求退学。她跟老师说："我没有跳舞的天分，不应该在这里浪费时间。"

老师告诉她："那些成功的舞蹈家也不是一蹴而就的，她们也是通过自己辛苦的努力才成为舞蹈名家的。"但她不听，坚持退了舞蹈班的课。过了几天，又迷上了绘画，没练几天，她又打了退堂鼓……在这两年里，陈艾琳前后学习过舞蹈、绘画、钢琴，但是一直到今天她依旧没有一门特长。

女孩可以温柔，但是绝不可以软弱。从女儿小时候起，父母就要注重培养她的坚强性格，不要总是把女儿当成娇贵的花瓶，拿起来怕碎了，放下怕丢了，使女儿变得软弱，从而对她的一生造成影响。

看看一位母亲是怎样做的：

常有人说我女儿长得像周迅，可以想象得出她是那种看起来很柔弱的女孩，加上她爸爸一直认为女人如猫，所以取了小名叫喵喵，真是人如其名，说话细声细气，从小见人就害羞地躲在我身后。自从有一次在幼儿园里看到她那么文静怯懦地站在一堆活蹦乱跳的小孩中间，我就决定，努力改变她的性格，要让她有女孩气的同时，多些男孩的豪迈、坦荡、大气、勇敢和坚韧。

首先，我鼓励她多跟男生交往，课间多跟男生出去跑跑，少跟那些小女孩叽叽喳喳"咬耳朵"。我天天在她耳边唠叨"你们幼儿园某某（男生）很不错，看起来很大方，还常常保护别人，你可以多跟他交往。"我还故意在她面前称赞某某叔叔，做事很有魄力，不像有些阿姨，做人做事都扭扭捏捏，看起来不爽。所谓耳濡目染，听得多了，她也会在我面前表扬男生的优点，而且跟男生主动交往后，她反而很少被男生欺负。

其次，课外培训班尽可能选男老师，增加跟男性接触的机会。画画她换过三个老师,全是男的,乐理课也是一位男老师。现在培训班的男老师真的很不错,都是兼具男子气和女性的耐心、细致和爱心,女儿都非常喜欢他们。

再次,帮女儿找到一项适合的体育运动。游泳队教练到幼儿园选苗,女儿和班上几位女生都被选上了,但其他妈妈都嫌天冷、孩子又要学英语跳舞的,没有送孩子去游泳。只有我坚持让她游到现在。刚开始天冷时,她哭泣过,想放弃,我总是鼓励她,要像男孩一样勇敢,我告诉她,你真幸福,从前在妈妈肚子里就是在水里,现在游泳就像回到妈妈肚子里。还常常跟她一起幻想:你在水里游啊游啊,就像小青蛙,真漂亮!要是以后你可以出去比赛,那妈妈就沾你的光,到处去旅游……如今,游泳队里游得最好的是一个比她高半个头的男生,我鼓励女儿以他为榜样,只有超过他,你才可能像游泳健将菲尔普斯那么棒。

上小学后,女儿的课外兴趣班报的是武术队,她成了体育健将。体育真的很能锻炼人的意志,游泳两年多来,无论天多么冷,无论是感冒、受伤、肌肉酸痛,她的游泳课几乎一课未落,夏天免不了皮肤受伤,她总是在游泳池边,创可贴一撕就跃入水中,一个伤口要好多天才能愈合。平常去补牙、打针,从来不哭,偶尔掉几滴眼泪,安慰几声也就好了。

总结这位母亲的做法,我们可以从以下几个方面入手让女儿远离软弱变得坚韧。

(1)鼓励孩子尽力做好每一件事情。孩子心智的发展还不成熟,做事情容易受到外界环境的影响,遇到困难更容易想到放弃。这是孩子正常的心理和行为表现,父母应该理解这种行为。在这种情况下,父母应该鼓励孩子尽力做好手头正在做的事情。

王晓是个四年级的女孩,她也像同龄的孩子一样做事情遇到困难容易放弃。有一次，妈妈利用周末带她一起收拾屋子。王晓按照妈妈说的方法却怎么也擦不干净玻璃，她有些气馁了。尤其是当她发现自己擦一块玻璃居然花了五分钟还没擦干净、而家里又有这么多扇窗户时她彻底失去信心了。于是，她把抹布扔在一边，一屁股坐在地上叹起气来。

妈妈看到孩子的表现便告诉她："你刚学擦玻璃，擦不干净很正常。你只需要把你正在擦的这块擦好就是成功了呀。不要急于求成，等你熟练以后速度也就上去了。你如果就这样放弃，可是连一块也擦不干净了啊。"

千里之行，始于足下。父母应该鼓励孩子做好自己能做好的一切事情，例如当孩子写作业遇到难题时，让她尽力思考，能做到哪一步就到哪一步，但是不能因为题目太难而干脆放弃不做了。

(2)利用名人激励孩子坚强起来。每一个成功者必然都具有坚韧的意志，因为没有哪个人的成功不是克服重重困难、依靠坚韧的意志力的支撑而获得的。父母在对孩子进行教育时可以多利用名人的榜样作用来激励孩子。

小学五年级的李思圆是个可爱的女孩，但她也像其他孩子一样，做作业时三心二意。后来妈妈给她买了一本《居里夫人传》，李思圆看了之后跟妈妈说："我也要成为居里夫人那样的成功女性。"妈妈听了很高兴。后来当孩子写作业时东张西望、心里总想着游戏或者玩具时，妈妈就会提醒她居里夫人在工作或者学习时是如何努力的。没想到，妈妈说完之后李思圆居然立刻认真起来。

父母有空的时候可以陪孩子去观看一些再现名人成功历程的电影，也可以给孩子购买一些名人的传记，让孩子从名人成功的故事里体会到意志力的重要性，并利用名人的榜样作用时刻激励孩子。

(3)创造机会让孩子锻炼。现在的孩子物质生活特别优越,从来没有体会过生活的艰辛,没吃过什么苦,连上学和放学这样简单的事情也由父母陪同,这也是使孩子们缺乏意志力的原因之一。父母不仅不应该如此娇惯女儿,更应该创造机会在生活中锻炼她们坚忍的意志力。

周末的时候,父母可以带孩子去参加一些体育活动,例如登山、长途远足等,利用这种"劳其筋骨"的方法锻炼孩子的意志力。平时在生活中也要多让孩子参与家务劳动,最重要的是培养孩子遇到困难不退缩的品质。

(4)利用目标激励孩子。没有目标就像在黑夜中行走,这也是许多失败者之所以失败的原因。让孩子看到希望的灯塔,父母可以给孩子设定一个目标,让孩子朝着这个目标努力。这种目标激励法会让孩子为了实现目标而自觉地克服困难,迎接挑战。比如,在学习上,父母可以每天给孩子设定一个目标,这个目标的难易程度应该根据孩子的个人情况而定,不能过于简单也不应该过于艰难。父母还可以指导孩子把大的目标分解成许多小的目标,每天坚持完成当天的任务,最终取得成功。

3.培养正确的审美观

爱美是女孩的天性。女孩从懂事起就会对自己和周围的环境产生审美要求。尤其是3岁以后,当男孩们还在疯跑的时候,女孩们已经开始对自己的衣着打扮产生浓厚的兴趣。

为此,有些爸爸哭笑不得:"我的女儿刚懂事,就拿着她妈妈的唇彩往脸上乱涂,你是没见她那个滑稽的样子。"

"下班回到家，女儿跌跌撞撞地跑到我面前，抬起一只脚问我好看吗。我才发现她把我爱人的高跟鞋穿上了，跟踩着一条船一样。"

"大冬天的，我女儿居然哭着闹着要穿裙子。这么冷的天气，非感冒了不可。"

"每次出门前，她都要在镜子前照很长时间，还不停地问我：爸爸，我这样穿出去行吗？我肯定了3遍后，她才满意地跟我出去。"

就像这些父亲说的那样，女儿很早就有了审美观。她们会想方设法把自己打扮成想象中的样子、她们会模仿比自己大的女性、她们会羡慕那些拥有化妆品和高跟鞋的成年女人，等等，这些都是女儿处于审美敏感期的表现。

有心理学家认为，女孩从审美敏感期开始，她的一生都会处于对美丽的追寻之中。如果在女儿形成自己的审美观之初，父亲粗暴地横加干涉，会导致女儿审美观的形成过程受阻，女儿的审美观就难以很好地建立。长大后的她，也将不会是个审美能力高的女孩。相反，如果女儿此时能够得到爸爸的鼓励和引导，她的审美观会向一个好的方向发展，她将会成为一个审美能力极高的女性，这也将会有助于她内在气质和外在形象的提升。

有一天早晨，爸爸到女儿的房门外喊女儿吃饭。女儿对门外的爸爸说："爸爸，再等会儿，你可能有惊喜哦。"

几分钟后，爸爸再次来到女儿的房前说："干什么呢？早餐都凉了。"

门猛地被拉开了，站在爸爸面前的人差点儿让爸爸晕过去。女儿的两个脸蛋涂得血红，头发弄成鸡窝状，眉毛画得又粗又黑。爸爸不禁皱起了眉头："我的天啊，我当遇到了怪物呢！你这是干什么？你才多大啊，就弄得跟个妖精一样。"

女儿听了差点儿哭出来,迅速跑到卫生间把脸上的东西全洗掉了。

不久以后, 女儿的班主任打电话给爸爸说:"我们班里要表演节目,可是你的女儿死活不肯化妆,说化了就是妖精。"

爸爸这才意识到自己的错误。女人天生就代表着浪漫的梦幻和一切美好的事物。每个女孩心中都有一个关于美丽的梦,梦到自己某天醒来变得漂亮可爱,所有的人都夸奖她,说她是个美丽的公主。作为父亲,应该维护女儿这种对美的渴望和向往,让女儿保持这种浪漫的情怀,实现自己成为美丽女人的梦想。

所以,不论女儿对美的追求和认识多么偏怪,家长都不可采取强硬措施严厉地封闭孩子的想法,而是要拿出客观态度,以正确的教育方式引导她、尊重她、理解她,使女儿成为一个乖巧可人、美丽灵动的小姑娘。

一个女性的气质如何,大多体现在她的审美观上,气质好的女性,必定有着很好的审美观。想要女儿成长为一位气质出众的女子,父母就要注意从她小时候起培养她较高层次的审美观。那么,作为父母,应该如何培养女儿正确的审美观呢? 在家庭教育中,父母可以从以下方面入手。

(1)引导孩子进入正确的审美世界

在女孩幼年,审美观经常受到外界的影响,加之女孩爱美的天性,不少女孩都曾有过穿着妈妈的花裙子,踩着妈妈的高跟鞋在镜子前"臭美"的经历,甚至还有一些女孩会拿来妈妈的大耳环、化妆品自我打造一番,陶醉于自己的美丽中。于是女孩子开始更多地注重自己的裙子是不是最漂亮的,自己的穿着和打扮有没有受到别人的羡慕,得到老师的夸奖,红指甲、粉裙子、项链、花衣服……对美丽过于盲从地追求,也让很多女孩更容易形成错误的审美观。但是对于年龄尚小的女孩来说,产生不正确的审美观很正常,认为只要衣服颜色艳丽、有首饰就很漂亮。然而对于女孩的这些错误的审美观,父母却不可用强硬的方式干涉和禁止,而是要运用正确的方法,适当地引导孩子,使她认识到美的意义。

姚女士和丈夫都是在工厂上班的普通工人,他们有一个可爱的女儿名叫阿珂。因为家境不很富裕,加上工作比较忙,姚女士也很少注意女儿对美的需求。然而有一段时间,女儿阿珂从幼儿园回来后,总是向姚女士诉说自己的"小心事",比如哪个小伙伴戴了项链、谁穿了新裙子、哪个人又买了新皮鞋等,而且在阿珂心中,戴着项链、戒指,穿着花裙子、戴着大头花的女孩子才是最漂亮的,每当说起来,阿珂就表现出一副羡慕的样子。对于自己以前的衣服,阿珂也开始表现出厌烦情绪,常常嫌自己的衣服难看。看到女儿这个样子,姚女士开始意识到,女儿开始知道美了。但是姚女士也发现,女儿对美的认识出现了偏差。

虽然家里经济条件不宽裕,但是为了不影响女儿的自尊心和自信心,姚女士到毛衣厂买来了各种颜色的毛线,并根据女儿的特点和气质,为女儿织了十多件颜色跳跃、款式新颖的衣服。

在此基础上,姚女士还对阿珂进行了整体打造,使阿珂变成了一个可爱的小精灵。虽然累,但姚女士觉得是值得的。后来,姚女士的女儿从幼儿园回来后,总是一脸的兴高采烈。因为阿珂的很多小伙伴看到她的衣服,都表现得十分羡慕,还有不少家长想要借阿珂的衣服做样子。随着自己越来越受欢迎,阿珂再也不去羡慕别人的衣服了,反而时常还会像个小评论家似的,和姚女士讨论小伙伴的穿着。看着女儿快乐的样子,姚女士感到很欣慰。

女孩的审美观,常常受到自我天性和周围环境的影响,有着像阿珂一样心理的小女孩在生活中并不少见。这时,作为父母,就要做到正确引导,让女儿逐渐懂得怎样打扮才是真正的美。

(2)带女儿走出攀比的误区

希望自己漂亮、受到所有人喜爱的女孩,最愿意自己成为人们注目的焦点。所以,当女孩看到别人拥有自己没有的东西的时候,往往就会不由自主地产生一种自己也想拥有的心理:"妈妈,我觉得同桌的耐克T恤很好看。我也想要一件。我穿上肯定比她好看。"

"妈妈,小华戴了一只很好看的手表,我觉得我也该有一个。"

"妈妈,圆圆的鞋子很好看呢,能给我买一双吗?"

这些从表面上看,似乎是女儿很注意自己的形象和着装,其实女儿并不是真觉得别人的东西好,只是她攀比的心思在作祟。她会认为,她之所以比我漂亮,是因为她穿了名牌的衣服,戴了好看的手表,脚蹬漂亮的鞋子。于是,她就强烈要求父母也给自己买,自己穿上了就是美的。这种攀比心理是一种虚荣心。虚荣心人皆有之,但如果任其发展,一旦进入恶性循环可能就会让女儿变成一个爱慕虚荣、自私自利的人。所以,当女儿产生攀比心理的时候,父母一定要及时加以纠正。

女儿放学回家很不高兴地对妈妈说:"妈妈,丽丽买了一条名牌的裙子,老是在我面前炫耀。我也要一条,我保证穿上比她好看。"

妈妈语重心长地对女儿说:"孩子,你学习好、性格开朗、自信乐观,并且身体健康。在妈妈的眼里,你穿什么样的衣服都比她好看。你已经赢了她了,为什么还要跟她比什么名牌不名牌呢?再说,整个人是否美丽,衣服只是微不足道的一部分,最重要的是你有没有好的性格、好的学识、好的谈吐、好的气质。如果这些都有了,所有的人都不会在乎你穿的是不是名牌。你说,大家是喜欢名牌衣服呢,还是喜欢一个人好的性格、好的学识、好的谈吐、好的气质呢?"

"当然是喜欢一个人好的性格、好的学识、好的谈吐、好的气质了。"

妈妈微笑着点了点头,说:"这下我的女儿说对了。看你身上的这件裙子吧,虽然不是名牌,但是穿在你身上多合适啊。来,再笑得甜美一些,对,像不像可爱的公主?"

女儿在镜子前转了一圈后,心满意足地出门了。

适合自己的才是最好的。一个真正审美能力高的人,外在只是她内心传达的一部分。一个真正美丽的人,是气质、个性、学识、品格和外在的结合。父母亲应该让女儿明白,华丽的包装跟美丽没有直接关系,真正的美是由内而外地散发出来的气质,去盲目模仿、羡慕和比较别人的穿着的女孩只能吸引别人一时的目光和赞美,而一个人的内在气质不仅能让自己享用一辈子,还会获得更多人的崇拜和尊敬。

(3)让女儿参与到装扮的乐趣中

一个拥有自我个性装扮的女性,才能表现出独属自己的美丽。在现实生活中,不少女性都习惯于随波逐流,追求所谓的流行,结果往往失去了自己的特点。对于小女孩来说,这样的现象就更为常见,小伙伴之间最受欢迎的衣着方式、衣服款型,往往成为小女孩追捧的对象。不少父母只是一味地满足孩子爱美的心理,却忽略了培养女儿对美的独特观点,使孩子成了"跟风族",失去了自己的特点。这样不仅不能突出孩子本身的特点,也不容易使孩子建立真正属于自己的审美观。

所以作为女孩的父母,就要时刻向女儿传达美的概念,让她知道美不仅需要单纯的漂亮衣服,更需要拥有自己的个性。在现实生活中,父母不妨让女儿自己开动脑筋,参与设计的快乐,让她自己建立自我独立的审美观念。

陈女士是一个特别有心的人,有一天,她10岁的女儿巧巧忽然跑到她面前,要陈女士给她买一件衣服。然而陈女士发现,女儿所说的衣服几乎每一个小女孩都有,原来女儿是在"追流行"。后来陈女士就对女儿说:"巧巧,你愿意设计一件属于自己的衣服吗？你来设计，然后妈妈帮你一起做，你看好吗？妈妈相信你会设计出比任何小朋友穿得都要漂亮的衣服。"

听到妈妈的鼓励，巧巧一下子来了精神，在自己的小屋里关了两个晚上，终于向妈妈拿出了自己的小设计。根据巧巧的设计，陈女士购买了布料、扣子和相关的一些材料，从画图、裁剪、缝制，陈女士都和女儿一起动手。用了整整三天，巧巧穿上了自己设计并参与制作的裙子。没想到，女儿的新裙子受到了很多同学的喜爱，并且不少女孩开始询问巧巧的裙子是哪里买的。经历了这场设计之后，巧巧开始有了自己的梦想——成为一名真正的服装设计师。

孩子的审美能力如何，离不开父母的教育和引导，让女孩拥有自己独特的审美视角，更是父母应该培养的。不论孩子是否真的能够成为设计师，让孩子体会自己设计、制作的过程，从中提高孩子的自信心和自我判断能力，有助于孩子审美能力的提升。因此，父母要特别注重对女儿个性审美观的培养。

4.做优雅的小淑女

哲学家培根有句名言："相貌的美高于色泽的美，而秀雅合适的动作美又高于相貌的美。这是美的精华。"对女性来说，美丽的容貌固然能够为其加分不少，然而对女性来说，高雅的气质，则更能凸显女性的美。优雅得体的举止，是女性气质的一种表现形式，也为女性的魅力筹码。无论是一举步、一抬头、一低眉、一蹙首，都能在无声无息中展现出一个女性的个人气质和内涵，是女性在平凡之中的个人展现。一个拥有优雅举止的女性往往有着美好的气质和丰富的内涵。

女性优雅的举止也是人际交往中最美丽的名片，塞缪尔·斯迈尔斯说："友善的言行、得体的举止、优雅的风度，这些都是走进她人心灵的通行证。"一个拥有优雅举止的女人，往往更容易在社交中受到注视和欢迎。

女性能够拥有优雅的举止大多来自其幼年时父母的纠正和引导，只有女孩从小养成举止优雅的好习惯，才能最终成为一位气质出众、举止得体的女子。所以，父母要从女儿小时起注重培养她的举止，使女孩形成良好的举止习惯。

那么，父母在现实教育过程中都应该怎么样做呢？可以从以下几个方面入手。

首先，妈妈要做优雅的好榜样。女孩子是妈妈的一面镜子，所以，培养淑女，更需要妈妈言传身教。

一位妈妈这样写道：

别以为小孩什么事情都不懂，她可都看在眼里呢。有一次她冲我发脾气，我就说她："小姑娘不可以这么大声说话。"结果就听到她小声嘟囔："妈妈和爸爸不开心的时候也这么大声说话的。"听到女儿这么说，从那以后，我尽量克制自己的急性子，暗自发誓要给她树立一个优雅妈妈的好榜样。

无数事实证明，母亲的一言一行对女儿的影响是巨大的。如果母亲说话大嗓门，那女儿讲话也必然不能细声细语；妈妈行为无所顾忌，女儿自然也会大大咧咧……所以要想培养出真正的小淑女，妈妈必须先做优雅女人。相信用不了多久，你就会在自己女儿的眉宇之间，看到自己优雅言行的影子。

其次,父母要告诉孩子举止优雅的标准。优雅举止是有一定标准的,在日常生活中,女孩父母们不妨参照以下标准,对孩子提出合理正确的要求。

(1)仪容仪表。仪容仪表的整洁对女孩子来说非常重要,父母应对女儿作出如下几点要求:要把脸、脖子、手都洗得干干净净;勤剪指甲勤洗头;早晚刷牙,饭后漱口,注意口腔卫生;经常洗澡,保证身体没有异味;衣着要干净、整洁、合体。

(2)行为举止。父母应对女孩子的站、坐、行以及神态、动作等方面提出一些明确的要求。例如,优美的站立姿势要求身体直立、挺胸收腹、脚尖稍向外呈V字形;要避免无精打采、耸肩、塌腰,千万不能半躺半坐;走路要昂首挺胸,肩膀自然摆动,步速适中等。

(3)表情神态。父母要教育女儿,与人交往要表现出对他人的尊重、理解和善意,要面带自然微笑,千万不要出现随便剔牙、掏耳、挖鼻、搔痒、抠脚等不良习惯动作。

(4)言谈措辞。父母要让女儿养成使用文明礼貌用语的好习惯,如经常说"您好、谢谢、请、对不起、没关系"等。父母还应告诉女儿,沉默寡言、啰唆重复,都是不正确的语言表达方式。

需要注意的是,父母向孩子讲解优雅举止的标准时,不要用教训、命令的口吻,而是要循循善诱、谆谆教导。当优雅举止成为孩子一种不自觉的习惯,孩子卓尔不凡的气质也就形成了。

最后,父母要正确引导精力过剩的女孩。虽然由于女性荷尔蒙的作用,很多女孩子都会表现得很安静,但随着时代的变迁、教养方式的变化,像男孩子一样精力过剩的女孩子,开始变得越来越多了。

对于精力旺盛的女孩子,父母们正确的教育方式应当是这样的:

(1)教孩子做一些安静的事情。随着女孩年龄的增长,父母可以逐步引导孩子做一些安静的事情,例如折纸、下棋、画画、钓鱼、摄影、集邮等,这些活动有利于培养女孩安静专注的性格。

(2)将孩子的精力导向正确的方面。对于精力旺盛的小女孩,父母可多为孩子提供一些体育用品,如小皮球、儿童剑、小自行车、溜冰鞋等,这些都是好动孩子十分青睐的物品。当孩子满腔热情地投入到体育活动中,不仅从此多了一种有益的兴趣爱好,还可达到以动制动的目的。

5.处变不惊,淡定从容

遇事沉着冷静、不慌张,会让女孩更加淡定、从容,能够在遇到紧急情况时化险为夷。所以,父母们一定要注意培养女孩镇定自若的气质,以便让她们能够冷静地处理突发状况。

俄罗斯一家报刊曾报道过这样一则新闻:

一架正要降落的飞机在开始接触地面时,突然滑出了跑道,飞机上的乘客和乘务人员根本没有任何心理准备,因为飞机在降落时有强烈的震动是很平常的事情,但这架飞机的机头突然往前撞向了地面,并且立即有烧焦的气味弥漫了机舱,惊慌失措的乘客们开始大声呼喊着:"请打开门,打开门!"

此时的情况万分危急,有些乘客甚至已经陷入昏迷,机舱内的能见度几乎为零,如果再不想办法出去,那么整个飞机上的人都会失去生命,于是乘客开始骚乱、哭喊,仿佛世界末日。就在这种混乱不堪的情况下,一名飞机上的空姐费力地挪开乘客散落在舱内的包裹和个人用品,然后在黑暗中摸索到了机翼上面的舱门杠,并打开了舱门,于是位于飞机中间座舱内的几十名乘客跟着她跑出了飞机得以生还。

空难发生后的一天里,那些幸存的乘客一个接一个来到医院去见那位拯救了他们生命的漂亮空姐,他们都说,如果当时没有那位空姐的镇定自若,那么死亡就会降临在他们身上。

由此可见,如果一个女孩无论何时都能做到镇定自若,那么她不但可以彰显自己的魅力和气质,还可能改变原本的逆境。

那么何谓镇定自若呢?镇定自若就是要人们做到临危不惧、处变不惊、泰然处之,那么便可化险为夷。例如在顺境中,我们要教导女孩不要盛气凌人、狂妄自大;在逆境中,我们要教导女孩不要垂头丧气、沮丧不安;在舒适安逸的环境中,我们要教导女孩不要盲目攀比、奢侈放纵;在危难时刻,我们要教导女孩不要惊慌失措、恐惧不安。倘若女孩无论何时都能保持镇定自若,那么她一定会成为一个优雅的气质女性,更会因此受到众人的尊敬和欣赏。

父母还可以尝试以下几种教育方法:

方法一:父母要以身作则训练女孩镇定自若的气质

9岁的小女孩冰冰是父母的骄傲,她聪明、可爱,学习成绩优异,但就是性子有些急。例如有一天她中午放学回来之后,发现妈妈还没有做好饭,就非常生气地说:"今天怎么这么慢,我一会儿上学就要迟到了!"妈妈知道女儿性子急,但已经很早就做午饭的妈妈心里也很生气,她觉得冰冰在无理取闹,但是她没有大声呵斥女儿或者忍气吞声,而是有些夸张地深吸一口气,然后冷静下来跟女儿说:"妈妈哪天因为做迟了午饭让你迟到过?今天是因为奶奶病了,妈妈去照顾她一上午,所以才没有做这么早。"其实,冰冰在看到妈妈深呼吸之前就有些担心妈妈会打她或者骂她一顿,但是妈妈深呼吸之后,她觉得妈妈似乎心情平静下来,然后很和蔼地告诉她理由。此刻，她觉得自己有些任性和不听话，脸上也觉得火辣辣的，她决定以后都要像妈妈学习，遇到什么事情都要先学会一个深呼吸，让自己先平静下来。

小女孩最善于模仿自己的父母，无论是父母的习惯、为人处世的态度，还是父母的一言一行，她们都喜欢依着葫芦画瓢。因此，女孩父母在日常生活中要学会以身作则，做一个遇事镇定自若的人，然后用一些动作、语言去影响女儿，让她也变得镇定自若起来。

方法二：培养女孩坚强的性格

有一位母亲的教育经验是这样的：

我一直认为女孩子不能太软弱，要坚强和勇敢，这样才能在遇到危险状况时找到解决的办法。所以，从女儿很小的时候开始，我就和家人达成协议，绝不娇惯和溺爱女儿，而是通过各种方式培养她勇敢、坚强的精神。

例如有一次，我带着女儿去爬山，由于山坡比较陡峭，山路上还有很多小石头，女儿有时就会不小心摔一跤。刚开始，女儿会趴在地上眼泪汪汪地看着我，但是我选择鼓励她自己站起来，如果她耍赖不听，我就会选择漠视，继续我的原则。

于是，小丫头艰难地自己爬起来，后来她再摔倒，都会想办法自己爬起来，而不是想着求助别人。

久而久之，我发现女儿比同龄的女孩子更能吃苦和坚强，遇事不急躁，即使在紧急状况下，她也能让自己冷静思考，做出准确判断。

由此可见培养女孩镇定自若的气质，最不可缺少的就是女孩的坚强精神。因为坚强的女孩遇事不慌不忙，在逆境中敢于坚持努力，不怕困难和挫折，也才能真正做到镇定自若，并在人际交往中展现出令人着迷的气质。

方法三：让女孩在生活中多历练

日本著名的教育家涛川荣太曾说："我们应该教育孩子，要有勇气去积极而冷静地面对挫折。一个人如果能够认识到'只有在挫折与困苦当中才能得到锻炼'，那么他是非常坚强的，即使摔倒了，也不是随随便便爬起来就算了。有这种生活态度的孩子是永远不会'自我崩溃'的。"没错，富养女孩，我们决不能把孩子放在蜜罐里泡着，这样会腐蚀她的意志和能力，而是应该多让她在生活中历练，让她走出温室去迎接风雨的吹打，这样她自然能够拥有镇定自若的气质。

所以，作为父母，我们要多给女儿一些空间和自由，放开手，让女儿学着自己创造生活。

6.做落落大方的女孩

对于女孩来说，含蓄是一种个性，但是含蓄并不等于腼腆、羞怯。在当今这个开放的社会，那些落落大方的女性更容易得到大家的认可和欣赏，更容易交到朋友。所以，父母应该有意识地把女儿培养成一个落落大方的女孩。

瑾萱是一个容易害羞的小姑娘。前段时间，她的姥姥要过生日，妈妈问瑾萱：

"姥姥要过生日了，你是不是要给姥姥唱一首祝寿歌呢？"当时瑾萱非常爽快地答应了，每天晚上都坚持练习。但是等姥姥过生日那天，瑾萱一看那么多人，怎么劝也不肯唱，最后被妈妈逼急了还哭了起来。妈妈有些无可奈何地说:"这孩子脸皮太薄了,怎么一见人就害羞呢。"

和男孩相比,女孩更容易腼腆、羞怯,这一点很多父母都深有体会。生活中,我们常常听到父母这样抱怨自己的女儿:

"我这女儿在家里挺能说的,但是出了家门,连问个路都不敢。"

"我女儿最害怕生人,家里一来了客人,赶紧躲到自己的书房去。"

"我女儿在学校是个'落后分子',她上课从来不举手回答问题。我问她为什么,她说不好意思当着这么多同学回答问题。这有什么不好意思的,我真想不明白。"

心理学家研究发现,在孩子1~2岁时出现害羞现象是正常的,但是超过这个年纪仍然常常感到害羞,父母就需要多加关注、多加引导了。

女孩容易出现害羞现象和她们的性别有一定的关系,但是最为主要的,还是和家庭教育有关。一些女孩常常害羞、不敢见生人,都是由于家庭教育不当引起的。

场景一:小茹是个害羞的孩子,每次和妈妈到朋友家做客,小茹都非常紧张。

有时候朋友逗她玩,她不是支支吾吾说不出话来,就是放声大哭,让妈妈感觉非常尴尬。后来,妈妈再也不愿意带小茹外出了,而小茹也乐得不见生人,从来不向妈妈提出一起去。

场景二:小芸今年6岁,在一家幼儿园上学。每天早上去上学的时候,妈妈都要嘱咐她:"在路上不要跟陌生人讲话,现在拐卖小孩的坏人可多了。"小芸也很听话,从来不和陌生人说话,即使家里来了陌生人,她也赶快躲到自己的房间里。

现在仍有很多错误的观念左右着父母。例如如果家里养的是男孩,父母十分愿意带他们去参加各种宴会,让他们多见见世面,但是女孩却得不到这样的机会,父母一般没有主动带她们去见世面的意识。此外,为了防止女儿受到伤害,很多父母常常用危言耸听的话吓唬她们。当然,加强女儿自我保护的意识是对的,但是常常用危言耸听的话吓唬她们,会让她们对陌生人产生一种恐惧感,从而变得扭捏害羞、看见生人就害怕。很多父母认为含蓄是女性的优点,但是含蓄并不是拘谨,更不是紧张恐惧,父母一定要清晰区分。

现在是一个开放的社会,那些落落大方的女性不仅更容易得到广泛的认可,而且更容易交到朋友。落落大方的女性更能适应这个充满竞争、充满变数的社会,而那些腼腆、扭捏的女孩会给人们一种小家子气的感觉,在这个社会中也会处于劣势。所以,我们要有意识地把女儿培养成一个落落大方的女孩。

对于女孩来说,她是腼腆、羞怯,还是落落大方,与后天教育有很大的关系。

如果让女儿经常接触他人,慢慢地,她就敢说话了,见到人也不会再害羞了。所以,父母要多鼓励她们,多带她们接触一些新环境。

方法一:多带女儿走亲访友

文雅是一个羞涩的小女孩,一遇到陌生人就感到拘谨。有时候家里来了客人,文雅就赶快躲到自己的屋子里。妈妈发现这一点后,就故意带她去走亲访友。并且在走访亲友前,妈妈会这样对文雅说:"张阿姨特别喜欢你,她们家还有很多好玩的玩具,咱们到张阿姨去做客,好不好?""李阿姨说想你呢,我们去看看她吧!"有时候文雅见到亲友仍然会不自然,妈妈会对她说:"阿姨早就想见你了,快和阿姨打个招呼,她喜欢懂礼貌的小孩。"在走访亲友的过程中,妈妈还会鼓励文雅和亲友交谈或者表演节目。无论女儿表现怎样,回到家妈妈都会表扬她:"你今天舞跳得真好,王叔叔不停地夸你呢。"慢慢地,文雅再也不腼腆、羞涩了,而且还学会了很多社交礼仪。

很多父母嫌小孩累赘,走亲访友的时候不愿意带她们。其实走访亲友时带上孩子非常有利于培养她们的交往能力,容易让她们摆脱腼腆、羞怯的性格。对于本来就腼腆、羞怯的孩子,父母更应该多带她们到亲朋好友家走一走、转一转。

如果孩子不愿意和亲友打招呼,父母也不要批评她们,不要给她们贴上"害羞"的标签,更不要显示出无所谓的态度。父母可以鼓励、引导她们,就如上文中的文雅妈妈一样。

方法二:多带女儿去见见世面

歆瑶今年7岁,是一个懂礼仪、落落大方的女孩。歆瑶能做到这一点,和她爸爸的教育方式是分不开的。每到周末,爸爸都会带她去参加一些音乐会、画展。

到了寒暑假,爸爸还会选择一两个名胜带她去参观、游玩。在她3岁的时候,爸爸还带她参加了河北电视台的品牌节目《超级宝宝秀》。

一些盛大、隆重的场合,最能培养女孩的社交能力。当她们见多识广了,自然会变得落落大方,见到陌生人也不会感到拘谨了。所以,当父母参加一些大型聚会的时候,可以考虑带上自己的女儿。

方法三:树立女儿的自信心

一些女孩之所以形成腼腆、害羞的性格,主要原因是她们缺乏自信心。细心的父母可能会发现,那些腼腆、羞怯的女孩虽然不愿意接触陌生人,甚至也不喜欢和同龄的孩子一起玩,但是非常愿意帮助那些比自己年纪小、看起来更柔弱的小孩。为什么会出现这种情况?这是因为和这些更柔弱的孩子相处,她们能够获得一种优越感和自豪感,让自己的内心得到满足。所以,当女儿出现腼腆、不愿意和人交往的情况时,父母先要树立她们的自信心,为培养她们的社交能力打下良好的基础。当她们彻底摆脱自卑感后,才能够真正做到落落大方。

7.提高女孩对艺术的感受力

在学习音乐、舞蹈、绘画、文学等艺术特长时,不但需要女孩有过硬的基本功,更需要很强的艺术感受力,有一双能发现美的眼睛。只有让自己感受到艺术的魅力,才能看到和享受到更美的东西,才能提升自己的魅力。

感受音乐的美,可以让女孩聆听更多直达心灵的声音;感受绘画的美,可以让女孩看到更多渲染生活的色彩;感受舞蹈的美,可以让女孩体验更多肢体散发的魅力……作为父母,我们除了让女儿去感受这些艺术的美,更重要的是提高女儿对艺术的感受力,让她去学会怎样发现美,进而改变自己,让自己显出真正的美感。

有一位母亲的育女经验是这样的:

我女儿醒醒非常喜欢唱歌、跳舞,上幼儿园的时候,她学习唱歌、跳舞的兴趣很大,我们也都比较支持。后来,女儿上了小学,强烈要求我们给她报了一个舞蹈班,让她在周末的时候去系统地学习舞蹈。刚开始,我和爱人都在犹豫,因为女儿上了小学后,学习成绩并不是很理想,所以我们想让女儿把精力都放在学习上,但是小丫头似乎对舞蹈更感兴趣。最后，我们答应女儿给她报舞蹈班，但是她也要保证学习不被耽误。

我原先以为女儿会在学习和舞蹈之间产生很多矛盾和不必要的麻烦，可是经过一段时间的观察，我发现女儿的身材变得更加苗条、匀称了，而且身上多了一股灵动活泼的气质，最重要的是她对学习更加上心了，学习成绩也在不断提高，我想是女儿对舞蹈的自信转移到学习上去了。从此之后，我再也没有以耽误学习为由反对女儿唱歌、跳舞了。

所谓艺术，是一种文化现象，大多表现为满足主观与情感的需求，其根本在于不断创造新兴之美，并借此宣泄人们内心的情绪与渴望。一般来说，艺术的种类包括音乐舞蹈等表演艺术、绘画摄影等视觉艺术、雕塑建筑等造型艺术、电影电视等视听艺术、文学等语言艺术、戏剧歌剧等综合艺术……

最重要的是以上每一种艺术都可以激发出女孩与众不同的气质，并且在提高女孩对艺术的感受力的同时，也激发出她对艺术继续探索的热忱和信心，同时，这种热忱和信心也会转移到其他方方面面，例如对音乐的热爱转变成对生活的热爱。

那么，为了让女儿发现更多人生中的美，我们应该怎样培养女儿从艺术的道路上发现美和创造美呢？

方法一：培养女孩对艺术的兴趣和爱好

在小鱼三岁的时候，她突然对画画产生了兴趣。很多时候，妈妈看到女儿拿着一支笔，在一切她能作画的地方胡乱涂鸦，有时是纸上，有时是书上，有时是空白的墙壁上，并且小家伙画得很开心。对于小鱼乐此不疲的涂鸦，爸爸妈妈并没有批评她，也没有告诉她怎样画更准确，而是经常鼓励女儿说："鱼鱼画得真好，再给爸爸画一个。"有时候，爸爸妈妈还把小鱼画的画贴到墙上,而得到父母鼓励的小鱼对画画的兴趣更浓厚了。

等到小鱼长大一些,妈妈开始对她画画进行适当的引导,例如妈妈会给她买一些连环画,让女儿先从模仿开始,指导女儿如何正确地抓住画画对象的特点。渐渐地,小鱼画画的能力得到很大提高,而且她开始加入了自己的创意。

由于经常画画,小鱼的审美能力要比同龄的孩子高很多。她不但会给自己搭配服饰,而且还是爸爸妈妈的服装顾问,有时候同龄的女孩子出去买衣服,也会拉着小鱼做参谋,这也让小鱼结交到很多好朋友。

小鱼父母的教育方式很值得其他女孩父母们借鉴。当女孩对某一件事物,比如音乐、舞蹈或者文学产生兴趣时,我们不要干涉女儿,不要给她过多的压力,而是应该多给女儿一些鼓励和引导。其实,让女孩爱上唱歌、跳舞、画画、文学这些事物一点儿都不难,关键是你有没有正确鼓励和引导她,让她始终对艺术保持一份好奇心和探索欲望。

方法二:多方面培养女儿的艺术感受力

"世界上并不缺少美,只是缺少发现美的眼睛。"这是法国著名雕塑家罗丹曾经说过的一句经典名言,其实就是指一个人的艺术感受力。众所周知,具备敏锐艺术感受力的人,例如音乐家、舞蹈家、雕刻家、作家等,他们身上都有一种吸引人的气质,他们善于把自己捕捉到的美融入到自己的作品和生命中去,并转化成一种夺人心魄的魅力。

因此,作为父母我们除了要培养女儿对艺术的兴趣和爱好外,更要的是从各个方面去培养女儿的艺术感受力。通常,培养女孩的艺术感受力,父母可以采取下列几种方法:

(1)带女儿寻找生活中的美。提高女儿的艺术感受力,并不一定非要去学习具体的某门艺术,生活中处处都有美的事物。因此,我们首先要教导女儿热爱生活,去积极发现生活中的美,从那些细枝末节的小事上去体会美,自然而然,女孩对艺术的感受力也会变得敏锐起来。

(2)让女儿多读文学作品。古人云:"书犹药也,善读之可以医愚。"文学大师的作品不仅可以帮助孩子变得聪颖、智慧,同时在增强女孩文学知识的同时,也无形中提高她对艺术的品味。

(3)让女儿多接触大自然。世上任何的音乐、舞蹈、文学作品等都没有大自然更能带给孩子强烈的艺术感受力。大自然的壮阔与美丽,大自然的包容与坚韧,这些都会在提高女孩审美能力的同时更加强烈地洗涤她们的心灵。

|第九章|

男孩——意志力是一生的财富

1.责任是男孩成长的第一步

所谓责任心,就是责任感,是一个人对他所承担的任务的自觉态度,包括对自己的责任、对他人的责任、对集体的责任和对社会的责任。

在一个雪天的傍晚,中士杰克先生匆忙地走在回家的路上。路过公园时,他被一个人拦住了:"先生,打扰一下,请问您是一位军人吗?"这个人看起来很着急。

"是的,我是。我能为您做些什么吗?"杰克急忙回答道。

"是这样的,我刚才经过公园门口时,看到一个孩子在哭。我问他为什么不回家,他说自己是士兵,在站岗,没有接到命令是不能离开这里的。和他一起玩儿的那些孩子都不见了,估计是回家了。"这个人说,"我劝这个孩子回家,可是他不走。他说站岗是自己的责任,必须接到命令才能离开。看来只能请您帮忙了。"

　　杰克心里一震,说:"好的,我马上就过去。"

　　杰克来到公园门口,看见那个小男孩在哭泣。杰克走了过去,敬了一个军礼,然后说:"下士先生,我是杰克中士,你站在这里干什么?"

　　"报告中士先生,我在站岗。"小男孩停止了哭泣,回答说。

　　"雪下得这么大,天又这么黑,公园门也要关了,你为什么不回家?"杰克问。

　　"报告中士先生,这是我的责任。我不能离开这里,因为还没有接到命令。"小男孩回答。

　　"那好,我是中士,我命令你现在就回家。"杰克对小男孩严肃地说。

　　"是,中士先生。"小男孩高兴极了,还向杰克敬了一个不太标准的军礼。

　　小男孩的举动深深地打动了杰克,这个孩子的倔强和坚持看起来似乎有些幼稚,但他所体现的责任和守信却是很多成年人都无法做到的。

　　责任心是一个人立足社会、获得事业成功至关重要的人格品质。现在许多妈妈都过多地注意孩子的智力和身体的发展,对孩子的责任心的培养却不大重视,这对孩子的成长不利。

　　林凯一家到英国旅游。一天,林凯在公共卫生间里如厕,就在他坐到马桶上的时候,他突然听到隔壁小间里有一种奇特的响动。由于时间过长,而且也很好奇,林凯通过小门的缝隙向里探望。这一看,使他惊叹不已。

　　原来,一个只有七八岁的小男孩正在修理马桶的冲刷设备。一问才知道,是这个小男孩上完厕所后,因为冲刷设备出了问题,他没有把脏东西冲下去,因此他就一个人蹲在那里,千方百计地想修复它。

　　这件事给林凯留下了很深的印象,他感慨道:"一个只有七八岁的孩子,竟然有如此强烈的负责精神,可见其妈妈的教育是成功的。"

责任心是孩子健全人格的基础,是能力发展的催化剂。只有具备一定的责任感,人才能自觉、勤奋地学习、工作,做各种有益的事情,掌握各种技能,孩子必须从小培养责任感,以便长大后能尽快适应社会,照顾家庭,完成本职工作,尽自己的责任和义务,从而成为优秀的人才。在大力提倡素质教育的今天,家长应该用自己的爱心、耐心和智慧去培养孩子的责任心。

(1)增强男孩的主人翁意识

妈妈要注意对男孩主人翁意识的培养。一个孩子要先学会做自己的主人,然后才能做到对自己负责,进而表现出对自己工作的负责,对社会的负责。责任意识需要一种自主自立的主人翁意识。如果孩子缺乏主人翁意识,就会把责任推向别人,碰到问题,也不会想要积极主动去解决。

妈妈帮孩子树立了强烈的主人翁意识,孩子才会尽职尽责地做好自己分内的事,还会自愿去维护他人的利益及社会公德,用更加严格的要求,来督促自己做好每一件事,不依赖于人,不推脱于人。

(2)让男孩参与家庭责任的承担

孩子的责任感是在反复实践中培养起来的,而家庭是一个很好的实践场所。

陈宽在上小学的时候,就要负责家里每天早晨的取报和取牛奶任务。中学的时候,家里买米和买油这些较重的活,也交给他来负责了。只要东西没有了,他就负责去超市里把东西买回来。家里其他的家庭分工,他也都有份。

这让他觉得自己是这个家庭中很重要的一员,有什么事他也都能先从家庭整体利益的角度出发,把个人的利益放在第二位。所以无论什么时候,他都觉得自己是这个家的主人翁,要对所有的人负责。

孩子在生活实践中多参与家庭分工,会让他们更有归属感。孩子会觉得自己是这个家庭很重要的一分子,也要来尽一分力,这种想法就是责任感的体现。孩子学会了对自己所做的事情负好责,也懂得了要对家庭尽到自己应尽的义务和责任。

(3)让男孩学会为自己的过错负责

犯错误是人常有的,但是能够对自己的错误负起责任,却不是人人都能够做到的。

江南的妈妈要去看望外婆,所以这个星期天他一个人在家。他们班上的足球赛马上就要开始了,他要在上午九点钟赶到学校集合,参加训练。在骑自行车去学校时,他不小心把一位老人给撞倒了,他赶忙下车,扶着老人去医院里检查,结果没什么大问题。他又把老人送回家,还把自己的姓名和地址留给了他,说只要有问题,就来找他。

妈妈回来知道了这件事后,又和孩子一起买水果去看望了老人一次。老人直夸江南是个好孩子,有担当、有责任感,将来一定会有出息的。

男孩犯了错误,能不能够去主动承担,是他是否具有责任心的体现。妈妈不要怕孩子犯错,而是要让孩子在犯错后,不要推脱自己的责任,自觉主动地去承担。

(4)让男孩做事有始有终

培养良好的责任感,是要靠坚强的意志和持之以恒的态度来维持的。孩子在年幼的时候,可能会因为兴趣比较广泛,做事情喜欢虎头蛇尾,这是孩子责任心缺乏的表现。妈妈在看到孩子的这些表现时,一定要让孩子做到做事情有始有终。

李继贤今年四岁半了,在萨尔马多城上幼儿园,最近他在学习有关植物方面的知识。李继贤迷上了植物,他觉得那些花草实在是太美了,便苦苦地哀求爸爸给他买一盆鲜花。

爸爸同意了李继贤的请求，趁周末带着李继贤到花卉市场买了一盆小花。父亲希望李继贤看到小花生长的整个过程，并且能够自己照顾它。于是，父亲和李继贤约定，由李继贤负责照顾鲜花，给它浇水和施肥。

最初几天，李继贤非常兴奋，每天耐心地给小花浇水，还根据日照的情况，不断给花盆挪动位置，并拿出本子，歪歪扭扭地在上面画出花卉生长的情况。

李继贤的父亲看到小李继贤这么有责任心，十分满意。可是，没过多久，李继贤的父亲发现小李继贤给花浇水的次数越来越少了，甚至好多天都不给小花浇水，也不做记录，似乎他已把养花的事给忘了。结果，小花慢慢枯萎了，叶子也开始泛黄，生长的速度减慢了，完全没有了生机。

一天吃过晚饭，父亲把李继贤叫到阳台，说："你给花浇水了吗？"

李继贤低着头说："没有。"

"为什么没有？"

"我……"

"我们在买这盆花的时候，是怎么说的？由谁负责给这盆花浇水？"

李继贤沉默不语。

"你看，这盆花多么地伤心、悲哀！她失去了美丽的叶子变得枯黄，而这都是因为你。"

以后的日子里，李继贤每天坚持给花浇水，小花不久又恢复了以往漂亮的颜色。

让男孩先学会对一件事情负责，然后他才能够在生活中对自己的每一件事都抱着一个负责任的态度来做，在遇到困难时也不会轻易就打退堂鼓。培养孩子良好的责任感，对于孩子的成长很重要，妈妈要督促和鼓励孩子从小做事就能够有始有终。

2.勤奋是男孩成才的保障

纵观古今中外，无论是文学家、发明家，还是政治家、思想家，凡是成功人士无一不是勤奋的追随者。勤奋让安徒生从一个鞋匠的儿子成为"童话之王"，让爱迪生创造了一千多种发明，让爱因斯坦总结出举世瞩目的相对论，也让"悬梁刺股""凿壁偷光"的美谈流传千古。

爱因斯坦曾说："在天才与勤奋之间，我毫不迟疑地选择勤奋，她几乎是世界上一切成就的催产婆。"一个勤奋的人必然能够得到比其他人更多的成就。诺贝尔奖得主丁肇中教授认为，获得成功的第一个秘诀就是勤奋。他是这样认为的，也是这样做的，所以他获得了更多的成就。

一个勤奋的孩子能自觉学习想得到的知识，而且事实上，一个孩子掌握知识的多少也完全取决于自己的勤奋程度。

曾国藩是中国历史上最有影响的人物之一，但是他小时候的天赋却不高。有一天在家读书，对一篇文章重复不知道多少遍了，还在朗读，因为他还没有背下来。

这时候他家来了一个贼，潜伏在他的屋檐下，希望等他睡觉之后捞点好处。可是等啊等，就是不见他睡觉，还是翻来覆去地读那篇文章。贼人大怒，跳出来说："这种水平读什么书？"然后将那文章背诵一遍，扬长而去！

贼人是很聪明，至少比曾国藩要聪明，但是他只能成为贼，而曾国藩却成为毛泽东主席都钦佩的人："近代最有大本大源的人。""勤能补拙是良训，一分辛苦一分收获。"那贼的记忆力真好，听过几遍的文章就能背下来，而且很勇敢，见别人不睡觉居然可以跳出来"大怒"，教训曾国藩之后，还要背书,扬长而去。但是遗憾的是,他的天赋没有加上勤奋,变得不知所终。

一个人的进取与成材,环境、机遇、天赋、学识等外部因素固然重要,但更重要的是依赖于自身的勤奋与努力。被誉为"钢铁大王"的安德鲁·卡内基就是凭借勤奋努力出人头地的楷模。

为了给妈妈分忧,安德鲁·卡内基10岁的时候进了一家纺织厂当童工,周薪只有1.2美元。后来,他又干起了挣钱稍多一点的工作:烧锅炉和在油地里浸纱管。油池里的气味令人作呕,灼热的锅炉使他汗流浃背,但卡内基还是咬着牙坚持干下去。当然,他并不甘心如此潦倒一生,而是奋发图强,积极进取。

卡内基在白天劳累一天后,晚上还参加夜校学习,课程是复式记账法会计,每周3次。这段时期他所学的复式会计知识,成了他后来建立巨大的钢铁王国并使之立于不败之地的法宝。

1849年冬天的一个晚上,卡内基上完课回家,得知姨夫传话来,匹兹堡市的大卫电报公司需要一个送电报的信差。他立刻意识到,机会来了。

第二天一早,卡内基穿上崭新的衣服和皮鞋,与父亲一起来到电报公司门前。他突然停下脚步对父亲说:"我想一个人单独进去面试,爸爸你就在外面等我吧。"原来,他担心自己与父亲并排面谈时,会显得个子矮小;同时,他也怕父亲讲话不得体,会冲撞了大卫先生,从而失去这个难得的机会。

于是,他单独一人上到二楼面试。大卫先生打量了一番这个矮个头、高鼻梁的苏格兰少年,问道:"匹兹堡市区的街道,你熟悉吗?"

卡内基语气坚定地回答:"不熟,但我保证在一个星期内熟悉匹兹堡的全部街道。"他顿了顿,又补充道:"我个子虽小,但比别人跑得快,这一点请您放心。"

大卫先生满意地笑了:"周薪2.5美元,从现在起就开始上班吧!"

就这样,卡内基谋得这个差事,迈出了人生的第一步。这时,他年仅14岁。

在短短一星期内，身着绿色制服的卡内基实现了面试时许下的诺言，熟悉了匹兹堡的大街小巷。两星期之后，他连郊区路径也了如指掌。他个头小，但腿很勤，很快在公司上下获得一致好评。一年后，他已升为管理信差的负责人。

卡内基每天都提早一小时到达公司，打扫完房间后，他就悄悄跑到电报房学习打电报。他非常珍惜这个秘密学习机会，日复一日地坚持着，很快就熟练掌握了收发电报的技术。后来，他被提升，成了电报公司里首屈一指的优秀电报员。

当年的匹兹堡不仅是美国的交通枢纽，而且是物资集散中心和工业中心。电报作为先进的通讯工具，在这座实业家云集的城市起着极其重要的作用。通过努力，卡内基熟悉了每一家公司的名称和特点，了解各公司间的经济关系及业务往来。日积月累之中，他熟读了这无形的"商业百科全书"，使他在日后的事业中获益匪浅。因此，卡内基在回顾这段时期时，称之为"爬上人生阶梯的第一步"。

成大事者的人，必须勤奋地去劳动，天下无不劳而获的成功。只有勤奋努力，比别人付出更多，才能够充分把握事业上的机会，在各方面取得辉煌的成就，进而赢得精彩的人生。

世上没有白吃的午餐，也没有一蹴而就的成功。妈妈要让男孩知道，要想更好地实现自己的人生价值，没有一处能够离开勤奋，懒惰所受到的惩罚，不仅是自己的失败，还会有对手的成功。再好的天赋如果碰上了懒惰，也只能在暗室中永远地埋没。因此，培养孩子勤奋的习惯是妈妈给孩子的宝贵财富。

(1)妈妈要做勤奋努力的人

妈妈懒惰是孩子学会懒惰最好的示范，妈妈的勤奋同时会给孩子最深的感触。

孙强的妈妈有一个习惯,就是每次吃完了饭,都不愿意马上洗碗,总是等到要做下一顿饭的时候,再急急忙忙地来洗碗。她的这个习惯也传染给了孙强。

上初中了,孙强在学校吃饭,每次吃饭前才总是匆忙地洗碗。大家说过他很多次,他自己也觉得这个习惯不好,可就是改不过来。

(2)不给懒惰找借口

有很多事情我们原本可以做得很好,但是为一时的懒惰而找到的借口却让我们很容易便放弃了努力,很多计划也就在偷懒的念头下荒芜搁置了!

康拉德·希尔顿是美国旅馆业大亨。在他13岁那年,一件平常的小事深深地印在了他的记忆中,并对他的一生产生了很大的影响。

那天,希尔顿因为夜晚等待送货的火车而在早晨睡过了头。

朦朦胧胧中,希尔顿听到了妈妈的一段对话。

"咱们的儿子怎么还在睡呢?"父亲问。

"就让他多睡一会儿吧,因为他等了一夜的火车。"母亲心疼地回答。

这时,他听父亲叹了口气:"唉,真不知道他会不会就这样睡完他的一生。"

听到这句话,希尔顿马上睁开了眼睛,从床上爬了起来。

从那以后,希尔顿就再也没有睡过头。

(3)有步骤地引导孩子

孩子毕竟还小,要养成勤奋的习惯不是一朝一夕的事,需要妈妈有计划、有步骤地进行。例如,在学习方面,孩子在取得较好的成绩时往往骄傲起来,不思进取了。这时,妈妈要给孩子提出进一步的要求(在孩子的承受范围内),让孩子永远有前进的目标和方向。既然不是一朝一夕的工作,妈妈就要有耐心,在引导孩子养成勤奋习惯的过程中,要平心静气,不要急于求成,否则会适得其反。

(4)让孩子立志以激励勤奋

人有了志向,往往就会为实现这一志向而奋力拼搏,所谓"有志者事竟成"。如果孩子能树立远大的志向,那必然就能激励他勤奋努力,去实现自己的志向。大富豪李嘉诚小时候立志要成为一个船长。如今,虽然他没做成船长,但他总是用船长的意识来经营自己的事业和人生。他自豪地说:"我就是船长,我就是这条航行在波峰浪谷间的大船的船长。"当然,孩子志向的发现和确立需要妈妈的指导,孩子向着志向的努力也需要妈妈的指导。

(5)鼓励男孩的勤奋行为

好孩子是夸出来的。确实,表扬对孩子来说是一种很大的激励。当孩子表现出勤奋的行为时,妈妈可以抓住时机,给孩子以赞赏或认同,孩子自然会变得更加勤奋。像"我喜欢你勤奋!""我希望你努力!"这样的话,无疑会给孩子很大鼓舞,促使孩子更加勤奋努力。

3.培养男孩解决冲突的能力

男孩是好斗、好胜的,在集体活动过程中,他们之间发生一些矛盾和冲突很正常。此时,他们处理冲突的惯用方式往往决定着他们是否具备领导才能。

在公园,两个小男孩因为争夺秋千发生了冲突,令人感到惊奇的是,这两个男孩处理冲突的方式截然不同:其中一个男孩去找妈妈,哭着对妈妈说:"妈妈,他欺负我,你去给我报仇!"而另一个男孩却说:"这个秋千你已经玩两次了,这次该我玩了,我玩一会儿还会让你玩的。"

与同伴发生了矛盾,很多男孩会哭着向老师或家长求救,就像故事中的第一个小男孩,这种类型的孩子对成人一般都具有很强的依赖性。而故事中的第二个男孩,他与同伴就谁该玩秋千这个问题发生了矛盾,但他没有向成人求救,也没有通过暴力解决问题,而是与同伴协商:"你已经玩两次了,现在该轮到我玩了,我玩一会儿之后还会让给你的。"在这种逻辑清晰、有理有据的分析下,任何一个孩子都会遵守这个对大家都有利的规则。

所以,当男孩与同伴发生冲突时,家长先不要急于插手帮他们解决,而是应该鼓励他们自己解决,培养他们处理冲突的能力。

一次,楠楠与小表妹悠悠在客厅玩耍,不一会儿,两个小家伙就吵了起来。楠楠跑来向妈妈告状:"妈妈,表妹抢我的积木!"还没等妈妈说话,悠悠就抢着说:"表哥他小气,他那么多积木呢,我用几块他都不给。"

妈妈没有判定这两个孩子谁对谁错,而是这样对楠楠说:"你当小裁判员,你来分析一下这件事情应该如何解决。在此之前,你们可以把自己的想法都说出来。"

楠楠想都不想地说:"表妹应该把积木还给我。"

悠悠也不示弱:"我不给,你那还有那么多积木呢!"

"但我想用那块半圆型的积木做小房子的房顶。"

"我也要用那块半圆型的积木!"

　　楠楠和悠悠都看着楠楠的妈妈,楠楠的妈妈仍然不参与他们之间的矛盾,而是对楠楠说:"你是小裁判员,你应该自己想出一个既公平又合理的办法。"

　　楠楠想了想,对悠悠说:"这样吧,你是妹妹,我让着你,你先用那块半圆型的积木,但15分钟后你要把它还给我,然后我再用它做房顶。"

　　就这样,冲突和平解决了。

　　不少家长总是认为自己的孩子小,不具备自己解决困难或冲突的能力,实际上孩子是有解决困难的方法及策略的。所以,家长不要总去帮助孩子,应当放手让他们逐步学会自己处理事情,自己解决事情。这样,在他以后的人生路上,他会发现自己走得很轻松,知道如何去应对所遇到的一切。

　　(1)孩子的事情让孩子自己解决

　　孩子们在一起玩耍时,难免会产生分歧,出现一些矛盾和摩擦,这是很正常的。父母有时会因为看到或是怕自己的孩子吃亏,而介入孩子们的矛盾或冲突中,充当调停者,希望通过这样的方式解决孩子的问题。殊不知,这样反而会使问题复杂化。

　　(2)给孩子创造与同伴交往的机会

　　父母应多创设孩子和同伴交往的机会,邀请小朋友来家做客或者主动去别人家做客。并且多指导孩子怎样表达对伙伴的喜爱。如果孩子做得很好,要适时的鼓励,"宝宝做的真好","小朋友真喜欢宝宝这么做"。多给孩子创造实践的机会,孩子自然就会从中获得经验。

　　(3)在必要的时候给孩子正确的指导

　　在冲突发生过程中,如果父母相信孩子的能力,为他们提供机会,让他们自己解决冲突,而自己只是作为一名引导者适时地介入,不仅可以平息冲突,而且还可以促进孩子社会交往、道德判断能力、语言表达能力等一系列与社会性有关的因素的发展。

4.世上没有什么"不可能"

这个世界上没有什么不可能的事情，只要你肯充分发挥自己的潜力，敢去做别人认为不能做、不可能做的事，你就成功了60%。总喜欢说"不可能"的人，必定是一个失败之人。因为他在做任何事情之前，首先想到的是失败的后果，根本没有勇气去设想成功的喜悦。这样，他在做事的过程中，就会不断地寻找各种困难作为放弃的理由，直至将本来有可能的事情，变得完全没有可能。

事实上，"不可能"只是我们欺骗自己的一个借口，是我们取得成功的绊脚石，只有克服了"不可能"这种心理因素，才能将奋斗付诸行动，才能朝着既定的目标前进。而克服"不可能"的唯一办法就是牢固树立"没有不可能的事情"的意识。当你树立起这种意识之后，你就会发现，积极主动的心态取代了消极悲观的心态；对任何事情你都会主动尝试而非被动接受；无论处境如何，你都会对未来充满希望；越来越多的目标都能如愿实现，尽管过程充满艰辛，但你从未中途放弃。

美国布鲁金学会以培养世界杰出的推销员著称于世。它有一个传统，在每期学员毕业时，设计一道最能体现销售员实力的实习题，让学员去完成。

克林顿当政期间，该学会推出一个题目：请把一条三角裤推销给现任总统。8年间，无数的学员为此绞尽脑汁，最后都无功而返。克林顿卸任后，该学会把题目换成：请把一把斧子推销给布什总统。

布鲁金学会许诺，谁能做到，就把刻有"最伟大的推销员"的一只金靴子赠予他。许多学员对此毫无信心，甚至认为，现在的总统什么都不缺，再说即使缺少，也用不着他们自己去购买，把斧子推销给总统是不可能的事。

然而,有一个叫乔治·赫伯特的推销员却做到了。这个推销员对自己很有信心,认为把一把斧子推销给小布什总统是完全可能的,因为小布什总统在得克萨斯州有一个农场,里面长着许多树。

乔治·赫伯特信心百倍地给小布什写了一封信。信中说:有一次,有幸参观了您的农场,发现种着许多矢菊树,有些已经死掉,木质已变得松软。我想,您一定需要一把小斧子,但是从您现在的体质来看,小斧子显然太轻,因此你需要一把不甚锋利的老斧子,现在我这儿正好有一把,它是我祖父留给我的,很适合砍伐枯树……

后来,乔治收到了小布什总统15美元的汇款,从而获得了刻有"最伟大的推销员"的金靴子。

乔治·赫伯特成功后,布鲁金斯学会在表彰他的时候说,"金靴子奖"已空置了26年。26年间,布鲁金斯学会培养了数以万计的推销员,造就了数以百计的百万富翁,这只金靴子之所以没有授予他们,是因为我们一直想寻找这么一个人,这个人不因有人说某一目标不能实现而放弃,不因某件事情难以办到而失去尝试的机会。

对于勇敢者,尝试是一种生活道路。但凡成功者,都曾有多次尝试的经验。尤其是男孩,将来要承担更多的责任,因此更应该勇于尝试,更应该勇于面对新事物!

父母要让孩子明白,对于想做的事,试,还有一些成功的机会,而不试,成功的概率就是零。同时,尝试过没有成功和不尝试直接放弃是完全不同的。尝试过没有成功,可以为下次的成功积蓄经验教训,为下次的成功做好铺垫。而不尝试直接放弃,则只是白白错过许多锻炼和成功的机会。

(1)告诉男孩要勇于决断

俗语常说"三思而后行",于是有些男孩便以这句话做挡箭牌,把果敢说成冲动。但事实上,一件事情他们可能已经三思、四思、五思了,可迟迟不能决定。现在社会瞬息万变，机会可以在瞬间出现，也可以在瞬间消失，所以父母要告诫孩子，分析完情形后，要立即决断，不然机会肯定就会溜走。

陈平是个初二的男孩，他拥有很好的文采和出色的口才。有一次，学校推选一个学生代表全校参加市里的演讲比赛，陈平分析了自己各方面的能力后，认为自己完全可以胜任这个工作。但是当学校内部进行评选时，他一直死死地坐在座位上，不敢上台去演讲。

事后，他非常后悔，于是回家告诉妈妈，希望妈妈能为自己争取一下。妈妈很了解他，也很为他可惜，但是她告诉孩子："从才能上说你无可挑剔，但是连学校的评选你都害怕，老师怎么会相信你能在那种场合发挥出自己的水平呢？"

敢于尝试，也需要男孩运用大脑进行思考，但是如果思考过了还迟迟不行动，就不是谨慎的表现，而是犹豫不决。父母应该鼓励男孩认真思考过各方面利弊后，勇敢而果断地行动起来，不要把思考过的问题一遍又一遍地思考，耽误了成功的机会。

(2)鼓励男孩要敢于尝试

只有尝试才能有更多的收获，敢于冒险才可能有成功的机会。父母应该告诉自己的男孩去尝试，即使摔跤，那也是人生的一种收获。试一试才可能成功，不试永远不可能成功。

林锋是个六年级的男孩，他很聪明，现在已经是远近闻名的小发明家了。他刚开始对发明感兴趣的时候，只是为了玩玩。妈妈知道他的爱好后，便问他为什么不试着去发明一种东西，他没有说话。后来老师让他参加市里的科技活动比赛，他开始犹豫了。妈妈看出了他的犹豫，便告诉他："去试试吧,至少有成功的机会,否则你会后悔的,男孩不应该轻言放弃。"

男孩第一次学走路的时候,父母应该鼓励他们去试着自己走,只有摔跤才能快速地成长,也只有更多地尝试才能让他们更有机会成功。在平时的生活中,父母也应该多鼓励男孩去尝试自己不擅长、不熟悉的领域,让他们勇于尝试,敢于挑战。

(3)告诉男孩不要害怕失败

害怕失败是许多男孩选择放弃的重要原因。男孩都有强烈的自尊心,生怕别人笑话自己,但是谁能不失败就轻易地成功呢?这种毫无价值的自尊心应该被丢弃。正确看待失败是男孩成为真正男子汉的标志,男子汉不仅要敢于成功,更要不怕失败。

父母要鼓励男孩淡然地看待失败,哪个成功的人没有失败过?父母可以给他们讲一些名人在成功前遇到的失败和挫折,告诉他们只有不害怕失败的人,才能果断而勇敢地把握住成功的机会。

(4)培养男孩自信从容的态度

自信从容的心态是男孩果敢的前提。一个人如果对自己不自信,不能从容地面对挑战,很难想象他可以果敢地做出决定。

平时在生活中,父母应该多鼓励男孩,让他们正确认识自己,相信自己,并且多让男孩去接触外部世界。例如,参加聚会、参加集体活动等,让男孩面对挑战和变化时,保持从容的态度,这样他们才能正确思考,准确把握时机,迅速出手夺取胜利。

5.每个男孩都具有领导者的潜能

每个男孩都具有领导者的潜能,而父母却常常忽略对这个潜能的开发。美国等西方国家的学校已经把学生领导力的培养引入正常教学实践中,中国的许多教育专家也越来越重视对这个问题的研究。他们发现在领导者的能力中,大多都是可以通过对孩子的培养获得,比如胸襟开阔、能与人合作、能支持别人等。

从小锻炼孩子的领导才能,让他们能够在群体中脱颖而出,使他们能够带领一班人完成更大的事业,对社会对个人都非常有帮助。任何一个家长都希望自己的孩子成为佼佼者,能够领导人们去实现自己的价值。

有些男孩看起来就像天生的服从者,他们经常说:"你看我适合做什么吧,你安排就行了。"这其实是一种消极的态度,在避免承担责任的同时,他们也失去了实现自己梦想的机会。

思远是个初一的男孩,他性格温和内向,不太乐于交往。有一次,妈妈为他报名参加了一个野外生存训练营。由于思远经常在家里帮助妈妈做家务,洗衣做饭这些活儿他都能干得较好,于是,小伙伴们一致推举他为队长,思远却拒绝了。他说自己没有当过领导,不知道如何分配任务和组织大家。小伙伴们没有勉强他,另推选了一位担任过班干部的小朋友当了队长。这个男孩微笑着接受了大家的推举,然后向思远请教各种具体问题怎么处理。男孩认真地把要做的各项工作记录下来,然后分配给各个队员,这次野外活动就在他还算合理的安排下结束了。

当今社会,激烈的竞争鼓励男孩要勇于挑战,积极进取,不允许消极回避的思想存在。俗话说:不愿意当将军的兵不是好兵。父母一定要注重培养男孩的领导意识。领导意味着更多的责任和担当,这也是培养男孩责任感的重要方式。只要父母适当地引导,男孩以后一定会在社会上有一番作为。

(1)告诉男孩:你具有领导潜能

父母要告诉男孩,每个人都具有领导潜能,那些关于自己是否适合当一个领导者的忧虑是不必要的。目前的不成功,是因为缺乏丰富的知识和人生的历练。父母应该经常告诉男孩,不要怀疑自己,你同样具有领导潜能,只是这种潜能没有得到很好的引导和开发,没有形成真正的领导能力。父母应该经常给男孩这种积极的暗示,让他们从内心相信自己。

(2)鼓励男孩把握机会

领导潜能能否最终被激发出来,变成男孩的领导能力,重在锻炼,在于经验的积累。因此,父母应该鼓励男孩勇敢地把握当领导的机会,即使失败了,也积累了经验教训,这就是收获。许多次的锻炼之后,男孩的领导能力就会得到提高。

张夕阳是个六年级的男孩,他以前非常内向,也拒绝当什么班干部,他认为那事就是费力不讨好,一有责任全是自己的。妈妈知道后,告诉他这也是一种锻炼,如果没有领导能力,很难有责任感,也不会受他人的欢迎。

在妈妈的鼓励下,张夕阳开始参与班长的竞选活动,经过几次失败后,他终于被选上了。当选了班长后,他经常组织各种活动,慢慢地培养了自己的领导能力。

父母应该鼓励男孩把握当领导的机会,在学校做班干部同样可以锻炼领导能力,最重要的是,父母应该让男孩做一个有所为的领导,即使是个小领导,如小组长之类,也要努力争取。

(3)鼓励男孩毛遂自荐

父母可以给男孩讲毛遂自荐的故事,告诉男孩,也许你平时默默无闻,也许你成绩一般,但当机会来临的时候,不是要老师或同学任命你当"领导",而是要自己勇敢地去争取。鼓励男孩站起来,向老师同学发布自己的"施政纲领",有了这种勇气,才具备当领导的素质。

(4)要男孩倾听他人意见

父母告诉男孩,领导者领导的是一个团队,他的一举一动都牵涉着团队的利益。因此,他必须学会倾听他人的意见。任何时候,一个自以为是、听不进劝告的领导者都是不合格的,也不能算是真正有领导能力的。

父母应该告诉男孩做这样的领导者:认真地倾听支持和反对自己的意见,听大家陈述自己的理由,善于收集大家的想法,尽量综合团队所有成员的意向和想法,最终做出最有代表性的结论。

(5)告诉男孩把观念化为具体行动

观念和口号可以激励人产生伟大的理想和激情,但是作为领导,在领导团队进行活动时,观念必须具体到工作中,成为可执行的任务,分配给团队的成员。空口号谁都会喊,但是真正的领导者擅长把观念转化为行动。

阳云是个初二的男孩,是学生会主席。有一次,学校组织了一次献爱心的活动,他根据学校团委下达的活动宗旨,制订了具体可行的计划。

他分配各个班级轮流去敬老院看望老人,帮他们打扫卫生,陪他们聊天或者去孤儿院看望那些可怜的孩子,还安排一些班级去帮助环卫工人打扫卫生,并且规定了各项活动内容的规则。在阳云的具体安排下,那次活动办得非常成功,他也因此受到了团委老师的一致好评。

父母应该告诉男孩,在组织活动时不要空喊口号,而是要把口号和活动的主旨化为一项项具体的行动,这样才能真正领导好团体,实现最终的目标。

(6)告诉男孩领导者也是服务者

父母要告诉男孩,领导并不是居高临下的掌权者,也不是一个可以炫耀的身份。事实上,真正的领导者是一个团队的服务者,他懂得尊重团队的意愿,了解团队的需要和目标,并且为实现这个目标而领导团队的工作,服务于团队的利益。

父母应该抛弃那种领导者就是居高临下、高高在上的权威的象征的陈旧观念,而告诉男孩,要做一个真正的领导者,必须在心里把自己当成团队的服务者,为团队的利益做出贡献,这样才能真正赢得大家的信赖与支持。

6.不要忽视男孩的情绪

常常听到一些家长这样教育他们的儿子:"哭什么哭,女孩才总是哭哭啼啼的呢!""有什么好哭的,像个女孩子一样!"……

在接受家庭教育方面,男孩有时是很可怜的。因为是男孩,他们被剥夺了哭泣的权力;因为是男孩,他们必须坚强;因为是男孩,他们的情绪往往被家长忽视……所以有人说,做男人是可悲的,即使在还是小孩子的时候,就要承担比女孩大得多的压力。

事实也的确如此,对于男孩来说,由于种种原因,他们的情绪常常会发泄不出来。情绪不能正常发泄时，人便会感觉到很大的压力。也许正是因为如此，有儿童心理学家说："在孩提时代，男孩比女孩更脆弱、更情绪化。"

很遗憾的是，大多数情况下，家长往往会忽略男孩的情绪。

12岁的石磊没有上初中就辍学了。他非常自卑，害怕见陌生人，脾气古怪、暴躁，动不动就大发脾气，并常常以自杀威胁家长。

正处于初生牛犊不怕虎的年龄，石磊为什么会变成这个样子呢？

原来，石磊曾经是一个性格开朗、学习成绩优异的孩子。在他上五年级时，班级评选班干部，他满心欢喜地以为能当选，结果老师没选他，反而选了比他差的同学。

这件事对他打击特别大，他放学回家后一句话都没说，直接躲到了屋里。第二天，他把这件事告诉了爸爸妈妈，并且反反复复说了好几遍。但当时爸爸妈妈由于工作忙，谁也没在意孩子情绪的变化。

从这以后，石磊就像变了一个人似的，沉默寡言，对所有的事都提不起兴趣，不爱上学，也不喜欢参加班级和课外活动，甚至在街上看见同学和老师他都会立刻绕着走。

然而，石磊的这种异常行为还是没有引起父母的注意……最后，等父母发现孩子的变化时，他已经变成了现在的样子。

是的，有时候男孩就是这么脆弱。他们也会迷路，而且他们不像女孩，发现自己错了便会马上回头，他们有一股一路走下去就是不回头的"倔劲儿"。因此，他们有时更需要家长的关注，需要家长在适当的时候为他们确定航标、指引方向。

我们有理由相信，石磊本来可以成长为一个可爱的少年，他只是在一个人生的岔路口迷了路。但是，由于家长的疏忽，却造成了他性格转变。

与女孩相比，男孩不善言辞，不愿意表达自己内心的想法，更容易暴躁、发火……但正因如此，男孩才更需要父母的关注，尤其是在他情绪变化的时候。

有一项针对初中生进行的深入调查表明，多数孩子都存在情绪失控的问题，在情绪和行为上存在一定问题的学生比例高达15%，其中，5%的初中生存在敌对、攻击行为。而全国22个省市青少年心理健康的调查数字显示，我国有3000万青少年处于心理亚健康状态。有关专家表示，存在心理与行为问题的孩子实际人数远远不止这个数字，关注孩子的"心病"，已经到了家长必须正视的时候。

现在有些孩子越来越情绪化，稍有不顺就发脾气、摔东西、吵架、打架，甚至在情绪失控的状态下发生犯罪行为。最近，媒体不断报道有的孩子在情绪失控时采取极端的方法伤害自己或他人的生命。

孩子已经成了情绪的"俘虏"。这极大地危害了孩子的身心健康，影响了孩子的未来。

作为家长，一定不要忽视孩子的情绪问题，在看到孩子的情绪出现问题时，就要采取积极的手段进行挽救。

造成这种局面的原因有很多，一个很重要的原因就是当下的孩子多数都是独生子女，他们在优越的条件中长大，衣来伸手，饭来张口，又受到家人过多的溺爱。因此，这就使很多孩子养成了一味任由其性子做事的习惯。他们以为自己是家里的小皇帝，父母娇生惯养，任何事都百般宠爱，做错了事也不舍得批评一句。久而久之，在他们心里，做事的尺度就不存在了，唯一有的就是他们自己的喜恶，全然不顾及别人的感受。

男孩往往都是这样，不开心的事情憋在心里，就会憋出更严重的事情来。然而，如果他们能够顺利地把这件事情说出来，他们会马上把那些不高兴的事情忘记，因此，做家长的应及时发现男孩情绪的变化，当你感觉孩子的情绪有异样时，就应该采取措施引导孩子把心事说出来。

另外，家长也应注意，如果男孩的诉说内容有偏激的倾向，切记不要在当时就指出孩子的错误,这样会让他感到更加无助,或是加重他的反叛心理。家长可以等孩子平静后,在孩子很高兴的情况下,再帮孩子分析他的错误观点,并帮他提出改正的建议。

7.让男孩注意语言文明

一个男孩,如果张口就说脏话,对别人态度蛮横,别人很快就会改变对他的看法,转而回避与他交往;如果一个男孩对人彬彬有礼,无论是在学校还是在别人家里做客,都能受到欢迎和夸奖。礼仪就是人的一张名片,它上面写着一个人所受的教育是否良好。

当男孩说脏话后,家长要耐心地劝解男孩,并坚持让男孩检讨,向人道歉认错,及时纠正男孩骂人的行为,让男孩意识到骂人是错误的。

一天,张先生陪儿子在家看动画片,当看到孙悟空打败白骨精时,张先生5岁的儿子冒出一句令她意想不到的粗话:"我靠!"李先生吃惊不小,询问后才知道儿子是从同校的一个小朋友口中学到的。

现实生活中,这样的现象并不少见。而当你的儿子突然说了脏活,你在吃惊之余,应该让他认识到骂人的坏处。

一次,李太太11岁的儿子发现妹妹在自己的房间里使用电话,便大声吼道:"快把我的电话放下,你这蠢货!"接下来对妹妹破口大骂,说了一些粗鲁的、难听的话,而这些话在家中根本没有出现过。

年仅7岁的女儿被吓住了,哭着跑到妈妈身边寻求保护。李太太走进儿子的房间,严厉地责备儿子道:"你没有权利这么骂你的妹妹,你的行为是很不礼貌、很没教养的!"儿子不以为然地耸耸肩,慢条斯理地说他的一位朋友在和自己的妹妹争执时也是这么做的。

李太太语气坚定地说:"在他们家也许可以这么做,但在我们家这样的事情是不被允许的!"

说脏话、骂人是一种不文明的行为,是缺乏教养的表现,它直接影响到人与人之间的交往。这种不文明的行为发生在男孩身上,不外乎由以下三种情况导致:

(1)学说脏话没有是非观念,是孩子的特点。别人骂,我也跟着骂,是男孩学骂人的一种普通心理。作为父母,要分清男孩是跟准学的,然后进行有针对性的教育。

①男孩刚学说话,好奇心强,有一种情不自禁的模仿本能,偶尔听见别人说一句脏话,他并不知道这句话的意思就跟着学了。父母切忌觉得挺好玩而故意引逗他或哄然大笑,这样会强化他的这种行为;而应该告诉他:"这句话是骂人的话,不好听,宝宝不学。"把不文明的行为消灭在萌芽状态中。

②有的父母平时不太检点自己的言行,男孩受其影响,也学会了说粗话。这样的父母首先要提高自己的修养,严于律己,从头做起,为男孩营造文明、礼貌的语言环境;其次通过讲故事、做游戏等形式教会男孩学用礼貌用语。如果父母偶尔再犯,那么就应该坦诚地跟男孩检讨:"刚才是由于不高兴,说出了那句话,我们是不对的,你也不要学,今后我们谁都不说这种话了。"

③男孩生活在社会的大环境中,难免受到各种不良言行的影响,说粗话也是如此。父母对此要采取一些相应的防范措施:一方面要尽量让男孩避免接触周围不良的语言环境,让他们听不见脏话,学不到脏话。另

一方面又要增强男孩的"免疫"力,教男孩明辨是非,告诉他们,骂人、说粗话是不文雅的行为。另外,父母要关注男孩周围小伙伴的情况,为男孩选择讲文明、懂礼貌的伙伴,以减少相互学骂人的机会。

(2)被迫骂人。这种情况一般发生在小伙伴之间。男孩如果和小伙伴发生了矛盾,就以牙还牙,受了欺负,借骂人来发泄自己的不满……这时父母千万不能劈头盖脸地训斥一通,或袒护自己的儿子,而要耐心地进行说服教育,教男孩用谦让的态度来解决小伙伴之间的纠纷,并应明确表态。男孩怕失去父母的爱,怕失去小伙伴的心理,会促使男孩改掉自己的不良言行。

(3)习惯骂人。"冰冻三尺,非一日之寒"。出口成"脏"的男孩虽为数不多,但影响不好。对这样的男孩,应采用暂时的冷漠,不理睬他,以不高兴的脸色、严厉的语调等来对待他,这些都会帮助男孩明辨是非,抑制、减少他的不良行为,从而建立良好的行为规范。不良行为一旦成了习惯,克服它就需要有一定的过程。在帮助男孩纠正骂人的坏习惯时,也可以鼓励男孩通过努力改掉坏毛病。例如,可把"不骂人"列入一天行为要求中,如果男孩做到了,就一定要表扬,坚持下去,一定会有成效。

要想从根本上杜绝男孩骂人的行为发生,父母的教育是关键。

(1)教育训练孩子尊重他人。要想从根本上杜绝孩子骂人的行为发生,首先要教育孩子懂得尊重他人。平时,家长要有意识地向孩子介绍每个亲朋好友的职业、性格、优点,鼓励孩子学习他人的优点。家长也要培养孩子谦虚谨慎的好品格,不骄傲自满,不以自己的长处比他人的短处,让孩子明白"金无足赤,人无完人"的道理,正确看待他人的缺点和不足,绝不拿他人的过失或不幸做笑料。同时,更重要的是要在日常生活中训练和督促孩子尊重他人。如:上学时主动向老师同学问好,遇到熟人热情打招呼,请人帮助要先用礼貌称呼、再说明事由、事后要道谢,家中来客人要热情迎送等。

(2)教育孩子正确对待与他人的摩擦。在多数情况下,孩子骂人是对自己受到伤害的一种渲泄反应。如东西被他人偷走、被他人撞倒时,往往就会骂人。家长应教育孩子以善良之心看待与他人的磨擦，让孩子明白地球很拥挤，随时都会发生不愉快的事情，使孩子学宽容他人的过失，不要为这些小事而生气、赌气。

当然，家长也要帮助孩子学会适当的宣泄方法。如：鼓励孩子诉说衷肠，必要时向有关人反映求助、解决磨擦，培养自己的幽默感来自慰等。

(3)训练孩子学会在气愤时冷静一分钟。

有的孩子骂人已习以为常了，尽管他也明白骂人是不对的，事后也常常懊悔。针对这种情况，家长可和孩子达成一种默契：当孩子在气愤想发泄时，家长用某种事先约定好的语言或目光暗示孩子：孩子这时就应冷静地想一想。孩子在这种情况下，冷静一分钟，就会考虑如何文明地表达自己的意思，把不文明的语言过滤掉。坚持这种在家长配合下的孩子自我教育训练，有利于孩子逐步纠正骂人的不良习惯。

(4)坚持要求骂人的孩子检讨。

当孩子骂人后，家长要严肃批评。批评时可以向孩子提出下列问题：为什么要骂人？不用骂人的方式以善"还击"行不行？骂人能解决什么问题？被骂者会产生怎样的态度和采取什么手段报复，其目的在于使孩子最终认识到骂人的结果是有害无益的，从而促使孩子主动向被骂者道歉认错。这样，家长坚持数次，孩子就会改掉骂人的不良习惯。

(5)以身作则，净化家庭语言环境。

孩子的语言表达方式，在很大程度上是模仿成人(尤其是家长)而形成的。因此，在家庭中，家长应注意提高自身的修养，文明语言，不说脏话、粗话，不但对外人要态度和气，对家人也应和气。这样，不但有利于纠正孩子骂人的不良习惯，更重要的是为孩子的健康成长提供一个净化的环境。

第十章

误区——这些错误，父母千万别犯

1.嘲笑讽刺,打击孩子自尊

在孩子身上,父母最希望看到的是成长与进步。从父母那里,孩子最希望得到的是赞赏和鼓励。不明智的父母对孩子一句公开的嘲笑或讽刺,就可能使孩子失去自信。因为,没有什么比父母的嘲笑或讽刺更能打击孩子的自尊。

李杰是一个事事追求完美的孩子,每做一门作业,都希望做得最好。因此每天放学后,总是有做不完的作业。

李杰因为力求完美,故花在做作业上的时间很多,以致晚上睡得很迟。睡眠不足,上课时便无法集中精神,如此恶性循环下李杰的成绩便每况愈下了。

而李杰两个弟弟妹妹却聪明伶俐,相比之下,李杰便成了父母心目中的笨孩子。

李杰的妈妈经常在亲友和邻居面前公开嘲笑他："瞧你那副蠢样子！你真是一头笨驴。"从此，"笨驴"便成为父母、邻居和同学嘲笑的对象，李杰心目中亦觉得自己很笨、没有用处，原本不大理想的成绩更见低落，直到15岁才勉强完成小学课程。

李杰自知无法升读中学，也相信自己比别人笨，只有出来工作。由于李杰对自己失去信心，每份工作都做得不好，甚至被老板开除。后来李杰一家搬走了，便再没有他的消息了。

从以上这则事例中，足可见父母如经常嘲笑和讽刺孩子，对于孩子的负面影响是何其深远！

每个孩子都有他的优点，也有其弱点，当弱点显现，导致他在某件事上尝试失败时，有些父母就会对孩子采取嘲笑和轻蔑的态度去数落他、贬抑他。

父母的用意可能是想刺激孩子的奋发心，使他再次振作起来，可是这样做不但无法刺激孩子改过的念头，而且会导致不良的结果。

孩子连连挫败，他自己已感到非常失望，希望得到安慰，此时，父母不但不加以鼓励，反而一再数落他、讥笑他、贬抑他、小看他，这样只会使孩子更加失去信心、继续失败，一直到完全陷入绝望的境地中。

一些遭受父母嘲讽的孩子，长大后会变得畏首畏尾、胆怯、没有自信。另一个极端就是当孩子挫败时，却受到父母的嘲讽，便会对父母产生怨恨而耿耿于怀，由于害怕，故只能将对父母的轻视怀恨隐藏在心底，等到他长大后，往往会找机会加以报复的。

一个习惯以讽刺的态度批评孩子的父母，是不可能期望孩子对他真心尊敬的。

项娇是个娇小的孩子，在同学们当中是个小妹妹。大家都想方设法地帮助她，迁就她。大伙都说，看到项娇的模样就忍不住要怜爱呢！

这天，项娇和伙伴们去郊外露营。项娇在征求妈妈的意见时，妈妈同意了。临走前，妈妈还嘱咐："要和同学们相互照应，自己的事情自己完成，不要总让大家帮忙，这是锻炼你的时候。"项娇笑眯眯地回答道："我知道了，我不会成为大伙的累赘的。"

来到郊外露营，项娇对大家宣布，不要帮助自己，她能自己把事情干好。可是话虽这样说，项娇还是没少让大家操心。她的行李大部分是由男生拿着，过草地时，项娇总是担心有蛇，总是要一个人紧紧地拽着她的手。项娇最害怕的是夜晚，她觉得郊外的夜晚很恐怖，一个晚上没有合眼，惊恐地睁着眼睛到天明。

经过一天的野外露营，项娇终于回到了家，妈妈看着她发黑的眼圈，询问道："怎么就这么一天，眼睛就凹了下去，没睡好觉吗？"

项娇抱怨着："郊外的夜晚好可怕，都是猫头鹰的叫声，我根本不敢睡觉，所以……"

妈妈问道："那其他同学也是这样吗？"

项娇摇摇头："不是呀，大家睡得可香了。"

妈妈笑了笑，说道："看吧，就你一个人是这样。你真是个胆小鬼！什么事情都害怕，唉！"

妈妈的话语让项娇感到很委屈，看来在同学们的心目中，我可能也是一个胆小鬼了。

妈妈的一句话，让项娇陷入了"我就是胆小鬼"的自卑中，她甚至认为同学们也认为她是胆小鬼了。

其实，造成孩子胆小怯懦的原因是多方面的，主要是环境与教育的影响。例如：父母过度地限制孩子的活动，不准孩子单独外出；父母过分地娇惯孩子，事事包办……归根到底还是父母教育的问题，不能责怪孩子胆小。若父母张口闭口"胆小鬼",则会强化孩子的胆怯意识,使孩子越来越胆小起来。

父母想激励孩子,可以用称赞、鼓励、循循善诱的教育方法。千万不要说孩子的坏话,挖苦孩子的缺点,数落孩子的过失,更不要为孩子贴上标签。因为一旦贴上了,周围的人都认为他是一个无可救药的孩子,包括孩子自己在内。

西方教育专家不赞成责备孩子,更不主张把责备作为一种教育孩子的手段或方法。而在中国,许多父母对孩子总是责备多于赏识与鼓励。

有许多父母为纠正孩子的缺点,总是先情绪激昂没完没了地责备孩子。有的父母讲,最初他们是对孩子"因不责备就不改"而责备,后来因孩子"即使责备也不改"而苦恼,最后又因孩子"不可救药"而放弃不管了。

一味地责备,不用说孩子,就连大人也会失去信心的。这样下去,只能培养出因设法保护自己而产生反抗心理的孩子。

对孩子而言,无论是缺点还是优点,如同我们现在再也不能改变我们的过去一样,是既成事实的东西,无论如何是不能否认的。我们所能做的只有反省过去,从中吸取经验教训,以便重新沿着正确的方向努力。

讽刺,会伤害孩子的自尊;讥嘲,会打击孩子的信心。作为合格的父母,给予孩子的应该是赞赏,因为只有赞赏才能让孩子树立人生的自信;作为成功的家长,给予孩子的应该是鼓励,因为只有鼓励才会让孩子释放生命的潜能。

2.期望太高，引起孩子逆反

教育孩子是父母的天职，对孩子提出适当的要求有利于孩子的成长。然而父母过高的要求、过多的期待，甚至过严的苛求，却会对孩子的身心健康造成伤害。因此，父母应当用平常心看待孩子的成长，不要对孩子说要求过高的话。

吴敏和章梅是邻居，又是同班同学。章梅从小学到初中一直是班里的学习尖子，担任过学习委员，班长等。吴敏学习也很用功，但她因不如章梅头脑灵活，再加上学习方法上的不当，故成绩总在中游水平上徘徊。中考成绩下来了，章梅以优异的成绩被市重点中学录取，而吴敏只进入了一所一般的中学。吴敏的妈妈看到这样的结果。尽管本来心里就有点准备，但还是非常生气，觉得女儿没出息。有一天，母女俩为了一件小事而发生争执，妈妈控制不了自己心中的火，便恶狠狠地对吴敏说："你这个不争气的东西，我怎么就没生一个像章梅那样的孩子？"

俗话说："人比人，气死人。"家长自己都明白，鉴于各种因素影响，人之间是不可比的。但有的家长自己不和别人比，却常拿孩子去比。其实，这种对比，对孩子的成长是极其不利的。

如果孩子没有受到足够表扬，却老是面对和别的同龄人相比，他便会感到受了"冷落"，很长时间都会郁闷，会避开父母，甚至和家长出现对立情绪。

当孩子失败、失意的时候，父母不应拿别人和他做比较，这只会引起孩子的逆反，进而导致他的自卑，伤害了孩子脆弱的自尊，对孩子一点帮助都没有。

孩子在这个时候需要的是家长的体谅和安慰。一个微笑或是拍拍他的肩膀，都会让他重新振作起来。让孩子在挫折中坚强地站起来是我们每一位做家长的责任。

"你要是考不进市重点，我就抹脖子！"这是一位母亲在对女儿进行恐吓时说的话。结果，女儿拼命努力，终于如愿以偿地考进了重点中学，母亲以百般的宠爱善待她，因为女儿替娘争了光。

"你必须在全班考第一。"这时，母亲又提出了新的要求，女儿脸上的笑容慢慢地消失了，焦躁与不安爬上了她的眉宇。

不久，考试结果出来了，她没有成为全班第一。母亲将女儿辱骂一通，又提出新的目标："期末考试成绩要是达不到90分，我就抹脖子！"

母亲威胁的口吻还是那样坚决。第二天，无奈的女儿离家出走了。

一旦孩子功课不好，投入巨大的父母往往比孩子更伤心。一位下岗的父亲靠帮人家拉货挣钱养家，在醉酒后哭着对10岁的儿子说："你爸爸这辈子没啥出息了，就是累死，也得把你培养出个样儿来。你就好好学，将来成个人，让我累死了也能闭眼吧！"

据一些家长说，天不怕，地不怕，就怕老师反映自己的孩子功课落后，这样的消息比股市暴跌还要让他们难过。

在高期望值的支配下，父母评判子女好坏的标准严重失衡，孩子教育成败多是以成绩好坏来衡量。"小孩成绩好，一'好'遮百丑。"

于是，父母对孩子的要求集中到一点——考试成绩。只要考试成绩好了，什么都好说；如果考试成绩不好，怎么都不行。在这种心态驱使下，家长们对学习好的孩子，极尽娇宠。每年寒暑假的第一个星期天，许多大型商场都会挤满一家三口的购物者。原因是孩子考试前家长往往许诺，考得好就给买高档玩具、衣物、电子产品等，他们是来兑现承诺的；而好些饭馆也因此赚得钵满盘满。当然一些成绩没有达到家长要求的孩子，是绝对享受不到这种待遇的，不仅如此，"你真蠢"、"没见过你这么傻的"此类咒骂劈头盖脸，整天不绝于耳，整个家庭被愁云悲雾笼罩着，失去了往日的欢笑和温馨。

殊不知，对孩子这样的过分要求，不仅对孩子的成长无益，反而恰恰会伤害孩子的身心，阻碍孩子的成长。

金健考进了一所重点大学。一次在同学聚会上，他非常感慨地诉说了这许多年自己学习的压力。他说："我现在真感觉像是一个解放了的囚徒。多年来，妈妈无止境地加码，压得我实在喘不过气来……每当我实现了妈妈的愿望，妈妈就高兴极了，此刻我就成了天上的星星；当我失败没达到妈妈的要求，我就成了地上的狗熊，无休止的奚落就会劈头盖脸地扑来……"

"多少年来，在我的心中只有第一，必须第一，无数个第一整天在追赶着我，我真是太累了……记得有个星期天妈妈出门，我做完作业和邻居家小乐玩了会球。这时妈妈回来了，她紧绷着脸说：'快去看书去，玩什么玩，以后考不上大学，你还有出息吗？'唉，今天总算解脱了。"

试想上述案例中的孩子一旦失利会怎样呢？

家长把进大学深造，看做是孩子的唯一出路，很自然孩子就会潜移默化地接受家长的思想，一心一意努力奋斗，为上大学而学。那么在竞争激烈强手如林的考生中，如果孩子一旦失利，没有迈进大学的校门，那他会有出路吗？他还会有希望吗？因为他把出路和希望都寄托在"一定"或"必须"上了，因而后果可想而知。

中考、高考失利自杀、出走的事例还少吗？这还不值得父母深思吗？

一是父母思维不要绝对。要让孩子多渠道思考问题，不要把人生的希望放在"必须"和"唯一"的赌注上,一旦失利,就无法承受,要从绝对化的思维方式中解放出来,像有的家长教育高考落榜的孩子"榜上无名,脚下有路"。就避开了"必须"、"一定"等绝对信念的左右,取得了好的教育效果。

二是父母要针对孩子自身的特点和基础正确地引导孩子进步。只要孩子努力了,达到什么程度都欣然接受。千万不要用过高的期望来给孩子的心理加压,以免造成本不该发生的悲剧和遗憾。

一天,苏珊兴高采烈地拿着一张数学试卷跑回家。一进门,就喊:"妈妈,我今天数学得100分了。"

妈妈正在忙着洗菜,准备做饭。便说:"你没看见我正忙着吗?再说,有什么好看的,你早该得满分了,别的小朋友不是经常得100分吗?"

苏珊本来是想让妈妈夸奖自己一番,想和妈妈一起分享自己的快乐。没想到,妈妈的一瓢凉水泼得她一点儿兴致都没有了。

苏珊可能并不是一个在学习上十分聪明的孩子,但她对自己的学习很在意,把它作为自己生活的重要内容。她希望自己能够获得好成绩。她是那类在学习上努力、勤奋的孩子,她的自尊心很强。

对于这样一个孩子,苏珊妈妈的态度是不对的。

孩子对自己的认识和评价大多是依据他人对自己的评价而得来的。也就是说,在孩子尚未形成对自己的稳定的评价时。外界的批评或表扬,在很大程度上影响着孩子的情绪和行为。然而,许多父母却不愿把表扬、赞赏带给孩子。他们以为,只有"严厉"才会对孩子起作用。他们甚至可能把"严格"理解为态度生硬甚至对孩子进行责骂、训斥,把严格与鼓励、赞赏截然对立起来。他们没有认识到表扬、赞赏的独特魅力。

不要对孩子说要求过高的话,因为那样只会增加孩子的压力;不要对孩子说要求过高的话,因为那样只能损害孩子的身心。

以平常的心态对待孩子,就不会对孩子提出苛刻的要求;以客观的眼光看待孩子,就不会对孩子提出过高的目标。每个父母都应该明白:要求适当,才会有利于孩子身心健康;目标合理,才能够促进孩子成长成才。

做棵大树是对你的期望,做颗茁壮的小草,也尊重你。

著名的教育家陶行知先生早就告诫过父母们:"不要让孩子成为人上人,不要让孩子成为人下人,也不要让孩子成为人外人,要让孩子成为人中人。""人中人"就是"平常人"。培养平常人就要有一颗平常心。

做父母的本应该有颗平常心。因为,生儿育女是最平常的事情。不要苛求孩子一定要拿第一,一定要比别人更优秀。

3.以暴制暴,造成矛盾激化

明智的父母,会让孩子得到知识的熏陶;温和的父母,会让孩子得到心灵的抚慰;而粗暴无礼的父母,只能使孩子在不良的环境中扭曲性格,污染心灵,在痛苦与自卑中浇熄梦想。为了孩子的明天,不要对孩子说粗暴的话,请让粗暴的父母走开。

一天晚上,澎浩和爸爸二人在家里看电视,儿子并没有把心思放在电视上,而是玩弄爸爸平时钟爱的一只小碟子,父亲从一开始就对孩子的行为提出劝阻,但是随着对电视的关注也就不再说了。

突然,儿子没有拿稳碟子,小碟滑落了下来,在地板上摔成了碎片,儿子一下子愣住了,不知道怎么办才好,爸爸这个时候也愣了一下,但随即本能地就给了孩子一脚,孩子惊慌地一躲,一溜烟地跑出了家去。望着孩子离家的背影,父亲大声说道:"你滚吧,想去哪里就去哪里! 出去了就别回来!"孩子的眼泪立即下来了。

"你滚吧,想去哪里就去哪里。"

其实,孩子犯了错有了过失,他自己已完全认识到了,父母不体会孩子的心情,而是任凭自己的怒气发挥出来,从而不仅起不到教育孩子认识错误的目的,反而伤了孩子的心。甚至引起反抗情绪。

孩子当然不想离家出走,可在爸爸的怒喝下,难道就这样屈辱地留在家里? 那还有什么自尊可言?

就这样孩子被迫离家出走了。

父母教育失败,孩子离家出走的事件屡有发生。许多情况下,孩子是被父母的话逼出家门的。冲突爆发时,父母与子女双方唇枪舌剑,互不相让。有些父母利用孩子依赖性强的特点,动辄就用不管一切的话来恐吓孩子,发泄自己对孩子的不满。不少任性要强的孩子,因为忍受不了父母的嘲弄逼迫而离家出走。

有关专家指出:在任何情况下,父母都不应该用赶出家门来要挟子女,迫其改过。孩子有错,应该明确指出,即使在批评孩子的时候,也应该让他感受到父母的慈爱和深情的关切,从而产生自强、自信、向上的力量。否则,即使孩子一时屈服了,也于事无补。

肖强是个好胜心很强的孩子。一天,他在学校操场上与同学一起踢足球,为了一个点球与同学争吵起来。两人争着争着,对方同学骂了他一句:"你这个乡巴佬,滚回你的老家去吧!"原来肖强家住在农村,今年因爸爸在城里找了一份工作,父母才把他转到县城里来上学的。听到这个同学骂自己乡巴佬,肖强的火气一下子冒了起来,冲上去一拳,把那个同学打倒在地,然后又骑在身上猛打起来。后来在同学的拉扯下才好不容易停手。因此，肖强挨了老师的严厉批评，并把打架情况通知了家长。放学后，爸爸怀着一肚子气，拎着肖强的耳朵进了屋，然后恶狠狠地对肖强说："以后再在外面与人打架，看我不打断你的腿！"

有些父母以为这种以暴制暴的恐吓话，能有效地制止孩子在外面闯祸，以为这是最直接和最有效的手段，其实这是替孩子树立了一个坏榜样。父母是孩子学习的对象，但说这句话不但没有建立好的榜样，而且让孩子以为打架不是过错，因为连父母都乐于采用，难怪孩子要模仿成人用拳头解决问题了。

听到自己的孩子动手打人，父母必定会非常紧张，非常气愤，认为这种暴力行为是必须要立即制止的。但制止归制止，可不能不问情由就破口大骂。应以平和的态度说："我知道你很生气。"以表示明白孩子的感受，然后坚决地说："但绝对不可以动手打人。"说明反对这种野蛮的行为，再给孩子冷静的空间进行思考，平复激动的情绪。

这场架可能另有内情，所以父母在平息孩子的怒气之后，要了解事情的真相，引导孩子说出打人的原因，再想出处理的方法。爸爸妈妈不妨用"刚才发生了什么事？""为什么要动手打人？"等引导孩子说话。

让孩子说出事情的来龙去脉，再根据具体情况，教导孩子应该怎样去处理才是正确的。事后也要与孩子一起检讨，打架是否可以解决问题。

周小勇的爸爸已经记不清这是第几次被老师叫到学校，反映周小勇使用不文明的语言，有些脏话让老师听了都脸红，老师让周小勇的爸爸将周小勇领回家批评教育。一出校门，爸爸就发起怒来："你这个孩子！再骂人我就要打死你！"

当听到孩子说着粗言秽语，父母的反应一定会很惊讶！"为什么我的孩子说这些话？"

其实大多数孩子的粗话、骂人话正是从父母处学来的。古人云：身教胜于言教。父母要想教育孩子不骂人，自己首先要戒除骂人的恶习，然后再冷静下来，告诉孩子说这些粗话的不利影响。因为孩子是需要父母提醒的。孩子可能曾经被人以粗话责骂，虽然不知道其中意思，但见责骂的人生气的态度，便猜想到那是感到愤怒时会说的话吧。于是当自己生气时，不知不觉便说出来了。

当父母听到孩子说粗话时还会担心孩子是否学坏了？先别有这样的假设吧！不如平心静气的询问孩子，了解孩子到底由何处学到这种话，只是无意中听到别人说自己也跟着说？还是从孩子的朋友中学到的，他们也会这样沟通吗？

重点是父母应帮助孩子纠正恶习，而非指责。单是斥责，是没法让孩子学习到正确的做法的。不妨也教孩子其他宣泄愤怒情绪的方法。

孩子为什么骂人、说脏话？世上没有无因的果。孩子骂人、说脏话都是学来的，周围的成人，包括同龄伙伴骂人、说脏话，是他们学习的对象；影视中的骂人、说脏话，也是他们的学习对象。他们觉得好玩，就学，并不以为是丑才学，所以大多属于无意识的学习。

对于孩子爱骂人、说脏话可以用以下方法解决：

(1)细心了解，分析孩子骂人、说脏话的由来及其心理动态，然后对症下药，采取不同措施。

(2)不加理睬，使孩子因没有引起别人对自己的注意而自动减少骂人、说脏话行为。千万不可重复孩子的骂人、说脏话，以免反而强化其不良行为。

(3)一旦孩子学会了骂人、说脏话，不要简单地训斥或恐吓，更不能打骂，应对他们进行教育，讲明道理。如果孩子对教育无动于衷，可进行适当的惩罚，以防止形成不良习惯。

4.过度溺爱，毁了孩子的前程

关爱与溺爱虽都是对孩子的爱，但对孩子一生的影响却有天壤之别。前者是父母在疼爱与关心中尽责的教育、尽心地培养，而后者却是在父母娇惯放任中对孩子的纵容和偏袒。父母如果期望孩子长大成材，就别让自己的溺爱毁了孩子的前程。

因此，父母不要对孩子说过度溺爱的话。

郭玉祥小的时候，妈妈就整天围在郭玉祥周围，生怕孩子会摔倒，被东西在给磕到。

现在，郭玉祥已经上初中了，个头差不多和母亲一般高了，妈妈还是不放心。

这天，郭玉祥学校要组织去郊外的滑雪场滑雪，郭玉祥第一个报了名。他可高兴了，因为常常在电视里面看到人们滑雪的帅气样子，自己终于能够亲自去了，能不兴奋吗？可是在征求母亲的同意时，妈妈坚决不允许："滑雪是多么危险的事情，你怎么能去呢？"

郭玉祥反驳妈妈说："我现在已经不是那个需要你牵着手才敢走路的孩子了，不要什么事情你都说危险。"

妈妈说道："再怎么样，你还是我的孩子，滑雪很危险，你不能去，反正我是不同意的。"

郭玉祥觉得这样和母亲争论下去也没有什么结果，就郁闷地回到了自己的房间。

生活中，很多父母特别关心子女的一切，这个不要动，那个不能碰，生怕孩子有个闪失。但是,若处处顾虑到孩子的"安全",担心什么事情都有"危险",反而不易培养孩子的独立精神。这样,遇到事情,孩子无法独自处理,久而久之,面对真正的困难,他们往往会知难而退。

父母关爱孩子过头,根源是认识有问题。有的父母认为现在生活条件好了,又是独生子女,当然给予特殊的关心和照顾,因为孩子还小嘛。有的父母小时候很少受到照顾,吃了不少苦头,自然对孩子多照顾点,让孩子感受到爱,有一个幸福的童年。还有的父母认为,对孩子的生活和学习多照顾一点,对孩子的健康成长有利。其实,孩子健康成长,最为重要的是要学会生活、学会生存。父母照顾孩子过了头,孩子衣来伸手,饭来张口,怎能学会生活和生存,将来怎能独立自主地工作和生活?依赖父母成了习惯,当父母不能依赖时,怎么生活?

在生活中,每一个人都会遇到磕磕碰碰的事情,可以说事故是不可避免的。孩子们需要学会怎样去忍受在生活中碰到的伤痛,增长自己的意志力。头上碰青的紫色可以渐渐退去,但受了伤的勇气却很难恢复,也许一辈子都会受到影响。因此,作为父母,应当松开对孩子的束缚,让孩子有更多的机会去体验、去闯荡,以增加他们对自己的自信心。

过分保护、看管教育出来的孩子,也将是不合格的。

时代在向前发展,激烈的竞争告诉我们,不肯冒一点风险,就没有一丝机会。理智地冒险意味着机遇。父母要鼓励孩子去冒险,而不要告诫他们什么都是"危险"。胆量与勇气无疑是这个时代重要的品质,许多成功人士都是依靠勇气在事业上胜人一筹,取得成功的。

父母要知道,孩子只有亲身实践才能增长处事和生活经验,否则就将失去独立自主的能力。

作为父母,一定要正确理解孩子的顽皮、不听话、"冒险"。除非一些很不正当、真正危险的行为,要及时给予制止,要向孩子灌输"冒险意味着机遇"的生存理念,要鼓励孩子冒适当的风险。因为,人只有通过冒险才能不断超越自己，在冒险的过程中取得经验，增长勇气，实现自己的理想。

彭一玲是个活泼好动的小女孩，她最近非常热衷做"家务"。每当妈妈干家务时，她总上来"帮忙"。当妈妈拖地时，彭一玲会过来帮妈妈一齐拉拖把，这时妈妈总说："你还小，别把身上弄脏了。"当妈妈叠被子时，彭一玲过来拉被角，这时妈妈会总说："你还小，看把被子弄乱了。"当妈妈洗碗时，彭一玲也过来帮忙，这时妈妈说："你还小，会把这些东西摔坏的。"久而久之，彭一玲对"家务"失去了兴趣。

上例中彭一玲想帮妈妈干家务，可妈妈怕她累着或干不好就总是拒绝她。殊不知，妈妈的这种做法，恰恰是害了彭一玲。

许多孩子的懒惰，都是由父母自小的娇惯、溺爱所造成的，特别是独生子女的父母，总害怕孩子磕了碰了，因此当孩子想帮助大人做事时，不是遭到拒绝就是训斥。长此以往，孩子渐渐便不再去尝试了。

孩子的积极性受到打击后，他们会真的认为自己什么也不能做，自信一点点被清除掉，天长日久，他们再也不会主动做什么，懒惰随之而来。

成功的父母却从来不会这样做，他们懂得要让孩子独立就必须从小培养他们的自立能力，因而总是用鼓励和表扬的方法去培养孩子做事的自信心，而且知道在什么时候什么情况下不失时机地鼓励和表扬孩子，这样才能从根本上扶植孩子的自信，使他们明白自己应该做什么，怎样做。

失败的父母在教育孩子时最容易犯的错误，就是事先假定孩子什么也不会做，什么也做不好，所以他们事事都会阻止孩子自己去做，都要替他们做好。殊不知，这么做的结果是使孩子慢慢地对自己失去信心，失去了自己努力去探索的精神，失去了去追求、去锻炼的自觉性。

"你能做好"是成功的父母大脑首先设定的一个前提，他们认为孩子和大人一样能把事情做好，孩子随时随地都应该学习生活的本领。

但其中的道理和大人学习做事情是一样的，有成功也有失败，不能因为失败而影响孩子探索的价值和追求的精神，关键之处在于孩子是否敢于失败，敢于面对失败，同时他们的自尊心和自信心不要受到不良的影响。

所以，父亲应该鼓励孩子主动地去做事情，既不能打击孩子，也不要过分地表扬孩子。因为过分的表扬容易使孩子产生骄傲的情绪，这对孩子的成长也不利。

总之，适当地对孩子进行鼓励和表扬，让孩子得到一种自我满足，增强他们的自尊心和成就感，达到不断增强他的自信心的目的就行了。

教育专家指出：家教言论中，一个很重要的而且被经常提及的是对孩子勇气的培养。担心孩子受到意外伤害，是每一个做父母的人经常虑及的事。如果仅仅是担心孩子的安危，过分地强调危险性，那就必然会牺牲孩子接受锻炼的机会。这样，孩子得不到锻炼，勇气也就无从培养。

5.禁止给孩子贴上"笨"的标签

妈妈这样说："你笨死了！"

爸爸这样说："你笨得无可救药了！"

那么孩子就有可能真会这样想："嗯，是的。也许我真的就很笨。"

父母的话在孩子听来都是很权威的，有时候他会对这些话深信不疑。若是父母一直向他灌输一个"他很笨"的观念，那么无论他原来有多聪明，到头来他的聪明才智也有可能会直接被抹杀掉。

一位母亲带着9岁的女儿来到一家儿童心理咨询机构，母亲对咨询师说："这孩子总是不认真学习，又贪玩，成绩又差，笨得要死。你给她测测智商看是多少，我也好心里有个数。"说着，母亲把身后的女儿推了过去。

咨询师测完后亲切地问："告诉叔叔，为什么你不用心学习呢？"小女孩愣了一会儿才说："我笨呗。"咨询师惊讶地问："你怎么知道你笨呢？"小女孩非常小声说："妈妈总说我笨，还总当着别人的面说。"咨询师一下子就明白了原因。

等得焦急的母亲忍不住问道："我的孩子到底有多笨啊？"咨询师却摇了摇头说："您女儿的智商是130，若是再高点儿就成超常儿了。您总给她戴'低能儿'的帽子，她自然就觉得自己笨了。"这位母亲听后，惊讶地张大了嘴巴，久久没有说话……

不知道有多少孩子，会像故事里的小女孩那样，被父母制作的"笨"标签、"低能"帽子压得喘不过气来。那些孩子也许和这个小女孩一样，智商根本不低，但父母却因为他学习不认真或其他什么原因就说他笨，这样父母也许会亲手毁掉人才。父母期望孩子能有出息、出人头地，这都是人之常情，可以理解。但是，孩子的成长发展不尽相同，不是所有的孩子都是神童，父母不要用又高而又统一的标准来要求孩子。更何况，孩子对自我的认知与判断，一部分是来自于父母的态度的，而且这一部分在孩子的心目中占有很大的分量。若是父母只因为孩子接受能力差一些，或者理解速度比别人慢一些，就直接一口断定孩子笨的话，那随着时间的推移，他可能就真变笨了。

再来看一个相反的例子。

一个孩子上小学的时候数学差得出奇，一次考试得了29分，再一次考试是40分。爸爸却并没有骂他,反而说:"你与上一次考试相比进步了11分啊! 这是个了不起的飞跃,可见你还是很聪明的。只要你努力,一定没问题! "后来,这个孩子在爸爸的鼓励下渐渐地对数学产生了兴趣,成绩也越来越好。

有个许多人都知道的对联:说你行,你就行,不行也行;说不行,就不行,行也不行。就是在讲这个简单的道理,不给孩子贴"笨"标签,多给予他希望,这就能让孩子积极发挥自己的才能,而且还有可能会激发出他的潜能。这样的做法,才是正确的教子方法。

不说孩子笨,让孩子也不说自己笨,父母可以参考以下建议:

要知道孩子的实力在哪里。

板凳宽,扁担长,各有优点。所以,孩子在哪些方面有优势?孩子的实力到底有多少? 这些都需要父母通过认真观察来全面掌握,并让孩子自己也要了解自己的真实水平。

无论一个人的学习能力是强还是弱,只要是能在自己的基础水平上有所进步,就是好样的,就该是值得表扬的。而且,清楚自己的实力,并能努力求取进步的人,我们也称他为"有自知之明"、"有进取心"。若是父母能用这样的态度去对待孩子,那何愁他不会努力学习呢?

帮助孩子建立一个正确的自我形象。

要帮助孩子建立正确的自我形象,父母首先要尊重孩子,还要多看到孩子的优点,多给他一些正面的评价。同时,父母也不要忽略或否定孩子的消极情绪,否则就会影响他的自我判断。

当然,最重要的,是要父母能挖掘出孩子的特质,看得到他学习上的优点,并鼓励他继续发扬优点,还可以让他以优点带动缺点。而且,父母也不要帮助孩子下结论,否则孩子依然无法正确认识自己。孩子只有能建立起一个正确的自我形象,他才能有信心去继续努力,他才有可能在学习上取得更大的成绩。

1968年的一天，美国心理学家罗森塔尔和福德一起来到了一所小学，他们从一至六年级每个年级中选出3个班，进行了一次"发展测验"。然后，他们将一份名单交给了教师，并用赞美的口吻说："这些学生将有可能有良好的发展。"

8个月后，两位心理学家再一次来到这所学校进行复试。结果，名单上学生的成绩都有了显著的进步，而且他们的性格也都非常开朗，都有很强的求知欲望，也敢于发表自己的不同见解，和老师的关系也非常融洽。其实，心理学家提供给老师的名单只是随机抽取的，但面对这份名单的老师却对这些学生有了积极的期待，学生受到了老师的影响，因此也就变得更加自信，他们就不知不觉地更加努力学习，结果就有了飞速的进步。

这就是心理学上著名的"罗森塔尔效应"，也叫"皮格马利翁效应"。这个效应告诉我们：

对一个人传递积极的期望，就会使他进步得更快，发展得更好。反之，向一个人传递消极的期望，则会使人自暴自弃，放弃努力。

所以，父母要能以一个积极的态度去期望孩子，给予孩子最起码的信任，相信他可以尽自己的努力去学习，并能学有所成。那么孩子在父母的积极期望下，就非常有可能如那名单上的学生那样，获得长足的进步。

长久以来，有的父母都一直自我感觉良好，正是这种不知道哪里来的"超级自信"，才使他们看不到孩子的闪光之处，在他们眼中，孩子多是"错误一大堆，不教育不成器"的。但是，人总是会有优点的，孩子也不例外，他长于别人的地方就该是值得所有人学习的。

台湾著名女作家罗兰上小学六年级的时候,算术不好,有些知识点老师无论怎样给她讲,她都听不懂。老师甚至还单独给她开小灶,她依然没什么长进,她觉得自己当时真的就是一个笨学生。

当她惴惴不安地将48分的算术成绩单拿给父亲看的时候,父亲却说:"你的理解力不行,但记忆力却很好,现在不要忙,等你长大一点,理解力会慢慢增强的。"

后来,父亲的话果然没错。等罗兰到了高中,她的几何代数已经都很优秀了。

相信这样一位能看得到女儿优点的父亲,也一定能够放下架子去向她学习的。

欣赏孩子的优点,就等同于认可他、信任他,这也会让孩子有被尊重的感觉。

任何人都不是完美无缺的,正在成长的孩子缺点自然也少不了,但父母若是只看到孩子的缺点并且经常为此而训斥他,在这样的环境下,向孩子学习简直就是不可能的。父母只有善于发现孩子的闪光点,才有可能会去向他学习。

当然,这个"多多欣赏"也要有个限度,不能随便就夸大了孩子的某些优点,一个最基本的原则应该是"实事求是"。

6.滥施表扬,当心"捧杀"孩子

为了说明这个观点,先让我们读一则访问学者在异国遇到的真实故事:

一天,学者到当地一个教授家做客,一进门,便看到了一个天真聪慧的小女孩子。当她得知这个女孩是教授的女儿的时候,便夸奖了一句:"好漂亮的孩子,真是天生丽质啊。"说着,便用手抚摸了一下女孩儿漂亮的黄色卷发。

教授听了之后,说:"请向我的女儿道歉。"

学者很纳闷。

教授说:"你是因为她的漂亮才夸奖她的,而漂亮并不是她的功劳。你夸奖了她,对于一个只有5岁的孩子来说,还没有明辨是非的判断力,她就会认为这是她的本领。一旦认为天生的美丽是值得骄傲的资本,她就会看不起长相平平的孩子。而且,你未经她的允许就抚摸了她的头,这会让她认为一个陌生人可以不经她的同意就随意地抚摸她的身体……"

听到这里,学者恍然大悟。

教授接着说:"有一点,你是可以夸奖她的,就是她的微笑和有礼貌,这是她自己努力的结果。"

真是一不小心"夸"出了错儿。这个故事告诉我们:夸奖孩子的时候,要掌握好分寸,否则会产生负面的影响。

不可否认,孩子是需要表扬的,但是,过多、空泛而不准确的表扬,可能会给孩子带来各种负面的影响。

现在,很多父母都认为"好孩子是夸出来的",倾向于对孩子采取表扬式、鼓励式的教育方式,在口头上对孩子经常作出正面、肯定和积极的评价,并认为这样可以增加孩子的自信,引导孩子的行为,使孩子得以在家长的鼓励下不断进步、成长。

出于这种考虑,有的父母只要一有机会,就会经常赞扬孩子。即使是很平常的一件小事,有的父母也会忙不迭地夸奖孩子几句。

不管家长是对孩子赞许、表扬、鼓励,其实质都是在"捧"孩子。孩子有时候也需要捧,因为父母对孩子的积极评价可以使孩子获得成功体验,并且可以增强孩子的荣誉感,而成功体验和荣誉感在孩子的成长过程中是必不可少的养料。但是,父母捧孩子捧得过多、过频,就会"捧杀"孩子。

从长远来看,父母经常对孩子持续采取表扬式、鼓励式的教育方式,效果往往是非常有限的。如果一味地对孩子进行赞美,通常只能获得负面的效果,不仅对孩子没有任何的好处,还会给孩子带来很多害处。

父母长期赞美孩子,孩子就会长期生活在一种较为顺利、较少挫折的环境中。经常接受来自家长的正向激励,会使孩子的性格单质化、形成一种"玻璃心态","玻璃"虽然坚硬但是脆弱,一碰就可能受伤、甚至破碎。

鼓励的语言说得多了,其正向的激励作用也会趋于弱化。任何话说多了就不值钱了,家长第一天对孩子说"你真棒",即使是不经意间说出的,孩子也会心生感动;第二天再说,孩子仍然会感动,但感动的强度和持续的时间都会变短;第三天接着说,其激励作用就会明显减弱,家长持续地说"你真棒",语言的激励作用就会不断趋于弱化,以至最后归于无。

表扬孩子过多,还会助长孩子的"娇、骄"情绪,使孩子越来越娇气和骄气。孩子由于经常受到父母的表扬、赞许,无形中就使他(她)有了向爸爸妈妈"讨价还价"的资本,有了资本,孩子就会向父母"叫板儿"、撒娇,向父母提出过高的、甚至非分的要求。比如,有的孩子会认为:"我既然这样优秀，这周你们得多给我一些零花钱"、"我理应吃得更好一些、穿得更好一些、玩得更好一些"等等。

作为未成年人，大多数孩子是很难对自己做出准确的自我评价和自我控制的，赏识的语言听得多了，就可能晕头转向，过多地关注自己的优点、过高地估计自己，以至于行事为人总不免带有几分傲气、甚至傲气十足。

为了鼓励孩子，家长采用赞赏、表扬的方法，这本无可厚非。但是值得注意的是，表扬和赞赏都不宜过度、过量，毕竟人的一生中不光有赞美，成长过程中总会伴随着不如意或困难。因此，父母也要时刻警惕赞美给孩子带来的负面效果。

不要滥施表扬

父母表扬多了，孩子就会对表扬之词产生依赖，他们做事的目的完全是为了向父母邀功。如果父母有一次没有像往常那样对他们进行赞扬，他们就会因此而失落。

为了让表扬变得更加可贵，父母应该适当地控制一下自己表扬的冲动，不要滥施表扬。如何才能做到这一点呢？

杨女士对女儿实施的是赏识教育，只要女儿有了什么进步，杨女士都要进行表扬。即使是微不足道的小进步，杨女士也会乐此不疲。

女儿很享受这种表扬，每天就像只小喜鹊一样，不时地对妈妈说："妈妈我已经做了这个""妈妈我又做了那个"，然后期待着妈妈的夸奖。

当孩子第一次独立走路、第一次完整地背出一首唐诗的时候，的确会让全家人欢喜一番。但是，如果孩子所做的是他们每天都要做的事情，比如：吃饭前会主动收拾碗筷，睡觉前会向妈妈道晚安……就不必兴师动众地夸奖或表扬了。

不要低估了孩子的能力

父母要了解孩子的兴趣和现有能力，根据同龄孩子的平均水平，对孩子进行相应的评价。需要记住的是，表扬要随着孩子的能力一起成长，不能低估了孩子的能力。

星期天，妈妈对文文说："我们一起玩串珠子游戏，好吗？"

文文高兴极了："好！好！"因为这是她最拿手的。果然，文文很快就串好了手中的那颗珠子。

"真棒呀，能那么快串好！"妈妈表扬说。可是，文文却对妈妈的表扬流露出失落的表情。

也许是妈妈低估了孩子的能力，所以表扬并没有让孩子感到快乐。对孩子早就学会的串珠子，妈妈还显得很惊讶地"夸奖"她，孩子听后能不失望吗？

不要让自己的表扬给孩子带来压力

具体、恰如其分的表扬，会使孩子感到受肯定，会激发孩子再做进一步的努力。反之，不恰当的表扬则会给孩子带来很大的压力。

小区里，董女士带着儿子悠悠出来遛弯。途中，遇到了老熟人张大姐。张大姐问："悠悠吃饭怎么样，挑食吗？我家闺女怎么这段时间总是挑食？"

董女士当着张大姐的面，表扬悠悠说："我们家悠悠吃饭不但不挑食，而且吃得还很快。"

在旁的悠悠感到压力重重，因为他在幼儿园吃饭时总是落在别的小朋友后面。悠悠挣脱妈妈的手，一个人走开了。

董女士的表扬不仅不准确,而且还很夸张。这种言过其实的夸奖,对孩子来说是一种无形的压力。而且,妈妈还当着别人的面过分地表扬他,这让他很反感,因为他已听出妈妈说的不是实话。

不要使用半夸奖半玩笑的方式表扬孩子

能够独立完成一件事情,本身就是值得肯定的,那些无伤大雅的细节可以忽略掉。面对年幼的孩子,我们大可不必太纠缠于他们的失误。

早晨,妈妈看到3岁的宁宁自己穿上了衣服,便脱口说:"谁说我们宁宁不会自己穿衣服?你看穿得多好啊!就是裤子前后穿反了,哈哈,拉链都跑到屁股上去了……"

宁宁听了之后,反而掉泪了。

显然,宁宁的妈妈表扬孩子的措辞有些问题,一句善意的玩笑,反而挫伤了孩子的自尊。面对幼小的孩子,最好给他(她)明确的语言,让他(她)知道到底哪些是值得表扬的,千万不要采取这种模棱两可的半夸奖半玩笑的方式来表扬孩子。

表扬不要太空泛

不管苗苗做任何事情,都会得到妈妈的表扬:"真棒!"现在,她对妈妈这句口头禅已经是无动于衷了。

表扬空泛,就没有实际内容。千篇一律的表扬,是没有任何新意的。对孩子进行表扬的时候,要多涉及细节,比如,对孩子说:"瞧你画的竹子,旁边还有一只可爱的小熊猫,真是太棒了!"对孩子的细节进行表扬,会让孩子从父母的表扬中了解到自己应该努力的方向。

.赞赏要具体,泛泛的赞赏,比如"你真聪明"、"你真棒"之类的语言,虽然能够在一时间提高孩子的自信心,但孩子却不明白自己究竟好在哪里?为什么受赞赏?容易让孩子养成骄傲、听不得半点批评的坏习惯。

赞赏的内容越具体,孩子越容易明白哪些行为是好的,哪些行为是值得表扬的,越容易找到努力的方向。例如,孩子看完书后,把书放回了原处,摆放整齐。如果这时父母只是说:"你今天表现得不错。"赞赏的效果就会大打折扣,因为孩子不明白"不错"指的是什么。你不妨说:"你自己把书收拾这么整齐,我真高兴!"赞赏得越具体,孩子就会更清晰地找到努力的方向,也更会养成好的习惯。

7.唠唠叨叨,不如把话说到点子上

身为家长,每天都可能有很多烦心事儿,最烦心的莫过于孩子的叛逆、不听话了。殊不知,父母们也有让孩子感到特别"头痛"的地方和烦心的事儿,那就是父母的唠叨。很多父母总在孩子身边唠叨个不停,这个怎么样,那个又如何……于是,很多孩子开始不耐烦,进而厌烦家长,甚至顶撞父母。

烦心的父母们哪里会知道,孩子的不听话、逆反,正是自己的没完没了的唠叨逼出来的!

听听吧,这些声音很多父母肯定再熟悉不过:

"妈妈,我求您别说了!您说了好多遍啦!"

"知道了知道了!您有完没完啊,我耳朵听得起茧啦!真是烦死了!"

有资料显示,九成以上的孩子认为家长"太唠叨",以下是一些孩子倾吐的"苦水":

"我妈妈什么都好,就是太爱唠叨。她的唠叨说不准什么时候就会发作，而且如果她一唠叨准没完，有时能够持续半个多小时，说来说去总是那么几句，我一直都生活在老妈的喋喋不休之中，我都怕了她这位唠叨女侠了，我一直认为，凭她那张嘴去参加武林大会一定是天下第一。"

"妈妈对我的学习很重视，没事就叫我好好学习，什么学海无涯苦作舟，要头悬梁锥刺股，要有时间的紧迫感不能放松自己，去学校要认真读书不要贪玩，学习一定要尽最大最大的努力，最近成绩退步了，学习不好就上不了重点高中，看看人家某某某学习多好，你一定要考上一个大学为我们争口气……我妈天天这样唠叨，也不管人家爱听不爱听，我本来还有些决心和抱负，心情也不错，结果被她这么一唠叨，连学习的兴趣也没了。"

"每天放学回到家里，妈妈就唠叨开了：快去做作业吧！今天有多少功课要做？语文作业是什么？数学作业是什么？当我拿出作业本时，妈妈又会千叮咛万嘱咐：把字写工整了！把头抬高点！腰挺直了！把窗帘拉开，小心眼睛！作业写到中间时，妈妈还忘不了时时干扰：现在做完几样了？抄错题了没有？题目做对了没有？抓紧时间，不要磨蹭！妈妈，您整天这样在旁边吵吵闹闹，就没有想过我怎么能安静下来做功课呢？"

"妈妈的唠叨是我生活中的一项重要内容，大到做事做人小到生活起居，她总是对我唠叨个没完。早上一起床她就唠叨开了：快点，快点起床！动作要快，不然要迟到了！在餐桌上她的唠叨也从来不停：要细嚼慢咽不能狼吞虎咽，维生素对智力发育有益一定要多吃些菜，掉在桌上的饭粒要拣起来！背起书包去上学，她又开始唠叨了：骑车要小心，要注意红绿灯，小心不要撞了别人！就是外出春游，妈妈也忘不了唠叨：带水了没有？吃的东西够不够？路上注意安全，不要到处乱跑。本来挺高兴的心情都给破坏掉了。"

"我有的时候会上上网，可爸妈整天在我跟前唠叨网瘾的事，我觉得很烦，因为我相信自己并没有多少网瘾，上网也只是和同学们聊聊天放松一下，可他们经常却教训我说：又上QQ了？真想不通你怎么就爱搞不三不四的东西，什么QQ，既耗时又无聊，去网上找点资料不是挺好吗？听英语也可以嘛，快把那QQ给关了。如此不能理解我，有时我真的想永远离开这个家！"

"人人都有妈妈，但我觉得我的妈妈特别烦人，整天唠叨个没完。一丁点事她就可以唠叨上半天，像磨豆腐一样没完没了，她的话虽多但讲不到点子上，天天老一套，让人听起来既单调又乏味，我早就听腻了，听得耳朵都长茧子了。"

……

父母们看到孩子们这些心里话，也许会感到委屈：我们再怎么唠叨，不都是为了孩子好吗，不正是爱他们的表现吗？他们为什么不能理解呢？

确实，普天下所有的母亲没有不爱孩子的，但是，父母用唠叨来表示爱，效果会怎样呢？你唠叨太多太久，孩子的耳朵真的起"茧"了。也许面对你的喋喋不休，你的孩子在心里或背着你大喊"烦死了！""烦透了！"只是你没听到罢了！

一个让孩子产生"烦死了"的念头的家长，教子话术显然有待提高。父母要把话说到孩子心里去，不能靠一次又一次的重复，不能靠没完没了的唠叨。俗话说："好话不说二遍。"说十次不一定比说一次有效。父母要让孩子听话，首先必须改变唠叨的习惯，掌握用一两句话就能打动孩子的说话艺术。

家长唠叨的原因不在孩子身上，而是在自身。父母要改掉唠叨的坏习惯，就要勇于反思，从自身找原因。

大致而言，父母的思想、性格、观念差异和教养方式等，会导致对孩子的唠叨。

思想上，父母大多将所有的希望都寄托在孩子身上，有的父母甚至将自己当年未实现的理想也寄托到孩子身上，想让孩子去实现自己不能实现的理想。这样简单的理想"位移"，十有八九会给孩子增添一股无形的压力。孩子实现了父母的"理想"，当然是皆大欢喜，而一旦家长发现孩子没有按照自己预期的步骤去做，便会为了加强"督促"，不自觉地就开始了"强化教育"——唠叨。

据心理学研究分析，性格软弱和紧张型的家长一般容易唠叨。唠叨是不相信自己的表现，由于不放心，才会一次次地重复，就像有人出门的时候，不相信自己已经关好了门，还要重复去看一次一样。软弱和紧张型的家长不相信别人已听见自己的话了，当然也不相信孩子会照着自己的话去做，所以要重复，要唠叨。

观念上，随着孩子渐渐长大，接触的事物越来越多，对事物逐渐产生自己的看法和独立思考的能力。而父母这一代，跟子女成长的时代不同，接触的事物也有很大的差异，有些父母往往不能正视这一点，以老观点、老办法看问题，把自己奉行的观点反复强加到孩子身上，而不从子女的角度去思考，更不了解子女在想什么。

教养方式上，一些父母乃至祖父母骄纵、溺爱孩子，养成了孩子骄横、任性、贪图享乐的习惯和唯我独尊的心理，这样的孩子不听话是很自然的了。有的家长明显感到言语教育不起效果了，又没找到其他的好办法，于是错误地认为，遇到孩子不听话，一次不听，就说两次，两次不听，就说三次，三次不听就说五次，直至十次八次，只要自己多说几次，他们总会听进去吧。

不同的家长，唠叨的原因可能各有不同，但总体上可以分为以下几类：

关心呵护式唠叨。这是一种无意识的爱孩子的本能。父母认为这是为孩子好，为孩子着想。孩子还小，自控力差，做事常常顾此失彼，丢三落四，所以需要大人不断提醒。以至于对孩子照顾得无微不至，事无巨细都会叮嘱又叮嘱：出门衣服要多穿；晚上睡觉要盖好被子；吃饭时不要看电视;放学了不要在学校逗留,早些回来……这类家长把孩子当成永远长不大的小不点,对孩子事事不放心,不敢放手让他受点苦,去经历风雨,不放心他独立做事。唠叨的结果是:孩子产生了依赖心理——反正有人提醒我,因而变得懒惰,散漫,没有责任感。培养独立生活能力成了一句空话。

催促命令式唠叨。有的孩子性格活泼,顽皮贪玩,在父母眼里看来是"不听话"、不自觉、不好管教的孩子。父母认为他需要有人催促,像皮球一样,踢一下才动一下。于是,"该做作业啦!""到睡觉时间了,该上床啦!""不要在外面玩得太久,七点前要回家!"的命令声在孩子耳边定时响起。当然,对于还没有养成良好作息习惯的孩子来说,适当的催促是应该的。但是,当催促过多过量,孩子就算听从你的话了,也会在内心对你产生抵触或怨恨情绪,疏远了亲子关系。

习惯批评式唠叨。特别是有些母亲习惯了对家庭成员比如丈夫的唠叨,自然也会以同样的方式对待孩子。这也和家长的性格有关,有些家长属于那种喜欢说个不停的人,似乎一天不唠叨就不舒服。这类家长会把唠叨紧紧挂在嘴边,怕孩子不上进,怕孩子还会再犯错。但后果是,孩子在心理上与你的距离疏远了,因为没有孩子喜欢听你不断地批评和指责。

发泄不满式唠叨。工作上的压力,生活中的不愉快,人际关系的紧张,家庭的不和睦,对孩子的期望值太高等等,都会影响到父母的情绪,而父母的情绪又直接影响到孩子。经常看到这样的家长,孩子考试没考好,就对孩子大发脾气:"你看你,怎么就这么笨!人家某某都比你考得好!怎么就这么不争气!气死我了!""你怎么就这么没出息呢,长大了去扫厕所算了!"这类家长实际上是在发泄自己的情绪,孩子成了他们的出气筒。他们根本不去体谅孩子的心情,不去考虑孩子的心理承受力,最后受伤的只能是孩子。

你唠叨的原因是什么呢？你属于哪一类的"唠叨型家长"呢？反躬自省一下，是大有益处的，因为这有利于你自觉地改掉唠叨的毛病，成为会说话的父母，成为受孩子欢迎和尊敬的父母。

家长在特别想唠叨的时候，最好先忍一忍，不妨改变一下方式，试一试"把唠叨变成提问"。比如，当孩子刚要开始写作业，却同时打开了音响，家长一般就会唠叨什么"一心不可二用"啦，什么"一心以为有鸿鹄将至，长大肯定没有出息"啦！其实这些大道理丝毫不起作用。如果能换成提问："你为什么做作业要听音响，这里有什么科学道理呢？"这时，家长可能会听到一些过去闻所未闻的知识，什么音乐会激活大脑，左右脑需要协调等。当然，如果家长是个乐于学习的人，就会在最新的资料中看到：通过科学对比实验证实，音乐虽然能激活大脑，但是总的效果还是不如专心致志地学习。家长拿出这个新信息，再和孩子交换意见，这和唠叨相比恐怕要高明千百倍！

有时候，孩子的某个做法明显不对，家长尽量不要直接指责，更不要揪着小辫子不放，说个不停。与其直接向孩子说教"这样做的坏处是什么什么"，还不如向孩子提问，"说说这样做有什么科学根据"或"如果换种做法效果会如何呢？"在父母的提问和启发下，孩子自觉地发现和改正自己的错误之处，那就再好不过了。

具体而言，父母把唠叨变成提问，至少有三点好处：

其一，有利于融洽亲子关系。父母一般都是高居于孩子之上的，很少和孩子平等地对话。如果父母能向孩子虚心提问，孩子肯定会受到震动，当然乐于给父母解答，不会感到厌烦。

其二，有利于激发孩子开动脑筋。提高孩子思考能力的方法之一，就是不断地向其发问。孩子们有时做事情并没有动脑筋，或是随大流，或是随意做；当他们听到问题时，就必然要动脑筋思考，久而久之就养成了爱思考的良好习惯。

其三,有利于了解孩子目前的真实认知水平。提问之后,可能会出现两种情况:一种是通过孩子的回答,了解了孩子目前的真实认识。如果孩子的认识是错误的,这时父母再进行教导,哪怕是现在开始唠叨,也比一开始就唠叨强。因为这时父母了解了情况,属于"有的放矢",而不是"心有成见"。还有一种更可能发生的情况是:孩子的回答不仅正确,而且非常精彩,大大超过父母原来的认知。这时父母反而会暗中庆幸"幸亏我们没有先唠叨,不然真在孩子面前现眼了"。

当然,家长向孩子提问时态度一定要和蔼,更要虚心;不能摆着架子,把提问整成"提审",变相为"审判式"唠叨。